KB274024

경기 포천 지역의 언어와 생활

경기 포천 지역의 언어와 생활

지역어 구술 자료 총서 1-2
경기 포천 지역의 언어와 생활

초판 제1쇄 인쇄 2008년 12월 21일
초판 제1쇄 발행 2008년 12월 31일

지 은 이 ‖ 최명옥
펴 낸 이 ‖ 국립국어원
펴 낸 곳 ‖ 태학사

　　　주소 ｜ 경기도 파주시 교하읍 문발리 파주출판도시 498-8
　　　전화 ｜ (031) 955-7580~2(마케팅부) · 955-7584~90(편집부)
　　　전송 ｜ (031) 955-0910
　　　홈페이지 ｜ www.thaehak4.com
　　　전자우편 ｜ thaehak4@chol.com
　　　등록 ｜ 제 406-2006-00008호

ⓒ 국립국어원, 2008

값은 뒤표지에 있습니다.

ISBN 978-89-5966-348-4 94710
ISBN 978-89-5966-200-5 (세트)

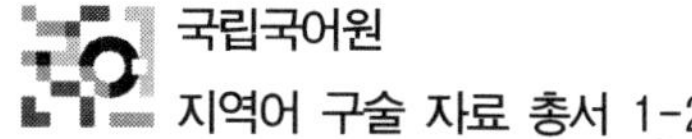

국립국어원
지역어 구술 자료 총서 1-2

경기 포천 지역의 언어와 생활

최명옥

태학사

1970년대에 들어서면서 한국 사회는 농업사회에서 산업사회로 바뀌기 시작했다. 바뀌는 것은 사회 그 자체만이 아니었다. 사회의 변화와 더불어 가족제도도 바뀌었고 주거형태도 바뀌었다. 그 중에서도 결코 가벼이 넘기지 못할 것은 한국인이 가진 사고의 알맹이라고 할 수 있는 한국어의 어휘체계가 급격히 바뀌게 되었다는 점이다.

산업사회 이전의 농업사회에서는 대가족이 한 집에서 살았다. 아이들은 아버지와 어머니, 할아버지, 할머니 그리고 이웃 사람들의 말을 들으면서 그 지역의 말을 배웠다. 그러므로 그 시기에는 한 지역의 언어가 일반적으로 동질성을 유지했다. 무엇보다도 중요한 것은 그 시기의 지역어는 오랜 기간 동안 조상으로부터 전승된 사고의 축적물이었다는 사실이다. 그 점에서 한 지역어는 그 지역의 무형문화재로서의 가치를 가지고 있었다.

그러나 산업사회로 바뀌면서 젊은이들은 도시로 나가고 지방에는 대부분 노인들만 남게 되었다. 그 결과로 오랫동안 전승되어 온 토박이 농촌 지역어는 더 이상 전승이 불가능한 상태에 이르게 되었다. 앞으로 10년이 지나면 농촌 지역의 전통적인 어휘는 거의 소멸될 단계에 있다.

국립국어원은 소멸 직전에 있는 전통 지역어를 보존하기 위해, 2004년부터 북측 사회과학원과 공동으로 남북 전 지역을 대상으로 지역어 조사를 실시하고 있다. 이 책은 2006년도에 조사한 4시간 분량의 경기도 포천 지역의 구술담화에 대한 음성 전사와 그에 대한 표준어 대역 그리고 이해하기 어려운 단어나 언어학적인 설명이 필요한 부분에 대한 주(註)를 수록한 것이다.

책은 크게 두 부분으로 구성된다. 제1부는 조사 마을의 환경과 배경, 포천 지역의 생업과 생활 그리고 금기와 질병에 대한 말이고 제2부는 주제보자와 부제보자의 대화 중 주로 부제보자를 중심으로 한 제의(祭儀)와 인간관계에 대한 말이다. 언어 특성을 기준으로 하면, 제1부는 일반 가정에서 성장한 주제보자의 말이고 제2부는 유교 숭상의 가정에서 성장한 부제보자의 말이다. 두 제보자의 말에는 많은 공통점이 있지만 부분적인 차이점도 있다. 주제보자와는 달리, 부제보자의 말에는 한자어가 많이 사용된다는 것, 그리고 부제보자의 말에서는 발견되지 않는 표준어 곡용어미 '-와/과'가 주제보자의 말에서는 '-꽈'로 실현된다는 것이 그러한 예가 된다. 필자가 제1부의 기준과는 다른 내용을 구별하여 제2부로 구성한 것은 두 제보자가 모두 포천의 토박이 화자이지만, 동일 지역의 토박이 화자들의 말이 가진 지역어상의 차이를 보이기 위한 것이다.

지금까지 알려진 바에 의하면, 경기 지역어는 크게 한강 이북 지역어와 한강 이남 지역어로 구분되며 다시 〈연천〉과 〈평택〉을 연결한 선을 기준으로 그 서부 지역어와 그 동부 지역어로 구분된다. 이러한 구분에 따르면, 이 책에 수록된 경기도 화성 지역어는 한강 이남의 서부 지역어에 해당한다. 그러므로 이 책은 먼저 한강 이북의 경기도 동부 지역어의 연구에 기여할 수 있을 것이다. 다음으로는 이 책의 총서로 있는 다른 지역어와 함께 학부나 대학원의 음운론, 형태론, 통사론 등 국어학 전 분야의 연습문제로 활용되어 자연어로서의 국어에 대한 언어분석 능력을 함양시키고 국어에 대한 이해를 넓히는 데에 기여할 수 있을 것이다.

끝으로 지역어에 대한 중요성을 인식하여 국가적인 차원에서 '전국 지역어 조사'를 실시하고 그 결과로 이 책을 간행할 수 있게 한 국립국어원, 그리고 20일간에 걸쳐 43시간이라는 긴 시간 동안을 흥미 없는 질문 내용에 대해 흔쾌히 말씀해 주시고 친절하게 대해 주신 조종태 주제보자와 김제한 부제보자께 깊은 감사를 드린다. 아울러 음성 자료의 전사와 이 책의 교정에 애쓴 이현정 선생(서울대학교 대학원 국어학 박사과정)과 책을 보기 좋고 읽기 쉽게 만들어 준 태학사 편집부 여러분에게도 감사드린다.

■ 조사지역 개관

　포천시는 경기도의 동북단에 위치한다. '포천'(抱川)이라는 지명은 조선 태조 13년(1413)에 명명되었다. 포천은 원래 백제와 고구려에 속해 있었다. 고구려에 속해 있을 때에는 '마홀군'(馬忽郡) 일명 '명지군'(命旨郡)이었으며 신라에 병합된 이후 진흥왕 때에는 '견성군'(堅城郡)으로 개칭되고 신라가 삼국을 통일한 뒤에는, 즉 경덕왕 때에는 다시 '청성'(青城)으로 개칭되었다. 그러다가 고려 시대에 이르러 '포주'(940), '포천군'(995)으로 개칭되었으며 현종 9년(1018) 때에는 양주군으로 이속되기도 하였다. 그러다가 조선시대 태종 때(1413)에 '포천현'(抱川縣)이 되면서 지금의 이름을 가지게 되었다. 그리고 고종 32년(1895)에 군이 되었다.

　1973년에 행정구역이 개편되면서 포천면 탑동리가 양주군 동두천읍으로 분리되었고 1983년에는 청산면이 연천군으로, 연천군 관이면이 포천군으로 편입되었다. 그리고 2003년에 포천군은 포천시로 승격되었다. 이때 포천읍이 포천동과 선단동으로 분리되어 현재와 같은 1읍 11면 2동으로 되었다(〈지도〉 참조).

　이 지역은 광주산맥이 지나고 있어 동북쪽에는 500m～1000m의 산지가 발달되어 있다. 동쪽에는 ①광덕산(1,046m)·②백운산(937m)·③국망봉(1,168m)·④강씨봉(830m)·⑤운악산(936m)·⑥주금산(814m) 등이 화천군, 가평군과 경계를 이룬다. 그리고 서쪽에는 ⑦지장봉(877m)·⑧종자산(634m)·⑨종현산(589m)·⑩왕망산(737m)·⑪해룡산(667m)이 연천군, 동두천시와 경계를 이루며 남쪽에는 ⑫용암산(478m)과 ⑬주금산(814m)이 의정부시와 경계를

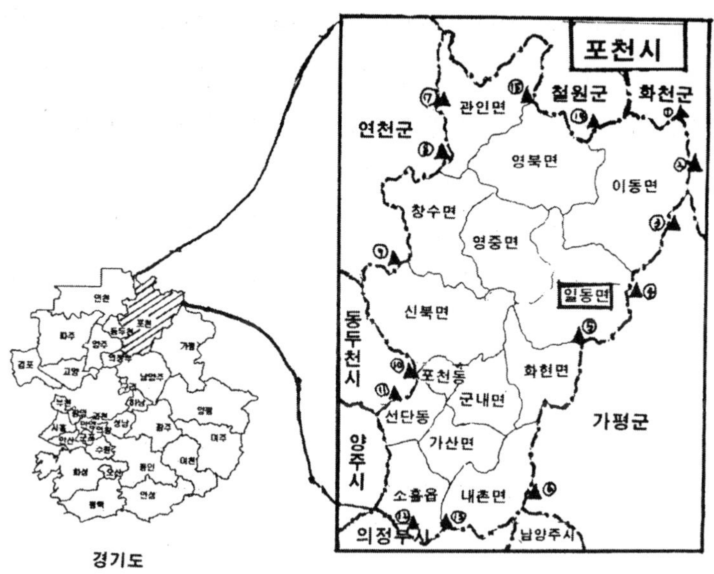

이루고 북쪽에는 ⑭명성산(922m)과 ⑮종군봉(285m)이 철원군과 경계를 이룬다.

그러므로 포천시는 전 토지의 69.6%가 임야이고 20% 정도가 경지다. 그리고 경지 중 논이 6,644ha이고 밭이 6,608ha로 논과 밭의 비중이 비슷하다. 농가 인구는 전체 인구의 35.2%이다. 최근 농가 인구가 계속 격감하고 있는 반면에 제조업 인구는 계속 늘어니고 있다. 제조업 인구는 전체 인구의 12.8%이다.

주요 제조업으로는 섬유공업·비금속공업·조립금속공업·식료품공업이 발달하고 있다. 특히 식료품공업 중 포천막걸리는 백운동 계곡에서 흘러내리는 맑은 물로 빚어 독특한 미각을 자아내어 전국적으로 알려져 있다. 산지가 수려하고 물이 맑고 목축업이 발달하여 백운동 계곡에는 갈비집이 밀집되어 있으며 주말과 휴일에는 많은 관광객이 이곳에 모인다.

도로는 국도 4차선으로 확장된 43호선이 시의 중심부를 서남~동북진

하고 국도 37호선이 시의 중심부를 동진하여 일동에서 국도 47호선과 분기한다. 37호선은 남진하고 국도 47호선은 국도 43호선과 나란히 북진하고 있다. 교통은 남북 간은 잘 발달했으나 동서 간은 발달되지 않아서 면과 면 등 지역 간의 교류가 불편하다.

교육기관으로는 2006년 현재 초등학교 32개교, 중학교 14개교(사립 1개교 포함), 고등학교 7개교(사립 1개교 포함)가 있으며, 대진대학교와 중문의과대학이 있다.

국립국어원의 주관으로 실시되는 전국 지역어 조사 중 2006년도 경기도 지역의 조사지는 포천시로 정했다. 경기도를 한강 이남과 이북으로 구분할 때, 이 지역은 한강 이북의 동북단에 위치한다. 이 지역을 조사지로 택한 것은 이 지역어가 한강 이남의 경기 지역어와는 물론 한강 이북의 서부 지역어와도 차이를 보일 것으로 예상했기 때문이다.

위의 지도에서 볼 수 있듯이, 포천시에는 모두 14개의 행정구역이 있다. 그 중에서 일동면 사직리를 실제 조사 지점으로 정했는데, 그것은 일동면이 시의 중앙에서 동쪽 끝에 위치하며 그곳은 높은 산들이 있어 인접한 가평군과 왕래가 차단되어 있기 때문이다. 이러한 지리적 조건은 이 지역어가 포천시 외의 외부 지역어로부터 간섭을 적게 받았을 것을 예상하게 했다.

이번 조사는 2006년 8월 10일에서 8월 30일까지 실시되었다. 제보자는 누 분으로 했다. 수제보자인 조종태(남) 씨와 부제보자인 김제한(남) 씨가 그 두 분이다. 조종태 씨는 조사 당시에 76세로 4대째 포천에서 거주하고 있다. 이 분은 포천에서 중학교를 졸업하였고, 강원도에서 육군으로 근무한 이외에는 외지로 나간 적이 없다. 음성은 약간 쉰 편이지만 소리가 커서 식별하기 쉬웠다. 오랫동안 농업에 종사해왔지만, 지금은 농사일에서 손을 뗀 상태이다. 조종태 씨는 일동면 경로잔치회장에서 만났다.

부제보자 김제한 씨는 조사 당시에 78세로 포천에서 12대째 거주하고 있다. 이 분도 중학교를 졸업하고 강원도에서 지낸 병력 기간 외에는 외지에 나간 적이 없다. 대대로 유교를 신봉하는 가정에서 성장해서 그런지 말 속에 한자어가 많이 섞여 있다. 음성은 맑고 강하며 발음이 분명하다.

조사는 필자와 조사 보조원 최창원(당시 고려대학교 국어국문학과 박사과정 재학)이 실시했다. 조사는 주제보자의 집에서 했다. 방에 책상이 있어서 조사자는 제보자와 함께 의자에 앉아서 조사를 진행했다. 의자에 앉아서 하는 조사는 방바닥에 앉아서 상을 놓고 하는 조사에 비하여 조사자뿐 아니라 특히 연세가 높은 제보자가 훨씬 덜 피로하다는 장점이 있다.

조사는 오전 10시부터 오후 1시까지 하루 3시간씩 하는 것을 기본으로 하되 토요일과 일요일은 쉬는 것을 원칙으로 했다. 그리고 제보자나 조사자에게 특별한 일이 있는 날에는 미리 연락을 하고 조사를 하지 않기로 했다.

이번 조사는 약 43시간에 걸쳐 완료되었다. 구술발화 조사에 17시간, 어휘 조사에 약 10시간, 음운 조사에 약 11시간, 문법 조사에 5시간이 소요되었다.

주제보자(오른쪽)와 부제보자(왼쪽)

주제보자의 집(흰 승용차 옆집)

조사 마을

전사

제보자의 말은 SONY DAT D-100 디지털 녹음기로 녹음하였으며 녹음된 자료는 GOLDWAVE 프로그램을 이용하여 음성파일로 변환했다. 변환된 음성파일은 TRANSCRIBER 1.4.2를 이용하여 전사했다.

일러두기

① 전사는 제보자와 조사자의 말을 소리 나는 대로 했다. 다시 말하면, 제보자가 동일한 단어나 어미를 다르게 말한 것은 그대로 전사했다. 그리고 전사한 내용에 대해 표준어 대역을 오른쪽 면에 넣었다.

    예. ㉠아주 <u>버리</u>바시라는 건 어, 거기 <u>버리</u>받 이러케 되능 거라구. 땅이 조쿠 조은데에만 <u>보리</u>가 되지. 미른 웬만한데 다 되는 거구.(아주 보리밭이라는 것은 어, 거기 보리밭 이렇게 되는 거라고. 땅이 좋고 좋은 데만 보리가 되지(=성장하지). 밀은 웬만한 데에 다 되는 거고.) ㉡그랟떠니 사당이라<u>며는</u> 이태조가 함경도루 갇따가 되도라오는데 사당이라<u>므는</u> 왕으 그 선대를 모시는데가 사당인데, 거다가 어데 그 어양을 모션느냐 이러구 나한테 반:무늘 해. 그래서 그냥도 뭔가 다늘 모우고서 기워늘 디린다믄 사당이라구두 말할수 인능거 아니야?(그랬더니 사당이라면 이태조가 함경도로 갔다가 되돌아오는데 사당이라면 왕의 그 선대를 모시는 데가 사당인데, 거기다가 어디에 그 어양을 모셨느냐 이러고 그렇게 또 나한테 반문을 해. 그래서 그냥도 뭔가 단(壇)을 모우고서 기원을 드린다면 사당이라고도 말할 수 있는 거 아니야?) ㉠과 ㉡에서 밑줄 친 부분.

② 조사자의 말은 '고딕체'로, 제보자의 말은 '˹ 명조체'로 나타내며, 주제보자와 부제보자의 말은 각각 '˺ 명조체'와 '˼ 명조체'로 나타냈다.

③ 제보자나 조사자의 말이 계속되는 가운데에 조사자나 제보자의 말이 끼어든 경우에, 조사자의 말은 '(고딕체)'로, 제보자의 말은 '(ˉ 명조체)'로 표시했다.

　예. ㉠그러니 그 당시에는 태봉구게, 이거, 요충지라구 봐야돼:. 왜 그러냐 하며는 (그러씀니다.) 사당마를 여기 너머가다보믄 활터래는 활터, 지끄믄 사격짜이지, 활터믄. 이 궁으루다가 연씁짱이라구 봐야지. 활터가 일(그러치요.), 예.{그러니 그 당시에는 태봉국의, 이거, 요충지라고 봐야 돼. 왜 그러냐 하면 (그렇습니다.) 사당마을을 여기 넘어가다 보면 활터라는 활터, 지금은 사격장이지, 활터면. 이 궁(弓)으로 (하는) 연습장이라고 봐야지. 활터가 있(그렇지요.), 예.} ㉡ ˉ그때 참석 아는 사람 요글해두 헐쑤 억꾸. 이뭔회라구 명칭을 거러꺼등 내가. (ˉ 잘해찌 뭐.) 이뭔회. 그래서 항상 내가 느끼능게, 머찌게 경노당 회:장이 헌다능건 뭥가? 야유회나 잘허구 멍능걸 조아하니 근본 목쩌근 그건데, 사라메 심니가 그게 아니자나.{ˉ 그때 참석하지 않은 사람(을) 욕을 해도 할 수 없고. 임원회라고 명칭을 걸었거든, 내가. (ˉ 잘했지 뭐.) 임원회. 그래서 항상 내가 느끼는 것이. 멋지게 경로당 회장이 한다는 것은 무엇인가. 야유회나 잘하고 먹는 걸 좋아하니, 근본 목적은 그것인데, 사람의 심리가 그게 아니잖아.}

④ 문 서술어(A)가 도치에 의해서 문의 끝에 오지 않을 경우에는, 쉼표를 사용하여 'A, B(=도치된 부분).'의 형식으로 나타내었다.

　예. "그러믄 여기 지역 사람드른 대개 안 발바주는데 저 남서네는 거의 <u>발바줘, 퍼지라구</u>.{그러면 여기 지역 사람들은 대개 (밭을) 안 밟아주는데 저 남쪽에는 거의 밟아줘, (잎이) 퍼지라고.}"에서 밑줄 친 부분.

⑤ 말하는 가운데 웃음 소리가 나는 경우에는 '(웃음)'과 같이 표시했고, '손짓' 등 비언어적 행위를 하는 경우에는 '(※　)'의 형식으로 ※

다음에 그 행위를 서술했다.

예. ˝(웃음) 아드리 찌거래해? 절믄 사라미 아버지가 일: 향두하는데, 이런 응. (˝ 누가 찌거랜나?) (웃음).ʃ˝(웃음) 아들이 찍으라고 해? 젊은 사람이, 아버지가 일을 향도하는데(=앞에서 이끌어 가는데), 이런 응. (˝ 누가 찍으랬나?) (웃음).ʃ

⑥ 문맥상으로 이해하기 어려운 생략된 말은 필요한 위치에 생략된 말을 ( ) 속에 보충하고, 미지칭이나 문맥상으로 이해하기 어려운 부분은 그에 대한 구체적인 말을 (=)의 형식으로 '=' 다음에 서술했다. 이것들은 표준어 번역에 표시했다.

예. 퍼서 좀 내고. 또 가물고 또 저거 할쩌게는 무리 그 나오는 저거는 나오능게 얼마 안 되니까(물을) 퍼서 좀 내고. 또 가물고 또 저것 할(=논에 물이 마를) 적에는 물이 그 나오는 저거는 나오는 게 얼마 안 되니까ʃ

⑦ 문법적으로 잘못 말한 부분은 'A(←B)'의 형식으로 나타냈다. A는 옳은 표현, B는 옳지 않은 표현.

예. 그래 인제 가기 도중에 이 양바니 뭐:라 그러냐믄 실례지마는 아저씨가 술 잡쑤꼬 술끼메 이 차를 디리 바닫따 그러세요. (웃음) 그래 난 그래라구 그랟찌 뭐.{그래 인제 가는(←기) 도중에 이 양반이 뭐라 그러느냐 하면 "실례지마는 아저씨가 술 잡수고 술김에 이 차를 들이받았다고 그러세요." (웃음) 그래 나는 그러마(←그래라)고 그랬지 뭐.ʃ

단 'A(← /X] Y/)'에 사용된 '←'는 공시적인 음운과정을 나타낸다. 예. 잠는지(←잡] 는지)'

⑧ 청취 불가능한 부분은 […]으로 나타낸다. 예. 우리는 […]게찌만, 몰르는 사라믄 (웃음)(우리는 […]겠지만, 모르는 사람은 (웃음)ʃ

⑨ 이 밖에 이 책에 사용된 부호는 다음과 같다.

ㄱ : 장음

ㄴ :: 정서적 장음

ㄷ " " 대화

ㄹ ' ' 문제가 되는 단어

주석

　주석은 각 장으로 구별하여 후주로 달았다. 주석은 가능한 한 독자들이 내용을 이해할 수 있도록 쉽게 서술하려고 했다. 그러나 전문가를 위한 언어학적인 문제에 대해서는 상세하게 하려고 했다.

제1부

제1부

조사 마을의 환경과 배경

= 우리 여기는 '조침'이지요. 조치미야.¹⁾ 그, 아침 해가 뜰쩌게 그 침거치,²⁾ 저 바늘거치 보여서 해가 비치니까. 그 조치미라구두³⁾ 그러구. 아까두 월래 조침이구. 조침 살메가 조침이라구 그래선는데. 차에서 보믄⁴⁾ "조치미가, 조치미가" 그믄, 무슨, 저, 악센트 잘 모터믄 요커는⁵⁾ 바름거태. 이게 아침 조짜 바늘 침짜 (네) 조침. 이게 조침사니야, 여기가. 아치메 해가 뜨믄 그 인제 반짝반짜커니 그 등에. 그래가지구⁶⁾ 거기서 조치미라는 유:래가 됀:는데, 으으, 우리 사:당⁷⁾ 마으른 달라. 그래 사지기는 본 부락 아니야. 사당 마리,⁸⁾ 행정저그루 나눸찌마는, 사당머레⁹⁾ 저 아:래 낭기완네가 바슬¹⁰⁾ 가는데 그 삐알¹¹⁾ 바세

⁻ 어네 마:레 사당 이떵거 아니야?

= 어, 거기 기와짱이 나와요. 그래서 인제 그래서 인제 그 확씨리 몰르지.¹²⁾ 사당, [⋯]에서 인제 사당말로다가¹³⁾ 명명이 됀:때.¹⁴⁾ 그니까 뭔가

⁻ 사당이 이써떵거니까 사당마리지.

= 그래가지구 요 일쩌네 중앙경원 원장하구 대활¹⁵⁾ 나눠는데, 사당이란 이해가 앙 간다 이거야. 사당마:린데 이거 "사당말 유래가 이해가 앙 감니다" 이거야. "아, 그러케 전설로 내려온다." 그랟떠니. "사당이라며는, 이태조가 함경도루 갇따가 되도라 오는데, 사당이라므는 왕으¹⁶⁾ 그 선대를 모시는데가 사당인데, 거다가 어데 그 어양을¹⁷⁾ 모션느냐?" 이러구 나한테 반:무늘해. 그래서 그냥도 뭔가 다늘 모우고서 기워늘 디린다믄 사당이라구두 말할수 인능거 아니야?

= 우리 여기는 '조침'이지요. 조침이야. 그, 아침 해가 뜰 적에 그 침같이, 저 바늘같이 보여서 해가 비치니까. 그 조침이라고도 그러고. 아까도 원래 조침이구. 조침 살메가 조침이라구 그랬었는데. 차에서 보면 "조침이가, 조침이갸" 그러면, 무슨, 저, 악센트 잘 못하면 욕하는 발음 같아. 이게 아침 조(朝)자 바늘 침(針)자 (네) 조침. 이게 조침산이야, 여기가. 아침에 해가 뜨면 그 인제 반짝반짝하니 그 등에. 그래서 거기서 '조침'이라는 유래가 되었는데, 으으, 우리 사당 마을은 달라. 그래 사직 2는 본 부락 아니야. 사당 마을이, 행정적으로 나눴지마는, 사당머리에 저 아래 남기완네가 밭을 가는 데 그 비탈 밭에

⎯ 어내 마을에 사당 있던 것 아니야?

= 어, 거기 기왓장이 나와요. 그래서 인제 그래서 인제 그 확실히 모르지. 사당, […]에서 인제 사당(祠堂)마을로 명명이 됐대. 그러니까 뭔가

⎯ 사당이 있었던 거니까 사당마을이지.

= 그래서 요 일전에 중앙경원 원장하고 대화를 나누었는데, (그 마을 이름을) '사당마을'이라고 한 것이 이해가 안 간다 이거야. 사당 마을인데 '이 지역을 왜 사당마을이라고 했는지 "사당마을 (이름의) 유래가 이해가 안 갑니다." 이거야. "아, 그렇게 전설로 내려온다."고 그랬더니. "사당이라면, 이태조가 함경도로 갔다가 되돌아 오는데, 사당이라면 왕의 그 선대를 모시는 데가 사당인데, 거기다가 어디에 그 어양을 모셨느냐?" 이러고 나한테 반문을 해. 그래서 그냥도 뭔가 단(壇)을 모우고서 기원을 드린다면 사당이라고도 말할 수 있는 거 아니야?

어디 사당요?

= 우리 마으리 '사당마을'이거덩. "나는 그 사당마리라구 이해가 앙 간다"구 그래서, "이해가 가시거나 앙 가시거나 개두[18] 뭥:가 다니 이썰따. 그래가지구 사당말로." 건무리 업꾸. 그에 과거 보믄 거기에서 그 옌:나레 기와짱드리 나오거덩요, 지끔두 간가니. 그러니까 그:때 이태조 쩌겐 아:드칸 옌날 얘:기고. 내가 판단해쓸쩌겐 역시 강씨봉 유래 모냥으루 그 시대에 뭥:가 그 뭘 기원하기 위해서 다늘 모우고서 기원하지 아난나?

‾ 이씨 이:저네 이 자리 고시 이써서 사당이 여기 가 일따구. 아네 드러 이써요. 여기가 사당, 여기가 사당마으리지.

예, 예, 그러지 예, 서우레 사당, 사당동도, 동내 정씨 사당이 이꺼등요, 크게. 근데 여기는 일따가 불탇꺼나 업써젇꺼나 이래서 그런지 모르지요. (‾, ‾ 에에, 그러치.)

= 그래가지구 사징니라 하믄 사당마으를

아, 사직, 사직, 왜 이르믈 '사직'이라구.

= 아, 이거 사당마으른 인제 이레 합뼝돼:가지구 왜놈드리 사징니루다가 명명을 한 거지요. 사당마으리니까. 왜놈드리, 아, 사징니 그다가 거:기 사당마으리 유래가 저:기, 워니니 거기서 사징니루다가 왜놈드리 인제 명명을 하여 요 아페 치워노은 거야.

그, 월래 사직카며는 국까

= 그래서 사직똥이라구두 그러구.

항 국까가 태어난 고시거든뇨? 그러니까 요쪼기 사징니믄 태봉국하고 어떵 관게가 이쓸찌.

= 글쎄, 그래서 거기에 여뉴돼지 안나. 그 이태조. 으, 대갠: 거기서 아드칸 옌:날 얘:기구 그래서 거기 여뉴돼지 안나 이러케 생가기 되능거예요.

‾ 그 저:네 뭐, 으, 그

그 강씨봉이 읻꼬, 궁 뭐:가 이쓰니 요쪼게 틀림업시 뭐:가 이서쓸 어디 사당요?

= 우리 마을이 '사당마을'이거든. "나는 그 사당마을이라고 (하는 것이) 이해가 안 간다"고 그래서, "이해가 가시거나 안 가시거나 그래도 무언가 단이 있었다. 그래서 사당마을로." 건물이 없고. 그게 과거 보면 거기에서 그 옛날에 기왓장들이 나오거든요, 지금도 간간이. 그러니까 그때 이태조 적에는 아득한 옛날 얘기고. 내가 판단했을 적에는 강씨봉 유래 모양으로 그 시대에 무언가 그 무엇을 기원하기 위해서 단을 모우고서 기원하지 않았나?

¯ 이씨 이전에 이 자리에 곳(=장소)이 있어서 사당이 여기 가서 있다고. (마을) 안에 들어있어요. 여기가 사당, 여기가 사당마을이지.

예, 예, 그러지 예, 서울의 사당, 사당동도, 동래 정씨(東萊鄭氏) 사당이 있거든요, 크게. 그런데 여기는 (사당이) 있다가 불탔거나 없어졌거나 이래서 그런지 모르지요. (¯, = 에에, 그렇지.)

= 그래서 사직리(社稷里)라 하면 사당마을을

아, 사직, 사직, 왜 이름을 '사직'이라고

= 아, 이거 사당마을은 인제 이렇게 일본에 합병되어서 왜놈들이 사직리로 명명을 한 거지요. 사당마을이니까. 왜놈들이, 아, 사직리 게다가 거기 사당마을이 유래가 저기, 원인이 거기서 사직리로 왜놈들이 인제 명명을 하여 요 앞에 치워 놓은 거야.

그, 원래 사식이라고 하면 국가

= 그래서 사직동이라고도 그러고.

한 국가가 태어난 곳이거든요? 그러니까 요쪽이 사직리면 태봉국하고 어떤 관계가 있을지.

= 글쎄, 그래서 거기에 연유되지 않나. 그 이태조. 으, 대개는 거기서 아득한 옛날 얘기고 그래서 거기 연유되지 않나 이렇게 생각이 되는 거예요.

¯ 그 전에 뭐, 으, 그

그 강씨봉이 있고, 궁 뭐가 있으니 요쪽에 틀림없이 뭐가 있었을

ᐨ 왕거니가 천도 오고 그래 가고 인제 이 여기까지 피란 나오고 해쓰니 사당이 그 당시 이썰찌 아난나?

᐀ 그러니 그 당시에는 태봉구게, 이거, 요충지라구 봐야돼:. 왜 그러냐 하며는 (그러씀니다.) 사당마를 여기 너머가다보믄 활터래는 활터, 지끄믄 사격짜이지, 활터믄. 이 궁으루다가 연씁짱이라구 봐야지. 활터가 읻(그러치요.), 예.

그래서 모르던 그 시기, 시저레 요쪼게 중요한 정부기과니 이서쓸꺼 가태요.

˝ 왕건이가 천도 오고 그래 가고 인제 이 여기까지 피난 나오고 했으니 사당이 그 당시 있었지 않았나?

˝ 그러니 그 당시에는 태봉국의, 이거, 요충지라고 봐야 돼. 왜 그러냐 하면 (그렇습니다.) 사당마을을 여기 넘어가다 보면 활터라는 활터, 지금은 사격장이지, 활터면. 이 궁(弓)으로 (하는) 연습장이라고 봐야지. 활터가 있(그렇지요.), 예.

그래서 모르던 그 시기, 시절에 요쪽에 중요한 정부기관이 있었을 것 같아요.

1) 조침(朝針): 이 마을의 속칭(俗稱). 아침 햇빛이 바늘같이 비친다 하여 붙인 명칭.

2) '-거치'는 곡용어미. 표준어 어미 '-같이'에 대한 이 지역어형임.

3) '-라구두'는 표준어 어미 '-라고도'에 대한 지역어형임. '-라구'는 계사 어간과 결합하는 활용어미. '-두'는 특수어미임. '-구'와 '-두'는 각각 '-고'와 '-도'가 비어두에서 일어난 '오〉우'의 변화를 겪은 것이다.

4) '보믄'은 동사어간 '보-'(視)와 어미 '-으믄'의 결합형임. '-으믄'은 표준어 어미 '-으면'에 대한 이 지역어형임.

5) '요커는'은 동사어간 '요커-'와 특수어미 '-는'의 결합형임. '요커-'는 명사 '욕'(辱)에 파생접미사 'ᄒ-'가 결합하여 만들어진 동사로서 '욕ᄒ-〉요쿠-〉요커-'의 과정을 거쳐서 형성된 것임. 이 지역어에서는 '으'가 '어'로 변했는데, '긑ᄒ-〉끝-'이 '겉-'이 되고 '겉-'에서 접미사 '-이'가 결합하여 형성된 부사 '겉이'나 곡용어미 '-겉이'에서 변한 '거치'나 '-거치'가 그러한 예이다.

6) '그래가지구'는 '그리ᄒ-'의 어휘화한 이형태 '그리히-'의 변화형인 '그래-'에 '-어 가지구'가 통합한 것임. 이러한 사실은 동사 어간 '먹-'에 '-어 가지구'가 통합한 '먹어 가지구'에서 잘 알 수 있다. '-어 가지구'는 문법형태소화하여 활용어미 '-어가지구'가 되었는데 여기서 '가지구'는 동사 '가지-'(持)의 활용형 '가지구〈가지고'가 문법형태화한 것이다. 활용어미 '-어가지구'는 활용어미 '-어서'와 동일한 통사기능과 의미특성을 가진다.

7) '사:당'은 '祠堂'임.

8) '마리'는 명사 '말'과 주격어미 '-이'로 분석된다. '말'은 'ᄆᆞᄉᆞᆯ'(村)에서 변화한 '마을'의 '으'가 앞 음절 모음소에 완전순행동화하여 '마알'로 되고 그것이 '말:' 또는 '말'로 된 것이다. 이 지역어에서는 '마을'도 함께 사용된다.

9) '사당머레'는 명사 '사당멀'과 처격어미 '-에'로 분석된다. '멀'는 '한쪽 옆이나 가장자리'를 의미하는 '머리'인데 처격어미와 결합하여 어간말의 '이'가 탈락한 것이다.

10) '바슬'은 명사 '밧'과 대격어미 '-을'로 분석된다. 명사 '밧'은 '밭'(田)의 'ㅌ'가

‘ㅌ〉ㅊ〉ㅅ’의 과정을 거쳐서 변화한 것이다. 중부방언은 지역어에 따라서
복합형태소 /바{ㅅ-ㅌ}/(처격어미 앞에서는 ‘밭’이고 그 외의 어미 앞에서는
‘밧’이 결합함)을 가지고 있는데, 이 지역어에는 /밧/으로 단일화되어 있다.

11) ‘삐알’은 표준어 단어 ‘비탈’에 대한 이 지역어형이다.

12) ‘몰르지’는 어간 ‘몰르-’(不知)와 어미 ‘-지’로 분석된다. 표준어 동사 ‘모르-’는
‘모르고, 모르지, 모르면, 몰라도, 몰라서’에서 보듯이, 자음소나 ‘으’로 시작하
는 어미와 결합하는 ‘모르-’와 ‘아/어’로 시작하는 어미와 결합하는 ‘몰르-’라는
두 개의 어휘화한 이형태를 가지는 복합형태소이다. 그런데 경기방언에서
는, ‘몰르고, 몰르지, 모르면, 몰라도’에서 보듯이 ‘몰르-’만을 가지는 단일 형
태소로 되었다.

13) 곡용어미 뒤에 붙지만, 현재는 특별한 문법기능을 가지지 못하는 것으로 보
인다. 그냥 변화 방향 표시의 ‘-으로’만으로 해석해도 무방하다.

14) ‘됐:때’는 동사 어간 ‘돼-(〈되-)’와 과거시제표시의 ‘-었’과 전언(傳言) 서술법
종결어미 ‘-대’의 결합형이다. ‘-대’는 ‘-다고 해-어’가 변화과정을 거쳐 문법 형
태소화한 것이다.

15) ‘대홯’은 명사 ‘대화’(對話)와 대격어미 ‘-을’로 분석된다. 일반적으로 명사가
순수 자음소로 끝나면 대격어미 ‘-을’이 결합하고 모음소나 ‘르’로 끝나면 ‘-를’
이 결합한다고 알고 있으나 자연어에서는 명사가 모음소로 끝나도 대격어미
‘-을’이 결합하는 것이 일반적이다. 이 점이 구어(口語)와 문어(文語)의 차이
라고 할 수 있다.

16) ‘왕으 선조’에서 ‘-으’는 표준어의 속격어미 ‘-의’에 해당한다. 표준어의 속격
어미 ‘-의’는 중부방언에서 일반적으로 ‘-에’로 실현되는데 ‘-으’로 실현된다는
점이 주목된다.

17) ‘어얗’은 ‘어영’(禦影)의 방언형. ‘어영’은 ‘신불 또는 귀인의 초상화’를 뜻함.

18) ‘개두’는 ‘개’와 ‘두’로 분석된다. ‘개’는 ‘그래’에서 둘째 음절의 ‘르’가 탈락한
다음 다시 첫음절의 ‘으’가 탈락하여 형성된 것임. 중부방언에서는 이러한 변
화가 매우 강하게 일어났던 것으로 보인다. ‘그러니까’가 ‘그니까’로, ‘그래서’
가 ‘개서’로, ‘그러믄〈그러면〉’이 ‘그믄’으로 사용되고 있는 데에서 그 사실을
알 수 있다.

생업 활동

논농사

그 논, 논농사하는데두 그 벼 종뉴가 마니, 여러가지 이짠

￣ 여러가지조.

벼 종뉴에는 알고 게싱거는 어떵거뜨리 읻습니까?

￣ 에, 조생종은 평생 저 온뉴구라구, 여기선. 얘기핻찌 온뉴구.

올류구.[1]

￣ 올류구, 그러니깐 빨리 머글쑤 인는 바비다해서.

예예, 그 머라구 핻따구요?

￣ 그건 저거는 중생종, 조생종 이러케 마니

조생종을 아까 무슨

￣ 올류구. 그래 인제 여기서 시머떤 거는 먼처 멍는 벼 이르미에요.

예, 온뉴구.

￣ 응.

그다으메 조생종 말고 또 어떵걷뜨리 읻습니까?

￣ 벼 이르므로?

예.

￣ 그거 잘 모르자너, 내가 농사를 직쩝 진찌, 손수 지어보지 아낙끼 때
무네.

이제 그 벼가 누러케 이그면 그다메 이제 벼를 나중에 어떠케 함니까?

￣ 그저녠 소느로 다 베얻쪼. 나시로,[2] 소느로 다. 벼어서는 쪼옥 너우
러가꾸[3] 고다:메 한 사밀 지난 다:메[4] 두지버서[5] 논: 다:메, 마른 다메 그

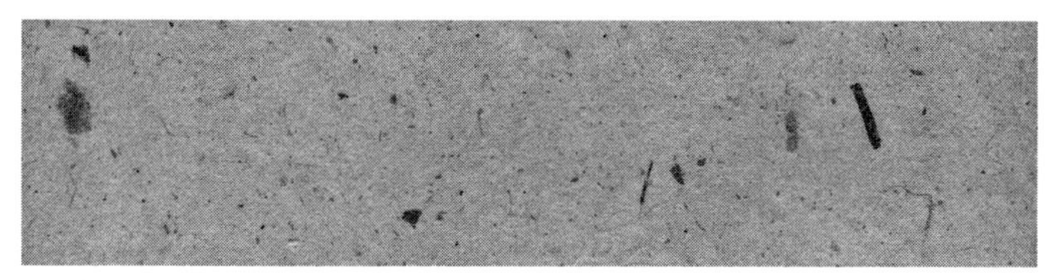

그 논, 논농사하는 데도 그 벼 종류가 많이, 여러가지 있잖(습니까?)

‾ 여러 가지지요.

벼 종류에는 알고 계신 것은 어떤 것들이 있습니까?

‾ 에 조생종은 평생 저 올류구라고, 여기선. 얘기했지 올류구.

올류구.

‾ 올류구, 그러니까 빨리 먹을 수 있는 밥이라고 해서.

예예, 그 뭐라고 했다고요?

‾ 그것은 저것은 중생종, 조생종 이렇게 많이

조생종을 아까 무슨

‾ 올류구. 그래 인제 여기서 심었던 것은 먼저 먹는 벼 이름이에요.

예, 올류구.

‾ 응.

그다음에 조생종 말고 또 어떤 것들이 있습니까?

‾ 벼 이름으로?

예.

‾ 그것 잘 모르잖아, 내가 농사를 직접 짓지, 손수 지어보지 않았기 때
문에.

이제 그 벼가 누렇게 익으면 그다음에 이제 벼를 나중에 어떻게 합니까?

‾ 그전에는 손으로 다 베었지요. 낫으로, 손으로 다. 베어서는 쭉 널어
서 그다음에 한 삼 일 지난 다음에 뒤집어서 놓은 다음에, 마른 다음에 그

노와서 무끙거구 그러케 핻써요.

　무꺼가지고 쭉 저 어떵거는 느러노키도 놑습니까, 아니면 채곡채곡 싸야됨니까?

　￣무끄므는[6] 대개 다 쌈:니다. 이런 시기로 여기 이사글 여게[7] 동일허게 허고[8] 요러케 세:군, 네:군데로 해서. 그르므는 위:는 이러케 올러오구. 이 사기 이제 저거 허니까 요러케 요러케 이제 비가 와두 저거 하구. 고 이 상마는 안 저저요.

　예.

　￣그리고 으, 이삭 저걸 다:: 이러케 네:군데를 요러케 해서 모아주는데 맨:: 위에 언즌 노믄 거기에다 투배기가 하나를 언저논능거야. 그러믄 비가 안 맏찌.

　아, 예예.

　￣그러케까지 해서 인제 노안따가 에, 갇따 떨구 그렁거에요.

　그 볃따늘 이러케 싸아노은 거슬 머라 그럼니까?

　￣에, 벼까리지 머.

　벼를 그러케 싿능거슬 벼 가린다고 함니까?

　￣에, 그러치 에, 그 지비[9] 갇따가 노:므는 크게 인지 이러케 싸코 지베 갇따 노믄 이름 그대로 벼까리는 이러케 벼를 가리하는 거슬 말하지요. 그리구 처:메 모낼쩌게 참 저거할쩌게는 바다글 골고:루 허구선[10] 거기다 직쩝 이러케 뿌려가꾸선 이러케 뽀바서 이러케 내능거구. 고다메 발쩌니 되고 좀 저거하니까는[11] 모파니 나와서 팔구 저거하니까는[12] 모파네다 인 제 부어가꾸 그 저거해가꾸 기게에다 시:므니까.

　네.

　￣기게에다 그대로 느가꾸 그 뒤에 그게 생깅거구 그저네는, 그저네는 전부 저, 이, 이러케 모파늘 맨드러가꾸 이러케 부어가꾸 소보카게 근 다 메 쩌서[13]

노아서 묶은 것이고 그렇게 했어요.

묶어가지고 쭉 저 어떤 것은 늘어놓기도 합니까, 아니면 차곡차곡 싸야 됩니까?

￣ 묶으면 대개 다 쌉니다. 이런 식으로 여기 이삭을 여기에 동일하게 하고 요렇게 세 군 네 군데로 해서. 그러면 위는 이렇게 올라오고. 이삭이 이제 저거하니까 요렇게 요렇게 이제 비가 와도 저거하고. 고 이삭만은 안 젖어요.

예.

￣ 그리고 으, 이삭 저것 다 이렇게 네 군데를 이렇게 해서 모아주는데 맨 위에 얹은 놈은 거기에다 투배기를(←가) 하나 얹어 놓는 거야. 그러면 비가 안 맞지.

아, 예예.

￣ 그렇게까지 해서 인제 놓았다가 에, 갖다 떨고 그런 거에요.

그 볏단을 이렇게 쌓아 놓은 것을 뭐라 그럽니까?

￣ 에, 볏가리지 뭐.

벼를 그렇게 쌓는 것을 벼 가린다고 합니까?

￣ 에, 그렇지 에, 그 집에 갖다가 놓으면 크게 인제 이렇게 쌓고 집에 갖다 놓으면 이름 그대로 볏가리 이렇게 벼를 가리하는 것을 말하지요. 그리고 처음에 모낼 적에 참 저거할 적에는 바닥을 골고루 하고 거기에다 직접 이렇게 (볍씨를) 뿌려갖고 이렇게 뽑아서 이렇게 내는 것이고. 고 다음에 발전이 되고 좀 저거하니까 모판이 나와서 팔고 저거하니까는 모판에다 인제 부어갖고 그 저거해갖고 기계에다 (장착해서) 심으니까.

네.

￣ 기계에다 그대로 넣어갖고 그 뒤에 그게 생긴것이고 그전에는, 그전에는 전부 저, 이, 이렇게 모판을 만들어 갖고 이렇게 부어갖고 소복하게 그런 다음에 쪄서

쩌서?

- 쩌서 인제 세:눈큼,[11] 세:눈큼 네:눈큼 내서 이러케 한눈큼 되며는 이러케 이러케 인제 서로 서로 이러케 이러케 해가꾸서는 인제 싼능거구네.

- 그그는 또 모내기, 그저넨 소느로 다 내쓰니까 모내기 위해서 저거허니깐 이러케 해서 이러케 해서 요고 묵찌.

네네.

- 무꺼가꾸 저그하믄 고 한눈크마네 그게 고대로 나오니까. 나온데지, 이 띠:기 조케. 그러케 해서 모심끼를 헝거구. 지끄믄 모, 모판 저거니까 기게에다 내능건 머, 그 판 그대로 노쿠 내:능거구. 그저네는 소느로 점부 쩌서

소느로 쩐:찌요?

- 풀찌를 해가꾸 해서 뜨문뜨문 쓰:레질 해노코선 던저노커덩네.

- 그러니깐 노네다가 또 내고 이러케 해써요.

그 모낼 때 그냥 하며는 고르지 아느니까 줄가틍걸루

- 모(몰)쫄, 그게 모쭈리지.

그럼 주럽씨 심는 경우도 읻씀니까?

- 그거는 이제 이러케 구팅이가[15] 나맏때등가[16] 모쭈리 지가 불펴난데 할쑤 업씨 꾸불꾸부란 노니든가 그러치 인제 그. 인제 그 모쭐두 계속 매던 저거니까 간겨글 대충 알거덩. 그니까 고게 요캐[17] 시머가꼬 그 저거구. 모쭈를 칠수 인는 노는 다 모쫄 처서 인제 그러케 됭거구.

에, 저, 벼를 시머노코 난 뒤에는 어느 정도 될 때까지는 계속 노네 무리 이써야 뒈조?

- 예, 이써야 되조.

그런데 이제 가무러서 무리 빠진다거나 그러며는 무를 대야뒈지 안씀니까?

쪄서?

￣ 쪄서 인제 세 눈금씩, 세 눈금 네 눈금 내어서 이렇게 한 눈금 되면 이렇게 이렇게 인제 서로 서로 이렇게 이렇게 해갖고서는 인제 쌓는 거고 네.

￣ 그것은 또 모내기, 그전에는 손으로 (모를) 다 냈으니까 모내기 위해서 저거하니까 이렇게 해서 이렇게 해서 요거 묶지.

네네.

￣ 묶어갖고 저거하면 고 한 눈금 안에 그게 그대로 나오니까. 나온다지, 이 떼기 좋게. 그렇게 해서 모심기를 한 거고. 지금은 모판 저거 하니까 기계에다 내는 건 머, 그 판 그대로 놓고 내는 거고. 그 전에는 손으로 전부 쪄서

손으로 쪘지요?

￣ 풀질을 해갖고 해서 드문드문 써래질 해놓고서 던져놓거든.

네.

￣ 그러니까 논에다가 또 (모를) 내고 이렇게 했어요.

그 모낼 때 그냥 하면 고르지 않으니까 줄 같은 걸로

￣ 못줄, 그게 못줄이지.

그러면 줄이 없이 심는 경우도 있습니까?

￣ 그것은 이제 이렇게 귀퉁이가 남았다든가 못줄이 자기가 불편한데 할 수 없이 꾸불꾸불한 논이든가 그렇지 인제 그. 인제 그 못줄도 계속 매던 저거니까 간격을 대충 알거든. 그러니까 그개 이렇게 심어갖고 그 저거고. 못줄을 칠 수 있는 논은 다 못줄쳐서 인제 그렇게 된거고.

에, 저, 벼를 심어놓고 난 뒤에는 어느 정도 될 때까지는 계속 논에 물이 있어야 되죠?

￣ 예, 있어야 되지요.

그런데 이제 가물어서 물이 빠진다거나 그러면 물을 대어야 되지 않습니까?

￢ 예.

그 무를 대는 방시그로는 어떤 거시 이씀니까?

￢ 에, 지끔 머 고래실[18] 가튼 거는 일반저그로 거기서 생기는 거니까 그 거 쓴대지만두[19] 저 보를[20] 머겨각꾸[21] 보에서 먼 저거하는 거슨 에, 주민 드리 본나를 바다가꾸 가서 인제 보를 마가. 보를 마가각꾸 무를 인제 저 거해가꾸 낼수 인는 범위 내에서 차례끔 차례끔 내게끔 그 무를 내는 건 데 지끄믄 머. 그 엔나렌 참 그 이 이 무리 그케 귀허구 무리 풍한 거 저 게 업써꾸 이 고래씰허던[22] 사라믄 타래바기로 퍼서 무를 올려각꾸 모를 내구 그래썬는데 이즘은 요즘은 그런 농사는 질찌두 아느니까.

수로가 이써가지구 쭈욱, 그럼 에 그 논 가운데에 웅덩이 가튼 거슬 파가지 구 무를 바다서, 비올 때 무를 바다서 또 무를 대기도 하고 그랟찌 안슴니까?

￢ 예, 그게 모냐하믄[23] 대개 고래시리라구 해서

예.

￢ 무리 제 바다게서 이러케 이러케 나는 노니 고래시리거든. 항시 빠지 구, 에 그거 해머끼가[24] 좀 힘들지. 그래서 그런데는 웅뎅이를[25] 파각꾸서 그 나오는 무를 인제 그 응데이에다 가뒬따가.

네네.

￢ 퍼서 좀 내고. 또 가물고 또 저거 할쩌게는 무리 그 나오는 저거는 나 오능게 얼마 안되니까.

그걸 응뎅이라 핻씀니까?

￢ 그러치요, 응뎅이.

응뎅이, '덤벙'이니 이런 마른 업썯슴니까?

￢ 여기서는 그런 마리 엄는데

그다메 음, 그 무를 풀 때에 이 응뎅이에다가 나무를 설치해가지고 소느로 (※두 팔로 노를 젓는 흉내를 내면서) 이러케 해가지구

￢ 응, 타래박.

‐ 예.

그 물을 대는 방식으로는 어떤 것이 있습니까?

‐ 예, 지금 뭐 고래실 같은 것은 일반적으로 거기서 (물이) 생기는 것이니까 그거 쓴다고 하지만도 저 보를 먹여갖고 보에서 저것하는(=물이 없는) 것(=논)은 에, 주민들이 봇날을 받아갖고 인제 보를 막아. 보를 막아갖고 물을 인제 저거해서(=모아서) (물을) 낼 수 있는 범위 내에서 차례차례 내게끔 그 물을 내는 것인데 지금은 머. 그 옛날엔 참 그 이 이 물이 그렇게 귀하고 물이 풍부한 것 저것이 없었고 이 고래실하던 사람은 타래박으로 퍼서 물을 올려갖고 모를 내고 그랬었는데 요즘은 그런 농사는 짓지도 않으니까.

수로가 있어가지고 쭈욱, 그럼 에 그 논 가운데에 웅덩이 같은 것을 파가지고 물을 받아서, 비올 때 물을 받아서 또 물을 대기도 하고 그랬지 않습니까?

‐ 예, 그게 무엇이냐 하면 대개 고래실이라고 해서

예.

‐ 물이 제 바닥에서 이렇게 이렇게 나는 논이 고래실이거든. 항시 (발이) 빠지고, 에 그것 해먹기가 좀 힘들지. 그래서 그런 데는 웅덩이를 파갖고서 그 나오는 물을 인제 그 웅덩이에다 가두었다가

네네.

‐ (물을) 퍼서 좀 내고. 또 가물고 또 저거할(=논에 물이 마를) 적에는 물이 그 나오는 저것은 나오는 것이 얼마 안 되니까.

그것을 웅덩이라 했습니까?

‐ 그렇지요, 웅덩이.

웅덩이, '덤벙'이니 이런 말은 없었습니까?

‐ 여기서는 그런 말이 없는데

그다음에 음, 물을 풀 때에 이 웅덩이에다가 나무를 설치해 가지고 손으로 (※두 팔로 노를 젓는 흉내를 내면서) 이렇게 해 가지고

‐ 응, 타래박.

그걸 타래바기라

ᐨ 응, 타래바기라 그렁거야.

그럼 두 사라미 양쪼게 주를 잡꼬 이러케 푸는 거슨?

ᐨ 그건뚜 타래바기라구. 혼자 푸는 건 이러케 이러케해서 퍼구 두리 하
는 건 이러케 이러케 푸능거구. 타래바기야.

다 타래바기군뇨. 모내기 하구 난 뒤에 이제 노네 푸리 날 때 그 푸를 갇따가
인제 기미라, 김맨다 그래씀니까?

ᐨ 예, 여기서는 대개 인제 처:메 매는. 처:메 그 무리 저게 푸리 요러케
쪼:끄마케 자라쓸쯔게 앤:논파기[26]

앤논파기?

ᐨ 응.

예.

ᐨ 그리고 또 두번논 응, 응. 두번노는 저기 소느로다 그 덩어리 여케 대
각꾸 저거한 다으메 그 어느 정도 그 무치는 흑 저게 주거슬찌게 그거를
이제 쩌서 그 푸머서, 푸른 자버댕겨서 나옹거는 묻꾸. 묻꾸. 그게 두벌노
니구.[27]

그다메 이제 하는 거슨

ᐨ 고다메는 세벌까지두. 그건 인제 마는 풀. 마니 저건데. 예, 피뽑끼

예.

ᐨ 피는[28] 인제 그거 노네 대한 저거가 좀 나쁜 저거니까는 그렁게 이쓸
찌게 지금두 피뽑끼를 대개 다하지. 지금두 그 피뽑끼를 해요. 아, 안 뽀
브며는[29] 그 이드매도 아직뚜 승허니까, 씨가 떠러저서.

그걸 타래박이라

 ̄ 응, 타래박이라 그런거야.

그럼 두 사람이 양쪽에 줄을 잡고 이렇게 (물을) 푸는 것은?

 ̄ 그것도 타래박이라고. 혼자 푸는 것은 이렇게 이렇게 해서 푸고 둘이 하는 것은 이렇게 이렇게 푸는거고. 타래박이야.

다 타래박이군요. 모내기 하고 난 뒤에 이제 논에 풀이 날 때 그 풀을 갖다가 인제 김이라, 김맨다 그랬습니까?

 ̄ 예, 여기서는 대개 인제 처음에 매는. 처음에 그 물이 저게 풀이 요렇게 조그맣게 자랐을 적에 앳논파기

앳논파기?

 ̄ 응.

예.

 ̄ 그리고 또 두벌논 응, 응. 두벌논은 저기 손으로다 그 덩어리 이렇게 대어갖고 저거한 다음에 그 어느 정도 그 묻히는 흙 저것이 죽었을 적에 그것을 이제 쪄서 그 품어서, 풀은 잡아당겨서 나온 거는 묻고. 묻고. 그게 두벌논이고.

그다음에 이제 하는 것은

 ̄ 그다음에는 세벌까지도. 그것은 인제 많은 풀. 많이 저것인데. 예, 피뽑기.

예.

 ̄ 피는 이제 논에 대한 저것이 좀 나쁜 저것이니까 그런 것이 있을 적에 지금도 피뽑기를 대개 다하지. 지금도 그 피뽑기를 해요. 아, 안 뽑으면 그 이듬해도 아직도 성(盛)하니까, 씨가 떨어져서.

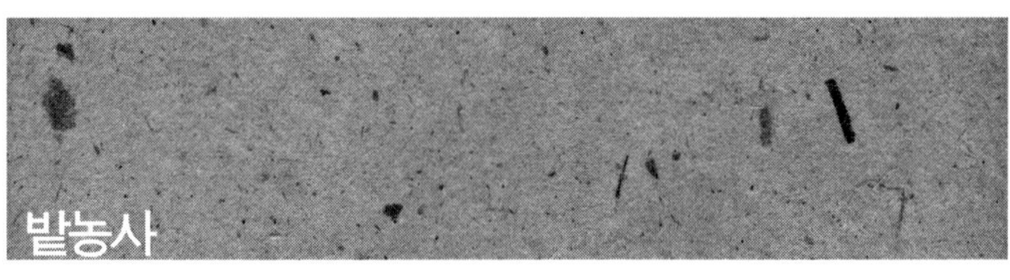

그다메 바테서 시물수 인능게 어떵거시 이썯씀니까?

￣ 바세는 대개 인제 이전거트면 조

예.

￣ 콩

예.

￣ 그다메 깨 가틍건 물로니고 들깨, 참깨 다 그러쿠. 대개 다 그래요 보
리, 밀 거틍거 그렁거 심꾸.

저, 보리농사는 어떤시그로, 언제 씨를 시머서 어떠케 핸는지요?

￣ 보리농사는 가으레 가라요. 가으레 가라가꾸 고너미 저거 된 다메 겨
우레 하루, 겨우레 나며는 이제 보미 되며는 삐쭉삐쭉 나오지 전부. 그러
믄 여기 지역 사람드른 대개 안 발바주는데 저 남서네는[30] 거의 발바줘,
퍼지라구. 그 저거 핸는데, 보리발끼라고 해서 그 저거헌데 여기 사람드
른 대개 거의 안 해써요. 버리발끼를.[31] 그리구선 에, 그 가으레 그니깐
보리를 시믈쩌게는 고:레다 심꾸. 고:레다 심꾸 두두게는 인제 그 다메 그
비기[32] 저네 콩을 심는대든가 조를 심는대든가 인제 그 저거해서 반농사
는 그러케 지어써요.

밀도 시머씀니까?

￣ 그저네 밀, 보리 다 시먿찌요. 몇심년 전서 내가 시믄 얘기야. 지끄믄
보리하고 밀하고는 어떤 차이가 읻씀니까? 무어시 좀 다른지요?

￣ 보리짜 미른,[33] 미른 가라서 밀까루가 되고 보리는 바블 해 머글수가

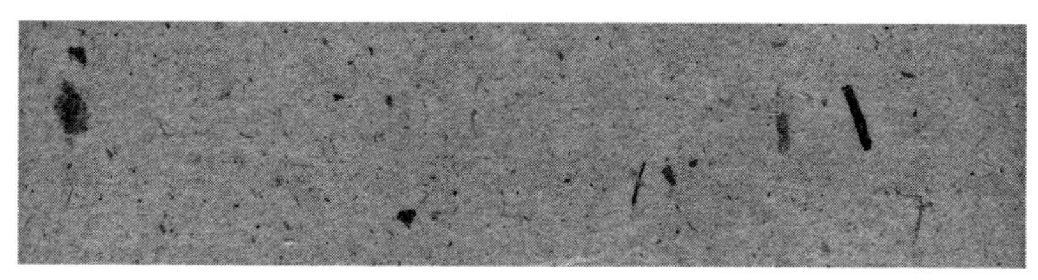

그다음에 밭에서 심을 수 있는 것이 어떤 것이 있었습니까?

ˉ 밭에는 대개 인제 이전 같으면 조

예.

ˉ 콩

예.

ˉ 그다음에 깨 같은 것은 물론이고 들깨, 참깨 다 그렇고. 대개 다 그래요 보리, 밀 같은 것, 그런 것 심고.

저, 보리 보리농사는 어떤 식으로, 언제 씨를 심어서 어떻게 했는지요?

ˉ 보리농사는 가을에 (밭을) 갈아요. 가을에 갈아서 고놈이 저거 된 다음에 겨울에 하루, 겨울에 나며는 이제 봄이 되면 (싹이) 삐죽삐죽 나오지 전부. 그러면 여기 지역 사람들은 대개 (밭을) 안 밟아주는데 저 남쪽에는 거의 밟아줘, (잎이) 퍼지라고. 그 저거 했는데, 보리밟기라고 해서 그 저 거한데 여기 사람들은 대개 거의 안 했어요. 보리밟기를. 그리고 나서는 에, 그 가을에 그러니까 보리를 심을 적에는 골에다 심고. 골에다 심고 두둑에는 이제 그다음에 그것 베기 전에 콩을 심는다든가 조를 심는다든 가 인제 그 저거해서(=심어서) 밭농사는 그렇게 지었어요.

밀도 심었습니까?

ˉ 그전에 밀, 보리 다 심었지요. 몇 십 년 전에 내가 심은 얘기야. 지금은 보리와 밀은 어떤 차이가 있습니까? 무엇이 좀 다른지요?

ˉ 보리와 밀은, 밀은 갈아서 밀가루가 되고 보리는 밥을 해 먹을 수가

이써요. 보리밥. 그니까 저거가 다르지. 보리는 빠아서 무슨 머, 저거해서 가루를 쓸수도 이껜찌만두 대체저그로 바패[34] 먹꾸 하는데 보리싸리[35] 드 러가능거구, 미른 가루로 맨드러가꾸 머를 해멍능거구. 그리고 또 보리 는, 미른 대충 웬만한데 다 되는데, 보리는 다 안 돼요.

예.

⌐ 응, 보리바시라는 게 따루 아주 지정되어 일찌. 보리가, 보리를 시므 면 보리가 된다. 에, 웬만한데는 안 되는 거는 미리나 심지. 안 되는 그 런 특징이 이써써. 근데 여기 사람들 치구는 자기 머글 정도에 그건만 엔나레 저 핸찌 머, 파라먹꺼나 그런 생가근 가미 모태쓰니까. 쬐끔씩 진능게. 그저네 이런 거르미 인나? 아주머니드리 오줌뎅이[36] 여다가 오 줌 바다서 뿌리구. 그리고 그냥 그거빼끼[37] 업스니까 거르미랑게 똥, 오 줌. 똥, 오줌

보리바치나 밀바또 감니까? 씨뿌리기 저네.

⌐ 아니고 갈구서 뿌리는 거여.

뭘 가지구 갑니까? 그때도 소?

⌐ 소. 근데 그때는 그 바슬 갈구 하면 소 두마리루.

두마리로.

⌐ 두마리를 쟁기로 해가꾸 이러케 하믄 기피 갈리구. 이 보리바시나[38] 미를 시므면 두마리로 꼭 가라써요, 바슬. 그리고 버리는 아무데나 되는 거가 아니여. 미른 대충 웬만한데 다 되지만두 버리바시라구는 이써요,[39] 아주. 어디 버리바슨 누구네 지비고, 버리받, 버리 가는 저거가.[40] 개서 버 리는 아마 잘 되지가 안키 때문에 그런 선태기 될찌. 그니깐 아주 버리바 시라는 건 어, 거기 버리받 이러케 되는 거라구. 땅이 조쿠, 조은데에만 보리가 되지. 미른 웬만한데 다 되는거구.

그 방아 찌을 때 밀방아 찐는 거하고 보리방아 찐는 거하고 그 무얼 가지고

있어요. 보리밥. 그러니까 저거(=용도)가 다르지. 보리는 빻아서 무슨 머, 저거해서(=빻아서) 가루를 쓸 수도 있겠지만 대체적으로 밥해 먹고 하는 데 보리쌀이 들어가는 것이고, 밀은 가루로 만들어 갖고 무엇을 해먹는 것이고. 그리고 또 보리는, 밀은 대충 웬만한 데 다 되는데, 보리는 다 안 돼요.

예.

￢ 응, 보리밭이라는 게 따로 아주 지정되어 있지. 보리가, 보리를 심으면 보리가 된다. 에, 웬만한 데는 안 되는 것은 밀이나 심지. (보리는) 안 되는 그런 특징이 있었어. 그런데 여기 사람들 치고는 자기 먹을 정도에 그것만(보리나 밀만) 옛날에 저 했지(=심었지) 머, 팔아먹거나 그런 생각은 감히 못했으니까. 조금씩 (보리/밀 농사를) 짓는 게. 그전에 이런 거름이 있나? 아주머니들이 오줌동이 여다가 오줌 받아서 뿌리고. 그리고 그냥 그것밖에 없으니까 거름이란 게 똥, 오줌. 똥, 오줌

보리밭이나 밀밭도 갑니까? 씨뿌리기 전에.

￢ (씨를 뿌리고 밭을 가는 것이) 아니고 (밭을) 갈고서 (씨를) 뿌리는 거요.

뭘 가지고 갑니까? 그 때도 소?

￢ 소. 그런데 그때는 그 밭을 갈고 하면 소 두 마리로.

두 마리로.

￢ (소) 두 마리를 쟁기로 해 갖고 이렇게 하면 깊이 갈리고. 이 보리밭이나 밀을 심으면 (소) 두 마리로 꼭 갈았어요, 밭을. 그리고 보리는 아무 데나 되는 거가 아니에요. 밀은 대충 웬만한 곳에 다 되지만 (보리는) 보리밭이라고는 있어요, 아주. 어디 보리밭은 누구네 집이고, 보리밭, 보리가는 저거가. 그래서 보리는 아마 잘 되지가 않기 때문에 그런 선택이 되었지. 그러니까 아주 보리밭이라는 것은 어, 거기 보리밭 이렇게 되는 거라고. 땅이 좋고, 좋은 데에만 보리가 되지(성장하지). 밀은 웬만한 데에다 되는 거고.

그 방아 찧을 때 밀방아 찧는 거하고 보리방아 찧는 거하고 그 무얼 가지고

어떠케 찐는지, 그런 차이가 잍씀니까?

ⁿ 지금 정미소에서. 옌나레는

지금은 인제 지금 말쓰믄 옌날쪼기

ⁿ 옌나레는 보리나 미리 절구지를. 아주 옌나레는 절구지를 해서 이, 사라믜 히므로다 절구지를 해서 해먹꾸 고 다메 물레방아라 해서 무를 이용해가꾸 여케 쿵거 저기 돌리면서 가머는 이 찐는 저거가 이써가지구 찌쿠, 그다메 정미소 저거해서 지끔 현재 저거 생견는데. 그 동네마다 공통저그로 맨드러서 찐는 물레방아가 이써써요, 그저네는. 예, 거기서 저거하믄 오느른 누구, 내이른 누구, 내이른 다 가치 이러케 찐능거구. 또 한동네 사라야 버리 마니 심꼬, 머 미른 쪼금쪼금 심는다. 심능거슨 이제 절구에다 찌:서 방아 허기두 하구. 그리구 머냐 하믄, 가루만 내려믄 매또 레다 가라가꾸 이 미른 인제 되고 그러는데. 버리는 절구에다 찌어서 인제 바블, 싸를[11] 맨드는 사람두 익꾸. 쪼끄망거지, 그건. 인제 쪼끔 수량이 얼마 안 뒈는 사라믄 그러쿠. 그러치 아느면 동네 물레방아까니라구 하나씩 꼭 거 이썩꺼등. 그저네 거기서 찌꾸,[12] 차례쿵 차례쿵.[13] 그때야 머 시 고리 저거하니까 지끔가치 그러케 마니 찌찌두 앙쿠 사람두 동네마다 얼마 안 뒈구. 생산냥이 뭐 이썬나?

밀서리 한다고. 그런 말 써보셔씀니까?

ⁿ 예, 그거는 아주 아주 극소수의 저거구. 미를 저거핸는데 그런저근 별루 업써요. 감자거틍거는, 고구마 가틍거는 훔처다가 몰래 가서 쌀마 먹꾸 그래 해써두 그렁거는 별루.

보리서리나 밀서리는 잘 하지 앙코. 닥서리 가틍거슨 어떠씀니까?

ⁿ 어, 닥서리는 핻쪼.

어떻게 찧는지, 그런 차이가 있습니까?

 ⁻ 지금 정미소에서. 옛날에는

 지금은 인제 지금 말씀은 옛날 쪽이

 ⁻ 옛날에는 보리나 밀이 절구질을. 아주 옛날에는 절구질을 해서 이, 사람의 힘으로다 절구질을 해서 해먹고 고 다음에 물레방아라고 해서 물을 이용해 갖고 이렇케 큰 거 저기(=바퀴) 돌리면서 가면 이 찧는 저거가(=절구가) 있어 가지고 찧고, 그다음에 정미소 저거해서(=세워서) 지금 현재 저거(=기계로 도정(搗精)하는 공장이) 생겼는데. 그 동네마다 공통적으로 만들어서 찧는 물레방아가 있었어요, 그전에는. 예, 거기서 저거하면(=방아 찧을 집이 많으면) 오늘은 누구, 내일은 누구, 내일은 다 같이, 이러케 찧는 거고. 또 한동네 살아야 보리 많이 심고, 머 밀은 쪼금쪼금 심는다. 심는 것은 이제 절구에다 찧어서 방아 하기도 하고. 그리고 뭐냐 하면, 가루만 내려면 맷돌에다 갈아 갖고 이 밀은 인제 되고 그러는데(=가루를 만드는데). 보리는 절구에다 찧어서 인제 밥을, 쌀을 만드는 사람도 있고. (절구에 보리를 찧는 경우는 그 양이) 조그만 거지, 그건. 인제 쪼끔 수량이 얼마 안 되는 사람은 그렇고. 그렇지 않으면 동네 물레방앗간이라고 하나씩 꼭 거 있었거든. 그전에 거기서 찧고. 차례 차례. 그때야 뭐 시골이 저거하니까(=인구가 얼마 안 되니까) 지금같이 그렇게 많이 (방아를) 찧지도 않고 사람도 동네마다 얼마 안 되고. 생산량이 뭐 있었나?

 밀서리 한다고. 그런 말 써보셨습니가?

 ⁻ 예, 그거는 아주 아주 극소수의 저거고(=예이고). 밀을 저거했는데(=꺾어다가 불에 구워 먹었는데) 그런 적은 별로 없어요. 감자 같은 거는, 고구마 같은 거는 훔쳐다가 몰래 가서 삶아 먹고 그렇게 했어도 그런(=밀을 꺾어서 구워 먹는) 거는 별로.

 보리서리나 밀서리 같은 것은 잘 하지 않고. 닭서리 같은 것은 어떻습니까?

 ⁻ 어, 닭서리는 했지요.

그 다기 이제 울며는 소리가 들려서 안 되니까 울지 안토록 하는 방법 가튼
거 이렁거슨 어떤 거시 읻씀니까?

˝ 그런데 에, 그 방버븐 업썩꾸. 닥서리하는 사라미 그러케 새병녀게
하는 사라미 업써요.

예, 그러니까 새벼게 하면 도두기 되고. 늗게

˝ 그래서 인제 그 옏나레 인제 이런데서 생기고 그래썬는데 닥서리를
허며는 훔처다 머그면 그냥 무긴하는 사라미. 배고푸고 고기가 먹구 시퍼
서 핵껜냐 하는 사라미 인는가 허며는 도둥너므로. "저넘 새끼 도둥노미
야." 그게 여러 가지가 이썬는데.[44] 에, 그게 그러케 마는, 흐낭게 아니구
극소수. 그게 닥서리 해다 멍는 저거라 핸는데 그건 또 무긴해요.

목적 자체가 그, 나믜 걸 도둑질 한다 이렁게 아니고

˝ 그게 아니고 그 저거하니깐 그 왜 애드리 훔처 각껠찌 머. 그러구 무
긴해주는 저거가 여기 이썬찌. 저런시그로 해서.

그때만 해도 그 인시미 그래도 후해서.

˝ 아, 그저녠 그래도 저 바메 지사[45] 지내고 그러면 이우찌비[46] 다 오라
고 그래서 가치 먹꾸 으, 그랟짜나요? 근데 지끄믄 완저니 그렁거 업써지
구.

그 보리나 밀 타자글 하고 나며는 지피 생기지 안슴니까? 보리찝 밀찝. 그
보리찌피나 밀찝가지고 무얼 만들거나 그런 건 안 햅씀니까?

˝ 여기선 그 안 해요. 그 저거로다 이제 맥:꼬자[47] 이러케 역꺼간꼬 하
는 거 그거 남서네선 인제 그렁거 핸는데 여기선 그 업써써요.

모자를 만들기도 하고 곤충 집 가튼 걷또 만들고. 고추는 여기 마니 심슴니까?

˝ 고추는 집찜마다 심쪼. 자기 머글만크믄. 영리저긴 저거루 장사를 하
는 사라믄 업찌만도 자기 머글만크믄 시머가꼬 소모시키는.

고추 농사 과정은 어떠씀니까?

그 닭이 이제 울면 소리가 들려서 안 되니까 울지 않도록 하는 방법 같은 것 이런 것은 어떤 것이 있습니까?

￣ 그런데 에, 그 방법은 없었고. 닭서리하는 사람이 그렇게 새벽녘에 하는 사람이 없어요.

예, 그러니까 새벽에 (닭서리를) 하면 도둑이 되고. 늦게

￣ 그래서 인제 그 옛날에 인제 이런 데서 생기고 그랬었는데 닭서리를 하면 훔쳐다 먹으면 그냥 묵인하는 사람이. 배고프고 고기가 먹고 싶어서 했겠냐 하는 사람이 있는가 하며는 도둑놈으로. "저놈 새끼 도둑놈이야." 그게 여러 가지가 있었는데. 에, 그게 그렇게 많은, 흔한 게 아니고 극소 수. 그게 닭서리 해다 먹는 저거라 했는데 그건 또 묵인해요.

목적 자체가 그, 남의 것 도둑질 한다 이런 게 아니고

￣ 그게 아니고 그 저거하니까(=장난이나 놀이와 같은 것이니까) 그 왜 애 들이 훔쳐갔겠지 머. 그러고 묵인해주는 저거가(=풍습이) 여기 있었지. 저 런 식으로 해서.

그때만 해도 그 인심이 그래도 후해서.

￣ 아, 그전에는 그래도 저 밤에 제사지내고 그러면 이웃집에 다 오라고 그래서 가치 (제삿밥을) 먹고 으, 그랬잖아요? 그런데 지금은 완전히 그런 것이 없어지고.

ㄴ 보리나 빌 타삭블 하고 나면 짚이 생기지 않습니까? 보릿짚, 밀짚. 그 보 릿짚이나 밀짚 가지고 무얼 만들거나 그런 건 안 했습니까?

￣ 여기선 그 안 해요. 그 저거로다 이제 맥고자 이렇게 엮어 갖고 하는 거 그거 남쪽에서는 인제 그런 거 했는데 여기서는 그 없었어요.

모자를 만들기도 하고 곤충 집 같은 것도 만들고. 고추는 여기 많이 심습니까?

￣ 고추는 집집마다 심지요. 자기 먹을 만큼은. 영리적인 저걸(=목적으) 로 장사를 하는 사람은 없지만 자기 먹을 만큼은 심어 갖고 소모시키는.

고추 농사 과정은 어떻습니까?

― 꼬추가 그저네는 이 직쩝 저거해가꾸서 이제 시머가꾸 이제 속까주고 하나씽만 냉기구 헌대던가 그래가꾸 냉기고 이러케 그런시그로 진따가 이 요즘 농사는 완저니 달라젇쪼? 이 모판가치 이러케 맨드러가꾸 이 요런 저거에다 고추씨 저거해가꾸 직쩝 이러케 허는 사람드리 인는가 허므는, 대개 거 이 종자 모를 사가지고, 사다가 간따니 사다가 심는 사라미 더 마나저써. 그게 그거뚜 머 영리저그로 마니 하는 사라미 인는가 하며는 이런데서는 또 마니 하는 사라믄 직쩝 자기네가 그러케 마니 해가꾸 그 내는데 요즈믄 머 여기서 자기 머글꺼 저거 하는 사라믄 멷깨 사서 심는 거야. 자기가 직쩝 그냥 쬐끔 해서 머글만큼 심꾸 그래요

에, 옥수수는 여기 어떠씀니까? 좀 심는 세임니까?
― 옥수수는 가정에서는 자기 머글꺼는 다 거의 다 심따시피허구 또 안 심꼬 저거하는 사라믄 쪼끔 건 사다가 머그면 되지 머. 그런 시기고. 파는데가 마느니까는.
담배는 어떠씀니까?
― 담배는 여기 심는 사람 업써요.
그거는 엔날부터 그래씀니까?
― 엔나렌 좀 시먼는데 시머서 먹꾸 하던 사람드리 그 담배를 시머 먹떤 시저른 곰방대[18] 물고 이러케 허던 사람드리 그때 이썬는데 지끄믄 담배 심는 사라믄 절때 업써요.
마느른 어떠씀니까?
― 마늘도 여기는 십프로가 될까 말까에요. 여기 사는 사라미 마느를 시 믈마는데가 업꾸 겨우 시머야 자기 머글꺼 고 정도로 심꼬 영리저그로 심는 사람 업써요.
감자나 고구마는 어떠씀니까?
― 감자 고구마두 영리저그로는 업꾸 자기네 머글만큼 그냥 시머서 뭐 애드

˗ 고추가 그전에는 이 직접 저거해(=심어) 갖고서 이제 심어 갖고 이제 솎아 주고 하나씩만 남기고 한다든가 그래 갖고 남기고 이렇게 그런 식으로 짓다가 이 요즘 농사는 완전히 달라졌지요? 이 모판같이 이렇게 만들어 갖고 이 요런 저거(=그릇?)에다 고추씨 저거해 갖고(=심어서) 직접 이렇게 하는 사람들이 있는가 하면, 대개 거 이 종자 모를 사 가지고, 사다가 간단히 사다가 심는 사람이 더 많아졌어. 그게 그것도 뭐 영리적으로 많이 하는 사람이 있는가 하면 이런 데서는 또 많이 하는 사람은 직접 자기네가 그렇게 (고추 모를) 많이 해 갖고(=키워서) 그 (모를) 내는데 요즘은 뭐 여기서 자기 먹을 것 저거하는(=심는) 사람은 몇 개 사서 심는 거야. 자기가 직접 그냥 쪼끔 해서(=심어서) 먹을 만큼 심고 그래요

에, 옥수수는 여기 어떻습니까? 좀 심는 셈입니까?

˗ 옥수수는 가정에서는 자기 먹을 것은 다 거의 다 심다시피 하고 또 안 심고 저거하는(=먹고 싶은) 사람은 쪼끔 그것은 사다가 먹으면 되지 머. 그런 식이고. (옥수수를) 파는 데가 많으니까.

담배는 어떻습니까?

˗ 담배는 여기 심는 사람 없어요.

그거는 옛날부터 그랬습니까?

˗ 옛날에는 좀 심었는데 심어서 먹고 하던 사람들이 그 담배를 심어 먹던 시절은 곰방대 물고 이렇게 하던 사람들이 그때 있었는데 지금은 담배 심는 사람은 절대 없어요.

마늘은 어떻습니까?

˗ 마늘도 여기는 10프로가 될까 말까에요. 여기 사는 사람이 마늘을 심을 만한 데가 없고 겨우 심어야 자기 먹을 것 고 정도로 심고 영리적으로 심는 사람 없어요.

감자나 고구마는 어떻습니까?

˗ 감자 고구마도 영리적으로는 없고 자기네 먹을 만큼 그냥 심어서 뭐

리[49] 노놔[50] 주겐따 하는시그로다. 그건 거의 다 지베마다[51] 심떼 조금씩.

그 다릉걱꽈는 달리 감자나 고구마는 재배 방버비니 그러케 좀 다르지 안씀니까?

⌐ 예 감자는 직판저그로[52] 이러케 오려서 눈깔 하나씩 냉겨가꾸 이 직접 인제 땅에다가 심지만두 이 고구마는 이러케 일쩡이 맨드러가꼬서 살로 이, 튀겨서 이, 뽀바서 인제 심는 저거가 인는데 지그믄 구차느니까 안 하구 장에 가믄 한다발 사다가 그냥 심꾸 전부 그 그러커지.[53] 그러케 힘든 저걸 안 해요. 이 직쩝 허는 사라믄 업써. 그냥 영리저그로 허는 건 뚜 아니고 머글꺼 허는 거니깐 장에 가서 한다발 사오면 아주 머 실컫 머그니까.

그런데 요즘 하도 세상이 험해서 얘기 드러보면 고구마가 어느 정도 뿌리가 들면 싹 거둬가는 그런 경우가 마는 모양이던데요?

⌐ 근데 여긴 그러치 아나요.

여기는 어떠씀니까? 노네 비해서 바치.

⌐ 여기는 노니 마나서 노네 주려글 허지 바튼 그냥 자기네 그냥 먹꾸 저거헐꺼에만 신경을 쓰지 영리저그로 하는 사라미 업써요, 대개. 그게 쪼끔쪼끔 그냥 사먹찌 앙쿠 자기가 그냥 해서 감자두 좀 머글만큼만 심꾸 고구마도 머글만큼만 심꾸 전부 머글만큼 자기 시머서 저거허지 영리저그로 머 장사소그로 심는 사라미 업써요. 그 혹깐 지그메 절믄사람드리 그런 저거를[54] 허는데 또 그런 바시 별루 업꼬. 왜냐하믄 이 부대가 전부 깔고 안자 여기를 저거한데 머 어디가서 저거할떼가 업써요.

요 집새에 고추바치 이떠구뇨?

⌐ 예, 예, 뒤에. 그게 머냐 하며는 여기 강**씨라구. 그 아드리 나꽈[55] 가치 학꾜 가치 다니던 사라민데 그 저거 허다간 군대를 가써요. 그때 그니깐 에, 해방되구 저거 하구선. 그 엄마가 의부엄마래썩꺼든.[56] 그러니까는.

애들이 나눠 주겠다 하는 식으로다. 그건 거의 다 집에마다 심되 조금씩.

그 다른 것과는 달리 감자나 고구마는 재배 방법이니 그렇게 좀 다르지 않습니까?

⌐ 감자는 직판으로 이렇게 오려서 눈깔 하나씩 남겨가지고 직접 인제 땅에다가 심지만도 이 고구마는 이렇게 일정하게 만들어 갖고서 살로 이, 튀겨서 이, 뽑아서 인제 심는 저것(=방법)이 있는데 지금은 귀찮으니까 안 하고 장에 가면 한다발 사다가 그냥 심고 전부 그렇게 하지. 그렇게 힘든 저걸(=과정을 거친 재배를) 안 해요. 이 직접 하는(=자기가 직접 씨를 심어 재배하는) 사람은 없어. 그냥 영리적으로 하는(=재배하는) 것도 아니고 먹을 것 하는 거니까 장에 가서 한 다발 사오면 아주 뭐 실컷 먹으니까.

그런데 요즘 하도 세상이 험해서 얘기 들어보면 고구마가 어느 정도 뿌리가 들면 싹 거둬가는 그런 경우가 많은 모양이던데요?

⌐ 그런데 여긴 그렇지 않아요.

여기는 어떻습니까? 논에 비해서 밭이.

⌐여기는 논이 많아서 논에 주력을 하지 밭은 그냥 자기네 그냥 먹고 저 거할(=지낼) 거에만 신경을 쓰지 영리적으로 하는 사람이 없어요, 대개. 그게 쪼끔쪼끔 그냥 사먹지 않고 자기가 그냥 해서 감자도 좀 먹을 만큼만 심고 고구마도 먹을 만큼만 심고 전부 먹을 만큼 자기 심어서 저거하지 영리적으로 장삿속으로 심는 사람이 없어요. 그 혹간 지금의 젊은 사람들이 그런 저거를 하는데 또 그런 밭이 별로 없고. 왜냐하면 이 부대가 전부 깔고 앉아 여기를 저거한데(=통제하는데) 머 어디 가서 저거할(=고구마를 싹 쓸이할) 데가 없어요.

요 집 사이에 고추밭이 있더군요?

⌐ 예, 예, 뒤에. 그게 머냐 하면 여기 강＊＊ 씨라고. 그 아들이 나와 같이 학교 같이 다니던 사람인데. 그 저거(?) 하다가 군대를 갔어요. 그때 그러니까 에, 해방되고 저거 하고서. 그 엄마가 의붓어머니였었거든. 그러니까는

저하고 저거하니까 사이가 저거구 그러니까 "이누믜 이 엄마 주기구 내 인제 꼭 원수 감는다."구. 이제 그 핵꾜를 가치 댕겨쓰니깐 그렁건 잘 알지. 그리구 개가 머냐 허면 그 학꾜 댕길시에도 "양조장에 가서 너 저 술밥 훔처 와라,[57] 배고프면." 이제 그럼 개가 혼자 가서 훔처 오능거야. 그래가꾸 그 양조장에서, 개가 육소니연는데, "이 여기 육소니가 어떤 노므 새끼야?" 훔처가면 머 개니깐. 그 바라메 군대를 일찌감치 가서요, 경비대 시저레. 그러니까 유기오 저니지. 사변 저네 인제 그 의부덤마와 부롸가 자즈니까는 기냥 지원해 가서 그너미 전사당해 가꾸는 지금 잘사는 거시 그 의부덤마가 잘사능거야, 그 연금타가꾸 저거해서. 그게 그 개가 그러케 된 사라민데. 그 연금 타가꾸서 그때 여기 수복뒈서 드러올지게 땅 한 평에 유권, 시뷘 해써요. 그래 연금탄 돈가꾸 조은 땅을 사써요. 오류권씩 주구서, 수복 때. 그게 연금 타는 게 이쓰니까 연금 한번 타능거 가꾸 이거 한 오천평을 그냥 사뻐려써.

그게 지금 굉장하게꾼뇨.

˝ 그니깐 그 그사람들 잘살게끔 맨등거슨 그사라미 주거가꾸. 연금, 지금도 연금 타머거요. 그래서 이제 그땐 머 여기 수복 되가꾸 드러와서 머 도니 이써요? 머 살래야 살쑤두 엄는 거구, 저거해서. 인제 이거를 내가 사게끔 허구. 또 요거 살찌게 요 터허구 요 아래 터하구 터가 세군데가 인는데. 이사라미 아무걷뚜 모르니까는 에, 며뻔지만 삳찌 그 터가 번지가 다른 멷깨 가꾸 따로 저거 항게 업서. 근데 서울사라미거든 박**이라구. 에, 그래서 등기 낼찌게 내가 아르켜 줠찌요. "이거 이거 가치 넹겨라.[58] 이 보닌, 땅임자는 요기 요로케 대지로 떠러저 인능걷또 모르고 인는데, 지금 저런데, 지도상에 이게 대지로 떠러저 이쓰니깐 당시는 며뻔지만 삳찌 이 번지는 안 사써, 내가 보니까. 그러니까 아무소리 말구 이거 가치 겹처서 해라." 개서 토대지를[59] 안 받떠라구, 나한테는." 어휴, 자네 아니며는 난 그대루 저." 그러케 등기 내줠떠니 면년간 터쌔를 안 받

저하고 저거하니까(=혈연 관계가 아니니까) 사이가 저거고(=멀고) 그러니까 "이놈의 이 엄마 죽이고 나 이제 꼭 원수 갚는다."고. 이제 그 학교를 같이 다녔으니까 그런 것은 잘 알지. 그리고 걔가 머냐 하면 그 학교 다닐 때에도 "양조장에 가서 너 저 술밥 훔쳐 와라, 배고프면." 이제 그럼 걔가 혼자 가서 는 (술밥을) 훔쳐오는 거야. 그래 갖고 그 양조장에서, 걔가 육손이였는데, "여기 육손이가 어떤 놈의 새끼야." (술밥을) 훔쳐 가면 뭐 개니까. 그 바람에 군대를 일찌감치 갔어요, 경비대 시절에. 그러니까 6·25 전이지. 사변 전에 인제 그 의붓어머니와 불화가 잦으니까 그냥 지원해 가서 그 놈이 전사당해 갖고는, 지금 잘사는 것이 그 의붓어머니가 잘사는 거야, 그 연금 타 갖고 저거해서. 그게 그 걔가 그렇게 된 사람인데 그 연금 타서 그때 여기 수복 되어서 들어올 적에 땅 한 평에 육원, 십원 했어요. 그래 연금 탄 돈 가지고 좋은 땅을 샀어요. 오륙원씩 주고서, 수복 때. 그게 연금 타는 것이 있으니 까 연금 한 번 탄 돈 갖고 이거 한 오천 평을 그냥 사버렸어.

그게 지금 굉장하겠군요.

⁻ 그러니까 그 사람들 잘살게끔 만든 것은 그 사람(=제보자의 친구)이 죽 어 가지고 연금, 지금도 연금 타먹어요. 그래서 이제 그때는 머 여기 수복 되어 들어와서 머 돈이 있어요? 머 (땅을) 사려야 살 수도 없는 거고, 저거 해서(=돈이 없어서). 인제 이거(=이 땅)를 내가 사게끔 하고. 또 요거(=이 땅) 살 적에 요 터하고 요 아래 터하고 터가 세 군데가 있는데. 이 사람이 아 무것도 모르니까 (서류상으로) 몇 번지만 샀지 그 터가 번지가 다른 몇 개 를 갖고 따로 저거한 것(실제로 땅을 확인한 것)이 없어. 그런데 (원래의 땅 주인이) 서울사람이거든, 박**이라고. 에, 그래서 등기를 낼 적에 내가 가 르쳐 줬지요. "이거 이거를 같이 넘겨라. 이 본인, 땅임자는 요기 요렇게 대지로 떨어져 있는 것도 모르고 있는데, 지금 저런데, 지도상에 이게 대 지로 떨어져 있으니까 당신은 몇 번지만 샀지 이 번지는 안 샀어, 내가 보 니까. 그러니까 아무 소리 말고 이거 같이 겹쳐서 해라." 그래서 대지세를

떠라구. 그 보다브로 다 안 바꼍따구. 그러치요. 그래가꾸 등기를 내게
내가 가치 얘기해쥘찌. 기냥 냅뭐쓰면[60] 그 사람 몯 저거허구[61] 서울 사라
믄[62] 일딴 너머가는거지, 그대루.

그러치요. 네네.
‾ 그래써요.
지그믄 여기도 상당히 비싸지요?
‾ 비싸지요. 저기 머 외따로 떠러저가꾸 저거 허지만 이 지역쩌그로 도
로에서 가깝꼬 허는 건 심마눤 이심마눤 안 주며는 몯 싸요.
그러면 과일 종뉴가튼 거슨 여기에 따로 심는 거나 그런 바치 이씀니까? 수
박, 차메, 사과, 복숭아 이렁거요.
‾ 수박, 차메는 그저네는 이 독쩜저그로 시멉떤 사라미 인는데. 마니
심는 포기 아니에요. 그렁거 이제 저거구.
사과는 과수워니 이씀니까?
‾ 예, 과수워니, 올해 처음 여기 이사 와가꾸 드러온 사라미 하나 인는
데 그 사라미 여 건너 바테다가 사과나무를 시멉따 그러대요. 근데 사과
나무를 그저네 시믄 사시른 업써꾸. 한대 두대는 그냥 지베다가 시머서
저거핸 저거지만두 업써써요.

예, 그 사라미 처으므로 해보는구뇨.
‾ 에, 그래서 나한테 와서 묻떠라구요. “여기 시믈려구 게회커는데 어떠
케 될까요?” 그래서 “나는 경허미 업써서[63] 모르는 거구 이 아래똥네에 그
사과를 이 바테다 한 천평 시믄 사라미 인는데 그 재미보고 뭐 그렁거슨
아직 나도 모른다. 그러나 큰 실패는 엄능걸루 알고 읻따”. 인제 그랟떠
니 에 그럼 시머보겓따고 그러구 시머써요, 한 오백그루. 그래 이저 농사

를 안 받더라고, 나한테는. "어휴, 자네 아니었더라면 난 그대로 저 (땅을 못 가질 뻔 했어.)." 그렇게 등기 내줬더니 몇 년 간 텃세를 안 받더라고. 그 보답으로다 안 받겠다고. 그렇지요. 그래서 등기를 내게끔 내가 가치 얘기해 줬지. 그냥 내버려 뒀으면 그 사람 못 저거하고 서울사람은 일단 넘어가는 것이지, 그대로.

그렇지요. 네네.

⁻ 그랬어요.

지금은 여기도 (땅값이) 상당히 비싸지요?

⁻ 비싸지요. (이곳이) 저기 머 외따로 떨어져 가지고 저거 하지만(=오지이지만) 이 지역적으로 도로에서 가깝고 하는 건[64] 십만 원 이십만 원 안 주면 못 사요.

그러면 과일 종류 같은 것은 여기에 따로 심는 거나 그런 밭이 있습니까? 수박, 참외, 사과, 복숭아 이런 거요.

⁻ 수박, 참외는 그전에는 이 독점적으로 심었던 사람이 있는데. 많이 심는 셈이 아니에요. 그런 것은 이제 저거고(=?영리적이고).

사과는 과수원이 있습니까?

⁻ 예, 과수원이, 올해 처음 여기 이사 와 가지고 들어온 사람이 하나 있는데 그 사람이 요 건너 밭에다가 사과나무를 심었다고 그러대요. 그런데 사과나무를 그전에 심은 사실은 없었고. 한 그루 두 그루는 그냥 집에다 가 심어서 서거한 저거지만도(=사과를 따 먹었지만) (영리적으로 대량으로 사 과나무를 심은 적은) 없었어요

예, 그 사람이 처음으로 해보는군요.

⁻ 에, 그래서 나한테 와서 묻더라고요. "여기 (사과나무를) 심으려고 계 획하는데 어떻게 될까요?" 그래서 "나는 경험이 없어서 모르고 이 아랫동네 에 그 사과를 이 밭에다 한 천 평 심은 사람이 있는데 그 재미보고 뭐 그 런 것은 아직 나도 모른다. 그러나 큰 실패는 없는 걸로 알고 있다." 인제 그 랬더니 에 그럼 심어보겠다고 그러고 심었어요, 한 오백 그루. 그래 이제

지어도 난 그러케 전쩌그로 농사를 지어보지도 앙코 또 그냥 농사지으믄
그렁가부다 그거지 농사에 전문지시글 몬 까지구 인는 사라미에요. 그냥
나가 도라댕기고 저 쪼끄메선 학교 댕기고 그냥 도라댕겨서 전쩌그로 농
사는 몬 지어봐써요.

농사를 지어도 나는 그렇게 전적으로 농사를 지어보지도 않고 또 그냥
농사지으면 그런가보다 그거지 농사에 전문지식을 못 가지고 있는 사람
이에요. 그냥 나가 돌아다니고 저 조그만 해서는 학교 다니고 그냥 돌아
다녀서 전적으로 농사를 못 지어봤어요.

그럼 벼가튼 경우에는 거둬 드려서 쌀로 되기까지, 그거는 가을처레 하는 검니까? 그런 거슨 어떤시그로 하는지요, 과거의 경우.

￣ 그 여기서 대개 이런 곡시글 다 뒹걸 거둬드리는건 가을거지라 그러기두 하구 추수라 하기두 하구.

벼 추수는 주로 어떤 연장을 가지구 핸는지요?

￣ 벼는 그저네는 아주 예저네 저거할찌게는[65] 이 발끼게로 해서 (※양손에 볏단을 들고 좌우로 흔드는 시늉을 하면서) 이러케 이러케 사라미 직쩝. 예. 그런데 그게 업써지고버터믄[66] 머 기냥 벼 비른서[67] 저거허니까 그냥 돌려서 푸대에 다마 바로 자동으로 추수가 되능거에요.

그 발가지고 돌려서 추수하기 저네는 어떤 방시기 이서슴니까? (※장대를 들고 후려 내려치는 시늉을 하면서) 머 이러케.

￣ 도리깨. 근데 그저네 벼는 땅걷뚜 아니구 이러케 된거시 이써서요. 가로가 (※두 손을 옆으로 벌리면서) 이러케 됭게. 예, 거기다 노코 툭 휘둘러 메어치믄 나다리 흐터지고. 홀치게라[68] 그러조. 그거에다 이제 마능건 모타고 쪼끄멍건 그거로 허구.

그럼 그때 나옹거슨 껍찌리 다 인는

￣ 그러초. 그담 단게에는 이제 그걸 껍찌를 베껴야 되조. 물방아까니라고 해서, 그저네는 동네마다 이 무리 내려 와가꾸 큰 저기 도라가꾸 이, 이, 방아꿰이 (※위에서 아래로 떨어지는 시늉을 하면서) 이러케 해가꾸 찐는.

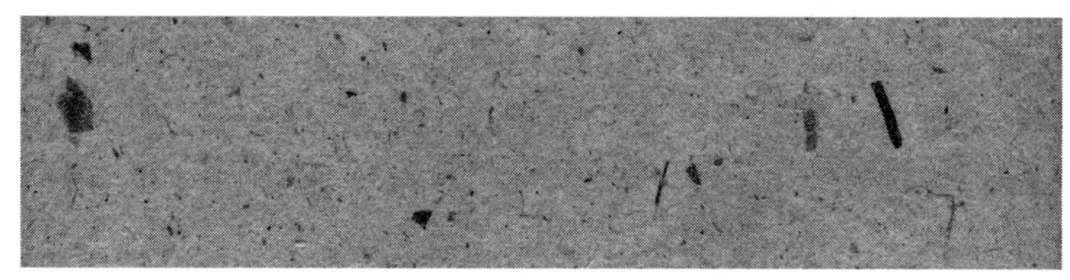

그럼 벼 같은 경우에는 거둬들여서 쌀로 되기까지, 그것은 가을철에 하는 겁니까? 그런 것은 어떤 식으로 하는지요, 과거의 경우.

⌐ 그 여기서 대개 이런 곡식을 다 된 것을 거둬들이는 건 가을걷이라 그러기고 하고 추수라 하기도 하고.

벼 추수는 주로 어떤 연장을 가지고 했는지요?

⌐ 벼는 그전에는 아주 예전에 저거할(=기계로 추수하는 방법이 없을) 적에는 이 발기계로 해서 (※양손에 볏단을 들고 좌우로 흔드는 시늉을 하면서) 이렇게 이렇게 사람이 직접. 예. 그런데 그게 없어지고부터는 머 그냥 벼를 베면서 저거하니까(=탈곡하니까) 그냥 (벼를) 돌려서 푸대에 담아 바로 자동으로 추수가 되는 거예요.

그 발가지고 돌려서 추수하기 전에는 어떤 방식이 있었습니까? (※장대를 들고 후려 내려치는 시늉을 하면서) 머 이렇게.

⌐ 도리깨. 그런데 그 전에 벼는 딴 것도 아니고 이렇게 된 것이 있었어요. 가로가 (※두 손을 옆으로 벌리면서) 이렇게 된 게. 예, 거기다 놓고 툭 휘둘러 메어치면 낟알이 흩어지고. 홀치개라 그러지요. 그거에다 이제 많은 건 못하고 (양이) 적은 건 그걸로 하고.

그럼 그때 나온 것은 껍질이 다 있는

⌐ 그렇지요. 그다음 단계에는 이제 그걸 껍질을 벗겨야 되지요. 물방앗간이라고 해서, 그전에는 동네마다 이 물이 내려 와서 큰 저기(=물레가) 돌아서 이, 이, 방앗공이가 (※위에서 아래로 떨어지는 시늉을 하면서) 이렇게 해서 찧는.

그 동네마다 이써써요, 옌나렌. 거기서 찐능거지.

　그 벼가튼 경우에는 그걸 이제 찌으며는 거치 이제 꺼끌꺼끌한 그 껍찌리 버껴지지 안씀니까? 그 버껴진 꺼글꺼끌한 그 껍찌를 머라 함니까?

　⎺ 왕게, 왕게.

　그럼 저 보리가튼 경우에는?

　⎺ 왕겨가 업찌요. 여기는 대개 미를 시므면 시멀찌 버리는 잘 안 돼요. 버리는 잘 안 되고 버리를 심는 사라미 극소숨니다. 버리는 쬐끔[69] 시머 가꾸 저거하니깐 그에 대한 저거는 잘 모르지요. 예, 그저네는 물방아까니라고 해서 저거 저 부대 안진데 거기가 동넨데 거기에 방아까니 이써써요. 물방아까니. 예, 그 방아까네서 방아를 다 찌어 먹꾸.

　그럼 그 쪼근 내가 이께꾼뇨?

　⎺ 그러묘, 네. 저 물 대:서 내려오능거, 그거 돌리는 내가 일찌요. 그 내가 방아 찌꾸 할찌게는 빨래도 허구 거기서 물 사용허구 항시 내려오조. 그 저, 저거해가꾸 방아 찌을찌게 돈내서 방아찌꾸 그런시기로. 지금 그 부대 아느로 드러가꾸 부대 아네 이, 그저네 이써써요, 네. 인제 다 이거 업써지구 터도 업써지다시피 허구. 이 부대가 업써야 여기 발쩌니 되지 부대때매 발쩌니라곤 업써요. 심년 이심년 동안 고대로

　저, 봄 되면 이제 심끼 위해서 곡씨글 어디다가 보과늘 함니까?

　⎺ 대개 자기 각짜가 그냥 지베서 보관해요.

　어디다 다마두거나 너어두어야 되지 안씀니까?

　⎺ 그러치요. 어러서 안 될꺼는 얼지 안는데다, 방에다 두고. 또 괜차는 거는 바께다 두구. 종자는 정성껃 해서 그케 뒫따가 씨아터는 거니까.

　사네 인는 나무중에서 비짜리나 살림도구 만드는 거스로는 어떵거시 이씀니까?

　⎺ 인제 싸리나무 그렁기[70] 이꾸. 그저 옌나레는 도리깨라구 이써써요.

그 동네마다 (물레방아가) 있었어요, 옛날에는. 거기서 (방아를) 찧는 거지.

그 벼 같은 경우에는 그걸 이제 찧으면 겉이 이제 꺼끌꺼끌한 그 껍질이 벗겨지지 않습니까? 그 벗겨진 꺼끌꺼끌한 그 껍질을 머라 합니까?

￣ 왕겨, 왕겨.

그럼 보리 같은 경우에는?

￣ 왕겨가 없지요. 여기는 대개 밀을 심으면 심었지 보리는 잘 안 돼요. 보리는 잘 안 되고 보리를 심는 사람이 극소숩니다. 보리는 쪼끔 심어서 저거하니까(=자기 집에서만 소비하니까) 그에 대한 저거(=자세한 것)는 잘 모르지요. 예, 그전에는 물방앗간이라고 해서 저거 저 부대(部隊) 앉은(=들어서 있는) 데 거기가 동넨데 거기에 방앗간이 있었어요. 물방앗간이. 예, 그 방앗간에서 방아를 다 찧어 먹고

그러면 그 쪽은 내(川)가 있겠군요?

￣ 그럼요, 네. 저 물을 대어서 내려오는 것 그거(=물레방아를) 돌리는 내가 있지요. 그 내가 방아 찧고 할 적에는 빨래도 하고 거기서 물 사용하고 항시 내려오조. 그 저, 저거해 갖고 방아 찧을 적에 돈내서 방아찧고 그런 식으로. 지금 그 부대 안으로 들어 가지고 부대 안에 이, 그전에 있었어요, 네. 인제 다 이거 없어지고 터도 없어지다시피 하고. 이 부대가 없어야 여기 발전이 되지 부대 때문에 발전이라고는 없어요. 십 년, 이십 년 동안 고대로.

저, 봄이 되면 이제 심기 위해서 곡식을 어디에다 보관을 합니까?

￣ 대개 자기 각자가 그냥 집에서 보관해요.

어디다 담아두거나 넣어두어야 되지 않습니까?

￣ 그렇지요. 얼어서 안 될 것은 얼지 않는 데다, 방에다 두고. 또 괜찮은 거는 밖에다 두고. 종자는 정성껏 해서 그렇게 두었다가 씨앗을 하는 거니까.

산에 있는 나무 중에서 빗자루나 살림도구 만드는 것으로는 어떤 것이 있습니까?

￣ 인제 싸리나무 그런 것이 있고. 그저 옛날에는 도리깨라고 있었어요.

그건 마니. 그게 이제 그 자근 대는 도리깨 아드리라구 허는데. 그거는 물푸레, 물푸레라구 해. 고걸 인제 베:다가, 으레 가으리며는 고걸 베:다가 말리지요. 말려서 노얄따가 그 대는 노관주 나무라구 건 꼬짱꼬짱 자라요, 아주 자라기를. 그러니깐 그거루다 대개 다드머 깍꾸서 그 대로 그걸 맨들구. 그 맨들며는 그 대는 오래두룩 쓰구. 물푸레나무 그 아드른, 도리깨 아드른 망가지믄 또 갈구 그까진 머. 그저넨 그게 주 연장이래써.

산이나 드레 나는 나물 종뉴는 좀 아능게 읻씀니까? 멍는 나물.

⎯ 대개 저거하는 거시 취가 읻꾸. 취라구. 취는 바깐마당에 (※마당을 가리키면서) 저기도 취고

싱물도 좀 보면 기어기 날찌도 모르겓꾸뇨.

⎯ 그러치요. 보며는 기어기 나지요. 근데 또 이러케 머거도 이거 멍는 나물 그 정도로 알지 이름 모르능게 마나요.

그저네는 사네 나무를 베어서 땔까므로 하지 아나씀니까?

⎯ 그럼뇨.

어떵걷뜨를 땔까므로 주로 핻씀니까?

⎯ 에, 대개 사네 가서는 생나무는 안 베:요. 대개 소나무 쪼개서 인제 마니 허구. 대개 소나무가 만초. 그게 젤: 수워라구 또 저거허니까. 그리군 머, 가시달링거나 이렁건 안는 거구.

소나무가 이제 가을되며는 이피 미트로 떠러지지 안씀니까? 그걸 머라 그럼니까?

⎯ 그 '가리'라구 그러지. 가리.

그 가리는 소느로 (※긁어 모으는 시늉을 하면서) 이러케 함니까? 따른 기구로 이러케 모음니까?

⎯ 그 갈키라구 읻쪼. 이러케 갈키. 예, 그거를 이러케 긁어가지고 모으면

부를 때기 위해서 통나무를 일쩡한 기리로 잘라서 쪼개가지고 차곡차곡 재:

그건 많이. 그게 이제 그 작은 대는 도리깨 아들이라고 하는데. 그거는 물푸레, 물푸레라고 해. 그것을 이제 베어다가, 으레 가을이면 고걸 베어다가 말리지요. 말려서 놓았다가 그 대는 노간주 나무라고 그건 금방금방 자라요, 아주 자라기를. 그러니까 그 나무로 대개 다듬어 깎아서 그 대로 그걸(=도리깨 몸통을) 만들고. 그 만들면 그 대는 오래도록 쓰고. 물푸레나무 그 아들은, 도리깨 아들은 망가지면 또 갈고 그까짓 머. 그 전에는 그것이(추수하는 데에 도리깨가) 주 연장이랬어.

산이나 들에 나는 나물 종류는 좀 아는 게 있습니까? 먹는 나물.

¯ 대개 저거하는 것이 취가 있고. 취라고. 취는 바깥마당에 (※마당을 가리키면서) 저기도 취고.

식물도 좀 보면 기억이 날지도 모르겠군요.

¯ 그렇지요. 보며는 기억이 나지요. 그런데 또 이렇게 먹어도 이거 먹는 나물 그 정도로 알지 이름 모르는 것이 많아요.

그전에는 산의 나무를 베어서 땔감으로 하지 않았습니까?

¯ 그럼요.

어떤 것들을 땔감으로 주로 했습니까?

¯ 에, 대개 산에 가서는 생나무는 안 베어요. 대개 소나무 쪼개서 인제 많이 하고. 대개 소나무가 많죠. 그게 제일 수월하고 또 저거하니까(=흔하니까). 그리고는 머, 가시 달린 거나 이런 거는 않는 거고.

그 소나무가 이제 가을되면 잎이 밑으로 떨어지지 않습니까? 그것을 뭐라 그럽니까?

¯ 그 '가리'라고 그러지. 가리.

그 가리는 손으로 (※긁어 모으는 시늉을 하면서) 이렇게 합니까? 다른 기구로 이렇게 모읍니까?

¯ 그 갈퀴라고 있지요. 이렇게 갈퀴. 예, 그거를 이렇게 긁어 가지고 모으면 불을 때기 위해서 통나무를 일정한 길이로 잘라서 쪼개 가지고 차곡차곡 재어

노치 아나씀니까? 그걸 머라고 함니까?

⎺ 장작, 장자기라구.

장자글 패는 도구를 무어라고 함니까?

⎺ 도끼. 짜르능건 거두구.

도끼로 장자글 팰려믄 미테 또 나무가틍게 이써야 되지 안씀니까?

⎺ 바침목.

보타니니 보탄둥그리니 이런 마른 안 써꼬요?

⎺ 근 몰 드떤 얘긴데. 좀 그게 마니 쓰는 마리 아니구 장작 패면 장작패는가부다 해서 이름까지 생각해 보지두 앙코, 무러본적뚜 업꾸.

그다메 마른 가지를 뭐라고 함니까?

⎺ 삭정이라 그래써요.

가으레 해가지고 겨울이나 그다음 봄 가튼 때 머끼 위해서 갈무리 하는 채소라든지 머 이런 걸로는 어떤 거시 이씀니까?

⎺ 시고레서는 가으레 이제 열무이플 이제 여꺼 매다 노안따가 끄려 멍는 그런거시 익꾸. 그걸 '쓰레기'라구 해요. 그리구서 머 별루 업써요, 지끄믄. 그저넨 배추도 겨우레 머글수 이께끔 보관허구 무우도 그러치마는, 무우는 우리가 그 옌날부터 아주 구뎅이⁷¹⁾ 파구서는 땅에다가 무덛따가 머글만치 한개 두개 끄내서 먹꾸. 인제 그거시 아주 그저넨 상레고. 지끄믄 머 그러케 멍는 사라미 업써요. 그런 건 장사꾸나나 해서 내다 파는 경우에나 이쓸까. 시장에 가며는 겨우레도 나오니까 무가 피료허면 시장에 가서 한두 개 사다가 먹꾸.

그다메 인제 주로 배추나 무우 가틍걸 그 양녀믈 너어서 보관해서 멍능거 일짬씀니까? 김장한다 그러는데, 그 김장해 농걸 뭐라고 그럼니까?

⎺ 김장 김치지 머.

에, 그 김치를 다믈 때 무를 너어 담능거하고 무리 업시 담능거하고 두 종뉴가 인는데 여기는 그런 거슬 무어라고 함니까?

놓지 않았습니까? 그것을 머라고 합니까?

￢ 장작, 장작이라고.

장작을 패는 도구를 무어라고 합니까?

￢ 도끼. 자르는 것은 거두고.

도끼로 장작을 패려면 밑에 또 나무 같은 게 있어야 되지 않습니까?

￢ 받침목.

'보탄'이니 '보탄둥글이'니 이런 말은 안 썼고요?

￢ 그건 못 듣던 얘긴데. 좀 그게 많이 쓰는 말이 아니고 장작 패면 장작 패는가 보다 해서 이름까지 생각해 보지도 않고, 물어본 적도 없고

그다음에 마른가지를 뭐라 합니까?

￢ '삭정이'라 그랬어요.

가을에 해 가지고 겨울이나 그다음 봄 같은 때에 먹기 위해서 갈무리하는 채소라든지 머 이런 거로는 어떤 것이 있습니까?

￢ 시골에서는 가을에 이제 열무 잎을 이제 엮어 매어 놓았다가 끓여 먹는 그런 것이 있고. 그것을 '시레기'라고 해요. 그러고는 머 별로 없어요, 지금은. 그전에는 배추도 겨울에 먹을 수 있도록 보관하고 무도 그렇지마는, 무는 우리가 그 옛날부터 아주 구덩이 파고서는 땅에 묻었다가 먹을 만치 한 개 두 개 꺼내어서 먹고. 인제 그것이 아주 그전에는 상례고(=일상적인 것이고). 지금은 머 그렇게 먹는 사람이 없어요. 그런 건 장사꾼이나 (그렇게) 해서 (시장에) 내다 파는 경우에나 있을까. 시장에 가면 겨울에도 나오니까 무가 필요하면 시장에 가서 한두 개 사다가 먹고.

그다음에 인제 주로 배추나 무 같은 걸 양념을 넣어서 보관해서 먹는 거 있잖습니까? 김장한다고 그러는데, 그 김장해 놓은 걸 뭐라고 그럽니까?

￢ 김장 김치지 머.

에, 그 김치를 담글 때 물을 넣어 담그는 것과 물이 없이 담그는 것 두 종류가 있는데 여기는 그런 것을 무어라고 합니까?

- 무리 인능걸 갇따가 김치라 그러구, 또 무럽시 그냥 양념해서 저러케 허는 걸[72) 짠지라 그래.

짠지 다믈 때는 양녀믈 어떵걸 씁니까?

- 대개 마니 쓰조. 그 옌나렌 저까리 업쓰니까 저까를 안 썰찌만두 꼬 추까루 으레 드러가구 마늘, 파, 인제 이렁게 다 드러갇찌. 지끄믄 갈치저 깔루 다 너쿠. 인제 가늘 구할 쑤 이쓰니까. 옌나레는 새우젇배께 드러가 능게 업썯지.

지그믄 어떠씁니까? 지금도 역시 짠지 다믈 때는 새우저슬 마니 씁니까?

- 아주 마:니 쓰지요. 그건 옌날부터 내려오던 그니까. 김치엔 새우저시 드러가야 한다는.

그 멸치나 이런 생선 저깔 가튼거슨 거의 안 쓰는세밈니까?

- 여기는 내륙 지여기니까 들: 써서요. 그리구 저, 관광을 댕기다보니까 는 해변까에서 무얼 살려믄 '이게 뭐야!' 할 정도로 다 몰라요. 저는 한다 레 한번씩 요 일뚱서 이제 관광을 댕겨요, 각처로다. 개서 인제 거기에 가치 댕기는데 그 머 혼자 이쓰니까 머 사가주 오는걷뚜 업꾸, 사가지고 와야 머 새우저시나 무신 조개저시나 이러케 가니 됭거. 그거 아니믄 해 머글쭐 알아야지 머.

˝ 물이 있는 것을 '김치'라 그러고, 또 물이 없이 그냥 양념해서 저렇게 하는 걸 '짠지'라 그래.

짠지 담글 때에는 양념을 어떤 것을 씁니까?

˝ 대개 많이 쓰지요. 그 옛날에는 젓갈이 없으니까 젓갈을 안 썼지만 고춧가루 으레 들어가고 마늘, 파, 인제 이런 게 다 들어갔지. 지금은 갈치젓갈을 다 넣고. 인제 간을 구할 수 있으니까. 옛날에는 새우젓밖에 들어가는 게 없었지.

지금은 어떻습니까? 지금도 역시 짠지 담글 때는 새우젓을 많이 씁니까?

˝ 아주 많이 쓰지요. 그건 옛날부터 내려오던 거니까. 김치에는 새우젓이 들어가야 한다는.

그 멸치나 이런 생선 젓갈 같은 것은 거의 안 쓰는 셈입니까?

˝ 여기는 내륙 지역이니까 덜 썼어요. 그리고 저, 관광을 다니다 보니까 해변가에서 무얼 사려면 '이게 뭐야!' 할 정도로 다 몰라요. 저는 한 달에 한 번씩 요 일동(=지명)서 이제 관광을 다녀요, 각처로다. 그래서 인제 거기에 같이 다니는데 그 머 혼자 있으니까 머 사가지고 오는 것도 없고, 사가지고 와야 머 새우젓이나 무슨 조개젓이나 이렇게 간이 된 거. 그거 아니면 해 먹을 줄 알아야지 머.

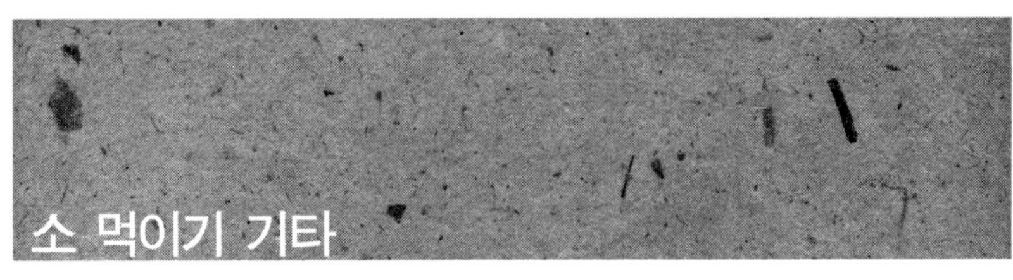

이제 생게수다니나 도늘 벌기 위해서 나믜 소를 빌려서 키워서 준다거나 또는 자기가 소를 키워서 판다거나 이러기 위해서 소를 기르는 수도 읻찌 안씀니까?

￣ 그러치요. 대개 엄는 사람믄 나믜꺼를 인제 키워서 새끼 나쿠 저거허믄 그 자기 소를 맨들고 그런 저거가 이써꾸. 시고레서 땅마지기 해서 산 다믄 소 파라서 사꺼든. 땅거 읍:꾸.

그러씀니다. 소가 아주 큰 미처니조. 그 소를 지베서 기르기 위해서는 그 피료한 여러가지가 이써야 되는데.

￣ 그럼뇨.

우선 소가 잘수 인는 고시 이서야 되는데 그 장소를 뭐라 그래씀니까?

￣ 마구깐.

마구깐.

￣ 예.

그다메 소한테 그 뭘 머겨야 되지 안슴니까? 소에게 주는 머기를 뭐라 그럼 니까?

￣ 끄려서 메기는 걸 여무리라 그러구. 그 머 대개 다 끄려서 메겯찌요. 생거를 메기는 저거는 극소수에서. 어쩌다 급할찌게 끄릴 시가니 업꾸 그 럴찌게 어디 갇따 오므는 어떠케 기냥 끄려줄쑤 업꾸 그러니까 생거를 머께끔 주구서 그니깐. 에, 그저네 여기에 그 양식꽝계는 끄려 매기는 걸 주로 해써요.

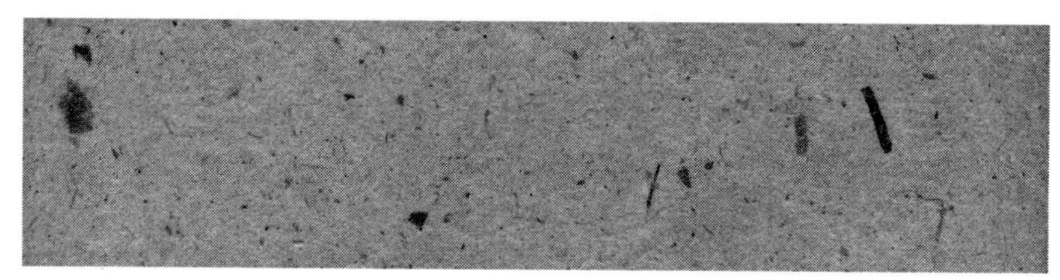

이제 생계 수단이나 돈을 벌기 위해서 남의 소를 빌려서 키워서 준다거나 또는 자기가 소를 키워서 판다거나 이러기 위해서 소를 기르는 수도 있지 않습니까?

⎺ 그렇지요. 대개 없는 사람은 남의 거(=소)를 키워서 인제 새끼 낳고 저거하면(=두 마리를 낳으면 한 마리씩 나눈다거나 큰 소는 주인에게 주고 새끼를 소 먹이는 사람이 가지거나 하면) 그 자기 소를 만들고 그런 저거가 있었고. 시골에서 땅마지기 해서 산다면 소를 팔아서 샀거든. 딴 거 없고.

그렇습니다. 소가 아주 큰 밑천이지요. 그 소를 집에서 기르기 위해서는 그 필요한 여러 가지가 있어야 되는데.

⎺ 그럼요.

우선 소가 잘 수 있는 곳이 있어야 되는데 그 장소를 뭐라 그랬습니까?

⎺ 마굿간.

마굿간.

⎺ 예.

그다음에 소에게 그 뭘 먹여야 되지 않습니까? 소에게 주는 먹이를 뭐라 그럽니까?

⎺ 끓여서 먹이는 걸 '여물'이라 그러고. 그 머 대개 다 끓여서 먹였지요. 생것을 먹이는 저거(=경우)는 극소수에서. 어쩌다 급할 적에 끓일 시간이 없고 그럴 적에 어디 갔다 오면 어떻게 그냥 끓여줄 수 없고 그러니까 생것을 먹게끔 주고서 그러니까. 에, 그전에 여기에 그 양식관계는 끓여 먹이는 걸 주로 했어요.

소한테 주는 바블 뭐라 그럼니까?

― 여무리조. 소죽이라 그러구.

소죽 쑨다고 그럼니까, 여물끄린다고 그럼니까? 가마솥, '가마소테다가 소죽 쑨다.' 이런 마른 안 썯슴니까

― 소죽 쑨다구 그래요.

소주글 쑤기 위해 지플 자르는 기구를 뭐라고 함니까?

― 작두. 이 곡싱뉴로 메긴다는 거슨 쌀 찌어가꾸서 그 등게 그거 메걸 찌 머. 끄려서두 그냥 여물 쏘여가꾸서 여물 위에다가 저거해써.

여물 끄려가지고 먹또록 할려며는 그를 까틍거시 이서야 되는데 그 그르슬 뭐라 그럼니까?

― 소가 멍는 그를. 궝, 궝, 궝이라 그래요. '괭이'라구 그르지, 보통 이제 저 여기서는. 저 여물, 여물꽹이라구 구러구.

그담 이제 소가 나믜 바테 시머노은 채소 가틍거를 몬 먹또록 이베 씨우는 망을 뭐라고 함니까?

― 에에, 그 망이지 머. 소망. '두리망'이라구두 하구, '소망'이라구두 하구. 예, 그래써요.

소가 다라나지 모타도록 모게다 주를 걸잔씀니까? 그 주를 뭐라고 함니까?

― 고삐.

그리고 모게 (※거는 시늉을 하면서) 이러케 하능 거슨뇨? 나무 가틍걸 이러케 만드러서.

― 글쎄 그게 생가기 안 나는데.

그러면 소 새끼를 뭐라 그럼니까?

― 송아지조 머.

송아지가 어느 정도 크며는 코에다가 나무 가틍걸 끼우지요? 그걸 뭐라고 함니까?

― 코뚠네? 코뚜레.

소한테 주는 밥을 뭐라 그럽니까?

⎺ '여물'이지요. '소죽'이라 그러고.

소죽 쑨다고 그럽니까, 여물 끓인다고 그럽니까? 가마솥, '가마솥에다 소죽 쑨다.' 이런 말은 안 썼습니까?

⎺ 소죽 쑨다고 그래요.

소죽을 쑤기 위해 짚을 자르는 기구를 뭐라고 합니까?

⎺ 작두. 이 곡식류로 먹인다는 것은 쌀 찧어서 (나오는) 그 등겨 그거 먹였지 머. 끓여서도 그냥 여물 쑤어서 여물 위에다가 저거했어(=등겨를 부었어).

여물을 끓여서 (소가 그것을) 먹도록 하려면 그릇 같은 것이 있어야 되는데 그 그릇을 뭐라 그럽니까?

⎺ 그 소가 먹는 그릇. 구유, 구유, 구유라 그래요. '괭이'라고 그러지, 보통 이제 저 여기서는. 저 여물, '여물괭'이라고 그러고.

그다음 이제 소가 남의 밭에 심어 놓은 채소 같은 거를 못 먹도록 입에 씌우는 망을 뭐라고 합니까?

⎺ 에에, 그 망이지 머. 소망. '두리망'이라고도 하고, '소망'이라고도 하고. 예, 그랬어요.

소가 달아 나지 못하도록 목에다 줄을 걸잖습니까? 그 줄을 뭐라고 그럽니까?

⎺ 고삐.

그리고 목에 (※거는 시늉을 하면서) 이렇게 하는 것은요? 나무 같은 걸 이렇게 만들어서.

⎺ 글쎄 그게 생각이 안 나는데.

그러면 소 새끼를 뭐라 그럽니까?

⎺ 송아지지요 머.

송아지가 어느 정도 크면 코에 나무 같은 걸 끼우지요? 그걸 뭐라고 합니까?

⎺ 코뚠네? 코뚜레.

코뚜레를 맨다 그럽니까, 코뚜레를 낀다 꿴다 그럽니까?

￣ 꿴다 그러조. 코뚜레 여기 꿰니까.

소를 농사를 짇또록 하려면 우선 기를 드려야조? 훌려늘 시키고 그런 길드리는 방버븐 어떤 거시 이씀니까? 인는지요?

￣ 그러니까는 그저네 저거할찌게는 이 목심 이거 키우기 위해서 어, 옌:나렌 '발:구'라구 나무를 해서 거기다 끌:고 오게끔 맨드러써요. 발:구라구 해서. 그래가구 모미 인제 (※목을 가리키면서) 좀 여기가 구더지고 모게 히믈 키워주능거조.

그러면 노늘 갈 때 '아프로 가라', '왼쪼그로 가라', '오른쪼그로 가라' 이렁걷뜨를 다 말로써 저나잔씀니까? 그런 명령을 할 때 쓰는 말로는 어떤 거시 이씀니까? '가라'고 할 때는?

￣ '이려', '이렫' 하믄 가는거구.

'뒤쪼그로 가라' 할 때는?

￣ '어뎌어뎌' 그래덩가? '어뎌어뎌' 어 '어뎌어뎌', '어뎌', 응. 고삐를 툭툭 치면서 '어뎌어뎌' 허므는 웬쪼그로 가는거구. 오른쪼그로 할 때는 이거는 반대쪼그로 아니, 그 왼쪼그로 가면 고삐 자바댕기면 되니까.

그다음 그만가라고 '서라'고 할때는?

￣ '워워, 워워'

소를 부르는 명칭이 암소하고 황소하고 그 차이가 이씀니까?

￣ 모르겐는데요.

그럼 이제 소를 말할 때에 순노므로서 몸찌비 킁걸 뭐라 그럽니까? 또 암노므로서 그 뿌리 이러케 휘어진다든지 또 새끼를 나치 모타는 소를 뭐라 그럽니까?

￣ 난 또 모르게써. 그렁건 전혀 소를 키워보지두 아나쓰니깐.

부릅때끼니 머 황소니 이런 마른 보통 쓰지안씀니가?

￣ 예, '황소'는 써요. 황소.

보통 황소라고할 때 그건 수쏘지요?

코뚜레를 맨다 그럽니까, 코뚜레를 낀다 뀐다 그럽니까?

˘ 뀐다 그러지요. 코뚜레 여기 뀌니까.

소를 농사를 짓도록 하려면 우선 길을 들여야지요? 훈련을 시키고 그런 길 들이는 방법은 어떤 것이 있습니까? 있는지요?

˘ 그러니까 그전에 저거할(=농사 짓는 소를 만들) 적에는 이 목의 힘 이거 키우기 위해서 옛날에 '발구'라고 나무를 해서 거기다 (담아) 끌고 오게끔 만들었어요. 발구라고 해서. 그래서 몸이 인제 (※목을 가리키면서) 좀 여기가 굳어지고 목의 힘을 키워주는 거지요.

그러면 논을 갈 때 '앞으로 가라', '왼쪽으로 가라', '오른쪽으로 가라' 이런 것들을 다 말로써 전하지 않습니까? 그런 명령을 할 때 쓰는 말로는 어떤 것이 있습니까? '가라'고 할 때는?

˘ '이려', '이렷' 하면 가는 거고.

'뒷쪽으로 가라' 할 때는?

˘ '어뎌어뎌' 그러던가? '어뎌어뎌' 어 '어뎌어뎌', '어뎌', 응. 고삐를 툭툭 치면서 '어뎌어뎌' 하면 왼쪽으로 가는 것이고. 오른쪽으로 할 때는 이거는 반대쪽으로 아니, 그 왼쪽으로 가면 고삐를 잡아당기면 되니까.

그다음 그만 가라고 '서라'고 할 때는?

˘ '워워, 워워'.

소를 부르는 명칭이 암소하고 황소하고 그 차이가 있습니까?

˘ 모르겠는데요.

그럼 이제 소를 말할 때에 수놈으로서 그 몸집이 큰 걸 뭐라 그럽니까? 또 암놈으로서 그 뿔이 이렇게 휘어진다든지 또 새끼를 낳지 못하는 소를 뭐라 그럽니까?

˘ 난 또 모르겠어. 그런 건 전혀 소를 키워보지도 않았으니까.

'부릅때기'니 머 '황소'니 이런 말은 보통 쓰지 않습니까?

˘ 예, '황소'는 써요. '황소'.

보통 황소라고 할 때 그건 수소지요?

ᆨ 예, 순놈이에요. 황소라구 그러구. 암소허므는 암노미구.

새끼 몬 난는 소는?

ᆨ '둘쏘', 둘쏘.⁷³⁾

그담, 소가 한살, 두살, 세살 짜리에 대한 다른 이르믄 업씁니까?

ᆨ 음, 모르게써요, 그거는.

혹시 저, 조은 소를 고르는 방법 가틍거를 드러본적 이씀니까?

ᆨ 업써요. 소에 대해서는 소를 키우던 사라미래야 알지.

푸마씨라는 마리 이써찌요?

ᆨ 예, 품마씨.

고거는 어떤시그로 하는검니까?

ᆨ 품마씨는 대개 내가 하루 해주믄 이 사라미 와서 또 하루 해 주능게, 그게 푸마시여. 서로 이제 그러치. 서로서로 인제 상이해서, 혼자하기 머 허구 허니까는 두리 가치 허구, 또 여기 가서 가치 해주구. 그게 서루 품 마씨에요.

그 푸마씨는 어떤 경우에 주로 하게 됨니까? 무슨 이를 할 때 또 어떤 니를 할 때.

ᆨ 시고래서는 그저네 푸마씨래능게 바슬 매도 푸마씨를 허능거구 노늘 매도 푸마씨 허능거구. 머 일허능거 대개 혼자 하기 머하믄 "가치 허자." 그래가꾸 하루 너 해주구 하루는 우리꺼 해가지구. 이런 시그로 벼농사 관게는. 농사 관게에서 나오는 마리에요, 푸마씨라능게.

노비라는 마를 드러보신적 읻씀니까? 노블 쓴다.

ᆨ '노비'라구 허믄 그저네 종이라구 그런거야.⁷⁴⁾ 종.

그 '노비' 말고 날품 하는 사라믈 뜨타는 '놉' 마림니다.

ᆨ 놉.

'노블 쓴다', 이런 마리 읻짠습니까?

ᆨ 거 하루 일허구서 하루 품갑 빠능게 그거지 머.

- 예, 수놈이에요. 황소라고 그러고. 암소하면 암놈이고.

새끼 못낳는 소는?

- '둘소', 둘소.

그다음, 소가 한 살, 두 살, 세 살 짜리에 대한 다른 이름은 없습니까?

- 음, 모르겠어요, 그거는.

혹시 저, 좋은 소를 고르는 방법 같은 것을 들어본 적 있습니까?

- 없어요. 소에 대해서는 소를 키우던 사람이라야 알지.

'품앗이'라는 말이 있었지요?

- 예, 품앗이.

고거는 어떤 식으로 하는 겁니까?

- 품앗이는 대개 내가 하루 해주면 이 사람이 와서 또 하루 해 주는 게, 그게 품앗이예요. 서로 이제 그렇지. 서로서로 인제 상의해서, 혼자 하기 무엇하고 하니까 둘이 같이 하고, 또 여기 가서 같이 해주고. 그게 서로 품앗이예요.

그 품앗이는 어떤 경우에 주로 하게 됩니까? 무슨 일을 할 때 또 어떤 일을 할 때.

- 시골에서는 그전에 품앗이라는 게 밭을 매어도 품앗이를 하는 거고 논을 매어도 품앗이하는 거고. 머 일하는 거 대개 혼자 하기 무엇하면 "같이 하자." 그래 갖고 하루 너 해 수고 하루는 우리 것 해 가지고. 이런 식으로 벼농사 관계는. 농사 관계에서 나오는 말이에요, 품앗이라는 게.

'놉'이라는 말을 들어보신 적 있습니까? '놉'을 쓴다.

- '노비'라고하면 그 전에 '종'이라고 그런 거야. 종.

그 '노비' 말고 날품하는 사람을 뜻하는 '놉' 말입니다.

- 놉.

'놉'을 쓴다, 이런 말이 있지 않습니까?

- 거 하루 일하고서 하루 품값 받는 게 그거지 머.

그런 다너를 여기서 쓰는걸 드러본적 인는지요?

⁻ 드러써요.

그런 단어를 여기서 쓰는 것을 들어 본 적 있는지요?

- 들었어요.

주석

1) 벼 품종의 하나인 '조생종'(早生種)을 말함.

2) '나시로'는 명사 '낫'(鎌)과 곡용어미 '-이로'로 분석된다. 여기서 '-이로'는 표준어형 '-으로'에 해당한다. 통합하는 명사가 'ㅅ'로 끝나므로 'ㅅ' 뒤에서 어미초의 '으'가 전설고모음소화한 것으로 생각할 수 있는데, '이런시기로〈이런식으로〉', '타래바기로〈타르박으로〉' 등에서는 'ㄱ' 뒤에서도 '-이로'로 실현되므로, '-으로〉-이로'의 변화가 있었다고 하겠다. 표준어 어미 '-으로'가 '-이로'로 사용은 경기방언에서 매우 활발하다. 그러나 이 제보자는 대부분 '-으로'를 사용하고 있다.

3) '너우러가꾸'는 동사 어간 '너울-'과 활용어미 '-어가꾸'로 분석된다. 동사 '너울-'는 표준어형 '널-'에 해당하며 활용어미 '-어가꾸'는 표준어형 '-어서'에 해당한다. '-어가꾸'는 원래 부사형어미 '-어'에 동사 '가지-'(持)의 활용형 '가지구'가 통합된 것인데, 그것이 문법형태화하여 '-어'와 함께 하나의 어미 형태소 '-아가지구'가 되었다.

4) '다:메'는 명사 '담:'과 곡용어미 '-에'로 분석된다. 명사 '담:'은 '다음'에서 둘째 음절의 '으'가 앞 음절 모음소 '아'에 완전순행동화하여 '아'로 되어 '다암'이 되고 그것이 음성으로 실현된 것이다. '마을'(村)이 '말:'로 되고 '가을'(秋)이 '갈:'로 되는 것도 '다음'과 동일한 음운과정을 거친 결과이다. 이러한 현상을 둘째 음절의 '으'가 탈락되고 보상적 장음에 의한 것이라고 하는 주장도 있지만, /갈ㅣ으면/(換)이 유음소 뒤에서의 '으' 탈락에 의해 /갈면/이 되고 그것이 음성으로 실현된 [갈면]에서 보듯이, 국어에서는 모음소가 탈락이 되면 보상적 장음은 발생하지 않는다. 다만 /보ㅣ어도/(視)나 /기ㅣ어도/(匍)의 음성형 [봐:도]나 [겨:도]에서 보듯이, 자음소로 시작하는 일음절 동사어간의 모음소 '이'나 '오'나 '우'가 어미초의 '어'와 통합하여 활음소화하는 경우에만 보상적 장음이 발생하는데, 그것은 활음소화에 의해 두 음절이 한 음절로 된 데에 대한 보상에 의한 것이다.

5) '두지버서'는 동사어간 '두집-'과 활용어미 '-어서'로 분석된다. 동사어간 '두집-'은 표준어형 '뒤집-'의 지역어형이다. 그것은 앞 시기에 첫음절의 이중모

음소 /위(uj)/의 /j/가 탈락한 결과이다.

6) '무끄므는'은 동사어간 '묶-'(束)과 활용어미 '-으므는'으로 분석된다. 어미 '-으므는'의 표준어형은 '-으면'이다. 이 제보자는 '-으믄'도 사용한다.

7) '여게'는 명사 '역'과 곡용어미 '-에'로 분석되며 명사 '역'는 원래 '여기'인데, 어미 '-에'와 통합하여 어간말의 '이'가 탈락한 것이다. 이러한 현상은 '꼬리∥앙지'에서 형성된 '꼬랑지'에서 보듯이, '이'로 끝나는 명사와 파생접미사가 통합할 때에 어간말의 '이'가 탈락되는 규칙이 확장된 것이라 할 수 있다.

8) '허게'는 동사어간 '허-'와 활용어미 '-게'로 분석된다. 동사어간 '허-'의 표준어형은 '하-'이다. 표준어 동사'하-'는 원래 '흐-'였는 것이 어두음절에서 '으'가 '아'로 변함으로써 형성된 것인데, 중부방언의 포함한 반도의 서쪽지역어에서는 '흐-'의 '으'가 '어'로 되는 변화를 겪어 현재 '허-'로 되어 있다. 그러나 이 제보자의 말에서는 '하-'가 더 많이 사용된다.

9) '지비'는 명사 '집'과 곡용어미 '-이'로 분석된다. 어미 '-이'의 표준어형은 '-에'이다. 중세국어에는 처격어미로 '-애/에'와 '-이/의'가 사용되었다. 이 중에서 어미 '-이/의'와 통합하는 명사는 '앒'(앞, 前)이나 '집'(家)과 같은 명사에 한정되어 있었다. '집-이'는 '집-의'에서 이중모음소 '의'가 '이'로 변한 결과로 형성된 것이라 하겠는데, '집에'가 '집이'로 사용되는 지역은 상당히 넓다. 이 제보자는 '집에'를 사용하기도 한다.

10) '허구선'과 '뿌려가꾸선'은 각각 '허-', '-구선'과 '뿌리-' '-어간구선'으로 분석된다. 분석된 두 개의 어미에서 '-구선'은 표준어의 연결어미 '-고서'에 해당하며 그것은 앞뒤 절의 두 사태 간에 계기적인 관계가 있음을 나타낸다. '-구선'은 원래 '-고 나서는'과 같은 통사적 구성을 가지고 있던 것이 뒤의 동사어간 '나-'기 탈락되이 문법형태회힌 결과 '-고서는'이 되고 비어두에서 '오'가 '우'로 되는 변화를 겪어 '-구서는'이 되고 다시 기능부담량이 가장 작은 '-는'이 '-느'로 되고 다시 '-ㄴ'으로 된 결과 '-구선'로 된 것이다.

11) '저거'는 이름이 얼른 생각나지 않거나 바로 말하기 곤란한 사람 또는 사물을 가리키는 대명사이다. 제보자는 이 단어를 많이 사용하는데, 이 단어는 서남방언의 '거시기'에 해당한다.

12) '저거하니까는'는 동사어간 '저거하-'와 어미 '-(으)니까는'으로 분석된다. '-(으)니까는'는 표준어 어미 '-으니까'에 대한 방언형이다. 제보자는 '-으니까는'과 함께 '-으니깐'도 사용한다. 이 어미가 동남방언에서는 '-{응께나, 응게네, 으니까네, 으니끄네}' 등과 같이 사용되는 점을 고려하면 이 제보자가 사용하

는 어미는 '-으니까'보다 앞 시기의 형태라고 생각한다.

13) '쩌서'는 동사어간 '쩌-'와 활용어미 '-어서'로 분석된다. 동사어간 '쩌-'는 '모 판에서 모를 한 모숨씩 뽑아내-'의 뜻을 가진다.

14) '세:눈큼'은 수관형사 '세:'와 명사 '눈'과 단위 분리 어미 '-큼'으로 분석된다. 단위 분리 어미 '-큼'의 표준어형은 '-씩'이다.

15) '구팅이가'는 명사 '구팅이'와 곡용어미 '-가'로 분석된다. '구팅이'의 표준어형 은 '귀퉁이'이다. 표준어형과 대비하면, '구팅이'의 '구'는 '귀'의 이중모음소 /uj/에서 /j/가 탈락된 것이고, '팅이'는 '퉁이'가 끝음절의 모음소 '이'에 역행 동화하여 '튕이[tʰwiɲi]'가 되고 그다음에 활음소 /w/가 탈락하여 형성된 것이 다.

16) '나맏때덩가'는 동사어간 '남-'(餘)과 과거시제표시의 '-았'과 서술 종결어미 '- 대'와 곡용어미 '-든가'로 분석된다. 여기서 종결어미 '-대'는 표준어형 '-다' 에 해당한다. '그 사람 만났는데, 자기는 그 집이 좋대'에서 보듯이, 일반적으로 통사적 구성을 가졌던 '-다-고-해'가 '-고' 탈락을 거쳐 문법형태소화한 것은 '- 대'로 된다. 그러나 앞에서 분석된 종결어미 '-대'는 '-다고해'의 변화형이 아 니다. '-다'가 '-대'로 된 것은, 반도의 서쪽 방언에서 발견되는 '쬐끄만(⟨조그 만)', '맨날(⟨만날)' 등에서 보듯이, 후설모음소가 전설모음소로 되는 변화와 동일한 변화에 의한 것으로 보인다. 일반적으로 '-든가'는 'A든가 B든가'의 형 식으로 사용되는데, 제보자가 사용하고 있는 '-든가' 중에서 '노니든가(논이든 가)'의 '-든가'는 활용어미다. 따라서 제보자는 '-든가'를 잘못 사용하고 있다. '그거는 이제 이러케 구팅이가 나맏때등가 모쭈리 지가 불펴난데 할 쑤 업씨' 를 '그거는 이제 이러케 구팅이든가'와 같이 바꾸어야 두 개의 '-든가' 사용이 문법에 맞게 된다.

17) '요케'의 표준어형은 '요렇게'이다. 이 단어의 앞에 있는, 표준어형 '그러니까' 에 해당하는 '그니께'에서 보듯이, '이러, 그러, 저러'나 '이래, 그래, 저래'의 둘째 음절의 '르' 또는 '르'를 포함하는 음절 전체의 탈락을 제보자의 말에서 발견할 수 있는데, 이 현상은 이 제보자에 한정되지 않고 경기방언 전체에서 발견되는 현상이다.

18) '고래실'은 '지하에서 물이 솟아 올라서 항상 물이 있는 논'을 말한다.

19) '쓴대지만두'는 동사 어간 '쓰-'와 어미 '-은대지만두'로 분석된다. '-은대지만' 은 원래 모음소로 끝나는 동사 어간에 결합하는 서술종결어미 '-은다'와 문장 인용어미 '-고'와 동사 어간 '하-'와 연결어미 '-지만'의 구성을 가지고 있던 것

이다. 그것이 '-고 하-'가 탈락되어 '-은다지만'이 하나의 연결어미로 변한 것이다. 이 어미와 결합되어 있는 특수 어미 '-두'는 표준어형 '-도'에 해당한다.

20) '보'는 '논에 물을 대기 위한 수리 시설의 하나. 둑을 쌓아 흐르는 냇물을 막고 그 물을 담아 두는 곳'이다.

21) '봇물을 대어서'의 뜻임.

22) 고래실 논으로 농사짓던

23) '모'는 표준어형 '무어'에 해당한다. 이 단어는, '꿩'이 '꽁'으로 된 것처럼, '무어>뭐>모'의 변화를 거쳐서 형성된 것이다.

24) '농사지어 먹기가'의 뜻이다.

25) '웅뎅이'의 표준어형은 '웅덩이'이다. 이 지역어형은 '웅덩이'에서 '이' 모음소 역행동화를 거쳐서 '웅뎅이'가 되어 형성된 것이다.

26) '앤:논파기'는 '첫 논매기'의 뜻을 가진다. 이 단어에서 '애'는 '아이〈아ᅀᅵ/아ᄉᆡ'로 소급된다.

27) 여기서 '두벌논'은 '두 번째로 하는 논매기'를 의미한다.

28) 볏과의 한해살이풀 이름.

29) '뽀브며는'은 동사 어간 '뽑-'과 어미 '-으며는'으로 분석된다. '-으며는'의 표준어형은 '-으면'이다. 경기방언에서는 '-으면'보다 '-으며는'이 일반적으로 사용된다.

30) '남선'은 '남부지방'을 지칭한다.

31) '버리'의 표준어형은 '보리'이다. '버'는 '보'가 비원순모음화한 것이다. 제보자는 '보리'와 '버리'를 다 사용한다.

32) '비기'는 동사어간 '비-'에 명사형성어미 '-기'가 결합된 것이다. 동사어간 '비-'의 표준이형은 '베-'이디. 따라서 '비'는 '베'의 모음소 '에'가 '이'로 되는 음운 변화를 거친 것이다.

33) '보릳꽈 미른'에서 '꽈'는 곡용어미 '-과'이다. 일반적으로 국어에서 두 개의 명사를 나란히 늘어놓을 때에 앞의 명사가, '소와 말'처럼 모음소로 끝나면 '-와'가, '집과 논'이나 '말과 소'처럼 자음소나 유음소로 끝나면 '-과'가 그 뒤에 결합한다. 그러나 서북방언이나 동북방언의 하위방언에서 그 어느 경우에나 명사 뒤에 '-과'나 '-까'가 결합한다. 그런데 경기방언 중 〈포천, 양평〉에도 그러한 사실이 발견된다. 그것은 곡용어미 '-와'가 '-과'에서 변화된 것임을 말해 준다.

34) '바패'는 '밥'과 '해'가 결합한 다음 /ㅂ/와 /ㅎ/가 /ㅍ/로 축약한 결과이다.

35) 곡식명은 '보리'이고 그것을 도정(搗精)한 밥하는 재료명은 '보리쌀'이다.

36) '오줌뎅이'는 '오줌동이'가 비어두 위치의 '오'가 '우'로 되는 변화에 의해 '좀' 이 '줌'으로 되고 '이'모음소 역행동화에 의해 '동이'가 '뒝이'가 된 다음 다시 w가 탈락되는 변화를 거쳐서 형성된 것이다.

37) '그거빼끼'는 대명사 '그것'에 어미 '-빼끼'가 결합한 것이다. '-빼끼'의 표준어 형은 '-밖에'이다. '-밖에'에 대한 방언형으로 '-배께'가 있는 것을 보면, '-배끼' 는 '-밖에〉-배께〉-배끼'의 과정을 거쳐서 형성된 것이다.

38) 서술어가 '심-'(植)이므로 '보리밧'이 아니라 '보리'라야 한다.

39) '보리는 보리밭에서만 되어요.'라고 해야 할 것이다.

40) 이 문(文)은 '어디에 있는 보리밭은 누구네의 것이고 지금 갈고 있는 보리밭 저것은 누구네의 것임을 마을 사람들이 잘 알고 있다.'는 것을 나타내려고 한 것이다.

41) '보리쌀'이라고 할 것을 '밥'이 먼저 발음되어 정정한 것이다.

42) 제보자는 표준어 동사 '찧-'(搗)의 활용형을 앞에서는 [찌쿠]라고 했는데 여 기서와 다음에서는 [찌꾸, 찌찌]라고 한다. 앞의 경우에는 어간형이 /찧-/이지 만 뒤의 경우는 /찓-/이다. 제보자의 어휘부에는 이 두 어간형이 공존하는 것으로 보인다.

43) '차례쿵'에서 '-쿵'은 표준어형 '-씩'에 해당한다. 앞에서 제보자는 '세:눈큼'에 서 보듯이, 표준어형 '-씩'에 대하여 '-큼'을 사용했다.

44) 이 부분은 제보자의 생각이 제대로 표현되지 않아 이해가 쉽지 않다. 제보 자가 말하고자 한 것은 다음과 같았을 것으로 보인다. '닭서리를 하면, 닭을 훔쳐다 먹으면 그냥 묵인하여 배고프고 고기가 먹고 싶어서 닭을 훔쳤겠느 냐 하는 사람이 있는가 하면, 그런 사람을 도둑놈으로 몰아 "저놈 새끼, 도둑 놈이야." 하는 사람도 있지. 그게 여러 가지가 있었는데'

45) '지사'는 '제사'(祭祀)의 첫음절 모음소 '에'가 '이'로 되는 변화를 거친 것이다.

46) '이웉찌비'이 명사 '이우찝'(이웃집)과 어미 '-이'로 분석된다. 어미 '-이'는 '집' 과 통합하는 처격어미로 표준어형 '-에'에 해당한다.

47) '맥:꼬자'는 '맥고자'(麥藁子) 즉 '맥고모자'를 말한다. '맥고'(麥藁)는 '밀짚이나 보릿짚'.

48) 칼 따위로 썬 담배를 피우는 데에 쓰던 짧은 담뱃대.

49) '애드리'는 명사 '애들'과 어미 '-이'로 분석된다. 어미 '-이'는 주격을 표시하 지만 문맥으로 보면 여격 '-에게'를 사용하여 '애들에게'로 해야 할 것이다.

50) '노놔'는 동사 어간 '노누-'와 어미 '-아'로 분석된다. 어간 '노누-'의 표준어형은 '나누-'이다. 표준어 어간 '나누-'의 중세어형은 '난호-'이다. 이것이 유성음 사이에서 'ㅎ'가 탈락되어 '나노-'가 되고 다시 비어두 위치의 '오'가 '우'로 되는 변화를 거쳐서 지금의 '나누-'가 되었다. 이렇게 보면 '노누-'는 '나노-'에서 음절이 도치되어 '노나-'가 된 다음에 형성된 것이라 할 것이다.

51) '집마다'라고 해야 할 것이다.

52) '직판적으로'의 '직판'의 표준어형은 '바로'나 '직접'이다.

53) '그러커지'는 '그렇게 허지'에서 '게'의 모음소가 탈락하여 '그럭 허지'가 되고 다음에 'ㄱ'와 'ㅎ'가 축약하여 '그러커지'로 된 것으로 보인다.

54) '그런 저거'는 '남의 고구마 밭에서 고구마를 마구 파 가는 짓'을 의미한다.

55) '나꽈'는 대명사 '나'와 공동격 어미 '-꽈'로 분석된다. '-꽈'의 표준어형은 '-과'이다. 명사가 모음소나 유음소로 끝나면 그 뒤에 결합하는 공동격어미 '-와'이지만, 앞에서 확인한 바와 같이, 이 제보자는 명사의 음운론적 환경에 관계없이 '-꽈'를 사용한다.

56) '의붓어머니'라는 단어는 있어도 '의붓엄마'라는 단어는 없다.

57) '와라'는 동사 어간 '오-'와 어미 '-아라'로 분석된다. 표준어에서는 '오-'에 어미 '-너라'가 결합되지만, 자연어에서는 '-아라'로 통일되는 경향이 있다.

58) '넹겨라'는 동사 어간 '넹기-'와 명령법 어미 '-어라'로 분석된다. 어간 '넹기-'의 전 시기 어형은 '넘기-'이다. 이 어형과 대조하면, 어간 '넹기-'는 '넘기-'가 자음소 동화에 의해 '넝기-'가 되고 다시 /이/ 역행동화를 거쳐서 형성된 것이다.

59) '토대지'는 땅을 빌려쓰는 댓가로 내는 세인 '대지세'를 잘못 말한 것이다.

60) '냅뛰쓰면'은 동사 이긴 '냅뚜-'와 과기시제 어미 '-었'과 가정표시 어미 '-으면'으로 분석된다. 어간 '냅뚜-'는 동사 어간 '내-'와 부사형 어미 '-어'와 보조동사 어간 '버리-'와 부사형 어미 '-어'와 동사 어간 '두-'로 구성된 통사구성이 문법형태화하여 하나의 어간으로 형성된 것이다. 그러한 어간 형성 과정을 규칙으로 설명하기는 어렵다.

61) '몰 저거허구'는 '저 땅을 가지지 못하고'를 나타내기 위한 것이다.

62) '서울사람은'은 '서울 사람에게'를 나타내기 위한 것이다.

63) '업써서'는 어간 '업쓰-'과 어미 '-어서'로 분석된다. 표준어 동사 어간 '없-'의 /ㅅ/가 /ㅆ/로 된 것이 주목된다. 이러한 변화 결과는 중부방언에 널리 분포되어 있다.

64) '가깝고 하는 건'은 '가까운 땅은'을 나타내기 위한 것이다.

65) '찌게는'은 불완전명사 '찍'과 어미 '-에'와 '-는'으로 분석된다. 명사 '찍'은 '직' 인데 /ㅈ/가 'ㅉ'로 된 것은 관형사형 어미 '-읋'의 /ㅎ/와 /ㅈ/가 축약한 것이 다. 명사 '직'의 앞 시기 어형과 표준어형은 '적'이다.

66) '버터믄'은 어미 '-버텀'과 '-은'으로 분석된다. 어미 '-버텀'은 '-부텀'의 첫음절 모음소 '우'가 양순음소 뒤에서 비원순모음소화하여 '어'로 된 다음에 형성된 것이다.

67) '비믄서'는 동사 어간 '비-'(제)와 어미 '-(으)믄서'로 분석된다. 어간 '비-'는 전 시기의 어간 '베-'의 모음소 '에'가 '이'로 변한 결과로 형성된 것이다. 그리고 어미 '-(으)믄서'의 전 시기의 문어형은 '-(으)면서'이다. 그러나 '-(으)면서'가 '-(으)믄서'로 되는 과정을 설명하기는 어렵다. 이 어미가 동남방언에서 '-(으) 모(ㄴ)'이나 '-(으)마(ㄴ)' 또는 '-(으)머(ㄴ)'으로 사용되는 것을 보면 전 시기 에 '-(으)믄'이었을 것으로 추정된다.

68) '훌치개'가 아니고 '볏단을 메어쳐서 이삭을 떨어내는 데 쓰던 농기구. 굵은 서까래 같은 통나무 네댓 개를 가로로 대어 엮고 다리 네 개를 박아 만든 기 구'인 '개상'이다.

69) '쬐끔'의 앞 시기 어형이나 표준어형은 '조금'이다. 각 음절의 첫자음소가 경 음소화하였다. 그리고 둘째 음절 모음소가 /으/인 것으로 보아 첫음절의 모 음소 /오/가 /외/로 된 것은 /이/ 모음소 역행동화에 의한 것이 아니다. 이것 은 '담배, 빨갛-' 등이 '댐배, 뺄갛-' 등으로 되는 것과 같이 후설모음소가 전설 모음소로 되는 변화에 의한 것이다.

70) '그렁기'는 관형사형 '그런'과 명사 '기'로 분석된다. 명사 '기'는 '거'에 주격어 미 '-이'가 결합하여 형성된 '게'가 '에〉이'의 변화를 겪은 것이다.

71) '그뎅이'은 '구덩이'가 '이'모음소 역행동화하여 형성된 것이다.

72) '저러케 허는 걸'은 '담근 것을'을 나타내려고 한 것이다.

73) '둘소'는 새끼를 낳지 못하는 암소. 표준어형과 동일함. 표준어로는 '둘암소' 라고도 한다.

74) '놉'이라는 말을 제보자는 '노비'라는 말로 이해하여 '종'이라고 설명했다.

의생활

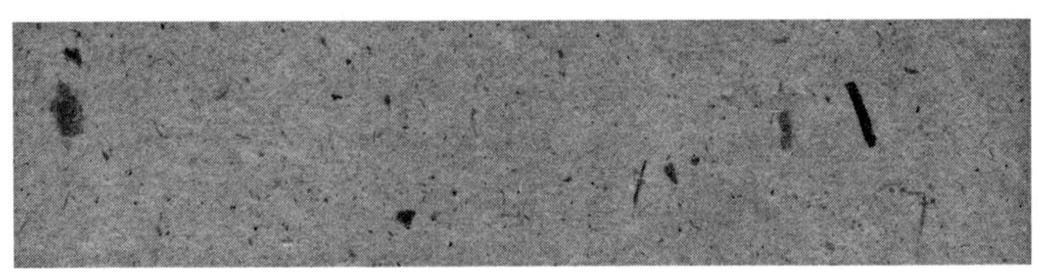

여기서는 그 모콰 가틍거 심씀니까?

￣ 에, 그니까 해방 저네 그땐 마니 시먿쪼. 왜놈드리 그래써요. 왜넘드리 강제로 시머라 시머라 해가꾸, 그리구 또 그게 처으메는 그런시기로 핻찌만두. 에, 모콰를 시머가꾸 무명짜는데, 인제 오슬 해 입끼 위해서 그러케 해써.

모카 재배는 어떤 과정으로 하는지 기어기 나심니까?

￣ 그거 잘 모르는데요, 부모드리 해쓰니까. 그냥 이 왜넘드리 시켜서 핸거에요. 그때는 다 아주 고정저그로 얼마를 시머서.

모카 그 시머서 소미 나오기 저네 이 봉오리 가틍거를 멍는데 그 봉오리를 모라구 하시는지 기어기 나심니까? 다래.

￣ 글쎄요 모르겐네.

그담 여기는 사미나 모시 가틍거슨?

￣ 음, 사믄 이러케 시머가꾸 거의 인제 까서 그거루다 아주머니드리 (※ 허벅지를 가리키며) 여기다 비벼가꾸 끼다라케 끄늘 매능건데 그거 가지구 서 인제 저거 해가꾸 베를 짱거구, 모시는 여기선 모시를 저거헌 저기 업써요.

사믈 이제 껍찌를 다 버끼구 나면 가운데에 이제 나무 가틍게 남찌 안씀니까?

￣ 저립.[1) 응, 저리비라구 그래써.

삼 이플 가지고 담배 피워 보신저기 이씀니까?

￣ 그거 몯 피게 핻짜너? 대마, 대마초. 저거 퍼 보지두 아낟찌만두 그거

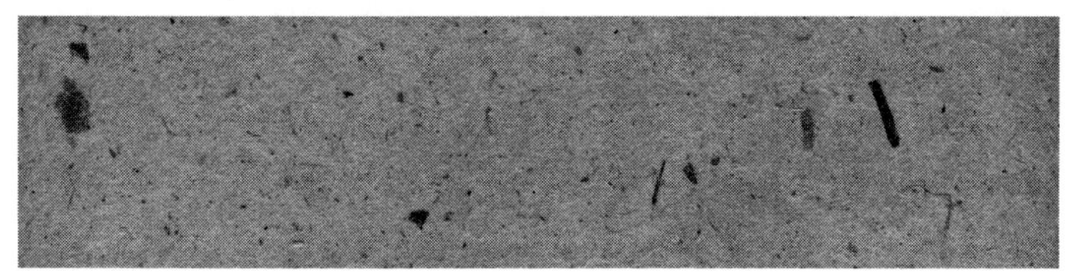

여기서는 그 목화 같은 거 심습니까?

ㅡ 에, 그러니까 해방 전에 그때는 많이 심었지요. 왜놈들이 그랬어요. 왜놈들이 강제로 "심어라. 심어라." 해 갖고, 그리고 또 그게 처음에는 그런 식으로 했지만도. 목화를 심어갖고 무명 짜는데, 인제 옷을 해 입기 위해서 그렇게 했어.

목화 재배는 어떤 과정으로 하는지 기억이 나십니까?

ㅡ 그거 잘 모르는데요, 부모들이 했으니까. 그냥 이 왜놈들이 시켜서 한 거예요. 그때는 다 아주 고정적으로 얼마를 심어서.

목화 그 심어서 그 솜이 나오기 전에 봉오리 같은 거를 먹는데 봉오리를 뭐라고 하시는지 기억이 나십니까? 다래.

ㅡ 글쎄요. 모르겠네.

그다음 여기는 삼이나 모시 같은 것은?

ㅡ 음, 삼은 이렇게 심어 갖고 거의 인제 까서 그것으로 아주머니들이 (※허벅지를 가리키며) 여기다 비벼 가지고 기다랗게 끈을 매는 건데 그거 가지고서 인제 저거 해 갖고(=가늘게 찢어서 실을 만들어서) 베를 짠 거고, 모시는 여기서는 모시를 저거한 (=심은) 적이 없어요.

삼을 이제 껍질을 다 벗기고 나면 가운데 이제 나무 같은 게 남지 않습니까?

ㅡ '저릅'. 응, '저릅'이라고 그랬어.

삼의 잎을 가지고 담배 피워 보신 적이 있습니까?

ㅡ 그것 못 피게 했잖아? 대마, 대마초. 저거 피워 보지도 않았지만도 그거

몯 피게 해써.

그러니까 길쌈 가틍건 잘 모르시게꾸뇨?

￣ 베짜고 하능거 모르조. 그저네 부모드리 하는걸 보긴 봗:찌. 베 짜구 허능거.

보기만 하셛찌 그 명칭이라든지 그렁거슨 잘 모르시게꾸뇨.

￣ 몰라요.

에, 뽕나무.

￣ 여기 그건 시머써써요. 그저네 마니 그거 시머써써요.

그 뽕나무 그 열매.

￣ 오디.

그다으메 뽕니플 먹꼬 사는 그 벌레, 그게 무어심니까?

￣ 그거 모르게써. 머 인제 누에. 응, 누에.

누에, 누에 치능걸 보셔씀니까?

￣ 누에, 치능거 쬐끄메서²⁾ 봗:찌.

구체저그로는 잘 모르심니까?

￣ 그게 구체저그로 몰라. 자믈 세번 자야만 그게 누에고치 맨든대능거야. 그렁거만 알고.

고치 소게 드러인능거슬 무어라 함니까?

￣ 번데기.

누에고치에서 뽀븐 실로 만든 처늘.

￣ 무명.

모콰를 가지고 짠 거슨뇨?

￣ 글쎄, 응, 아, 고치에서 저거항거. 명, 명지, 명주. '명지'라구 그래. 아니 '명주'라구 그랜나?

옫 만드는 거나 바느질하는 건 잘 모르시게꾸뇨?

￣ 모르지요.

못 피게 했어.

　그러니까 길쌈 같은 건 잘 모르시겠군요?

　ⁿ 베짜고 하는 거 모르지요. 그전에 부모들이 (길쌈을) 하는 것을 보기
는 보았지. 베 짜고 하는 거.

　보기만 하셨지 그 명칭이라든지 그러는 것은 잘 모르시겠군요.

　ⁿ 몰라요.

　에, 뽕나무.

　ⁿ 여기 그건 심었었어요. 그전에 많이 그거 심었었어요.

　그 뽕나무 그 열매.

　ⁿ 오디.

　그다음에 뽕잎을 먹고 사는 그 벌레, 그것이 무엇입니까?

　ⁿ 그거 모르겠어. 머 인제 누에. 응, 누에.

　누에, 누에 치는 걸 보셨습니까?

　ⁿ 누에, 치는 거 어릴 때 봤지.

　구체적으로는 잘 모르십니까?

　ⁿ 그게 구체적으로 몰라. 잠을 세 번 자야만 그게 누에고치를 만든다는
거야. 그런 거만 알고.

　고치 속에 들어있는 것을 무어라고 합니까?

　ⁿ 번데기.

　누에고치에서 뽑은 실로 만든 천을.

　ⁿ 무명.

　목화를 가지고 짠 것은요?

　ⁿ 글쎄, 응, 아, 고치에서 저거한(=짠) 거. 명, 명지, 명주. '명지'라고 그
래. 아니 '명주'라고 그랬나?

　옷 만드는 거나 바느질하는 건 잘 모르시겠군요?

　ⁿ 모르지요.

1) '저립'의 표준어형과 17세기말의 어형은 '겨릅대'이다. 그러므로 '저립'은 '겨
릅'이 'ㄱ'의 구개음소화와 유음소 뒤에서 '으'가 '이'로 되는 음운과정을 거쳐
서 형성된 것이다. 그런데 이러한 변화는 중부방언은 겪지 않았다는 점으로
미루어 이 단어는 차용된 것으로 보인다.

2) '쬐끄매서'의 표준어형은 '조그매서'이며 표준어의 기본형은 '조그맣-'이다.
이 단어는 공시적으로 부사 또는 명사 '조금'과 접미사 '-맣-'으로 분석된다.
그리고 '조금'의 15, 16 세기의 어형은 '죠곰'이다. 그러므로 '조금'은 '죠곰〉조
곰〉조금'의 과정을 거쳐서 형성된 것으로 보인다. 이렇게 보면 이 지역어형
'쬐끔'은 '조금'에서 변한 것이라 하겠는데, 첫음절의 '오'가 '외'로 된 것은 이
지역어를 포함한 한국의 서부지역에서 일어난 후설모음소의 전설모음소화
에 의한 것이다. 이것을 '이' 모음소 역행동화에 의한 것이라고 생각할 수 있
으나 둘째 음절의 모음소가 '으'이므로 그러한 생각은 합당하지 않다. 이러한
변화 예는 앞에서도 서술한 바 있다.

식생활

채소 재배와 요리
나물 채취와 요리

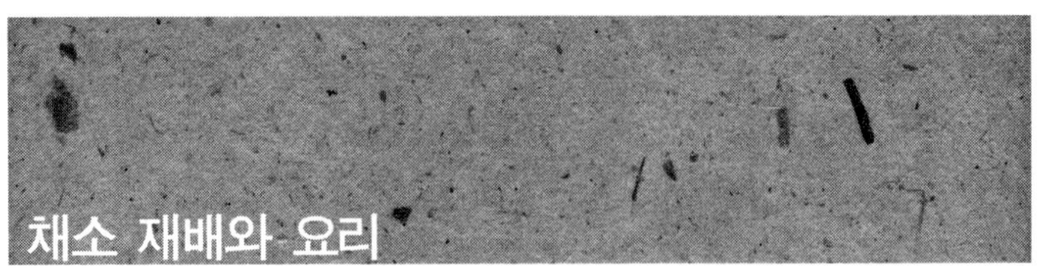

채소 재배와 요리

채소 중에 뿌리로 머글 수 인는 채소로는 어떵거시 이씀니까? 여기서 기르능거중에서.

⎺ 뿌리? 당근, 무. 그리구 어릴 때. 생가기 또 안 나는데 생가기 안 나.

그다으메 이피나 줄기를 멍는 채소는 어떵거시 이씀니까?

⎺ 우선 배추가 익꾸.

또 쌈 싸 멍는거

⎺ 생추.

그다으메 무우에서 나오능게 읻쪼?

⎺ 열무.

씨래기 만드능거. 그걸 무어라고 그럼니까? 뿌리 윋뿌부늘.

⎺ 쓰레기라 그러지 머. 여기 그냥 여기선 대개.

'무청'이라는 말도 씀니까?

⎺ 무총은[1] 이러케 이 곧 씨가 인저 저거헐찌게 무총 나왇따 그러지. 무청. 글쎄 쫑때, 쫑때가 나와서 그게 이제 꼬치 피구 무씨가 안찌.

음, 또 바테서 나오는 거스로는 이플 멍능걷. 그 양파 말고 가는 거 읻쪼? 간장 가튼데 이, 써러서 너키도 하고.

⎺ 파. 그거 여러가지가 인는데, 파하구. 우리 조기 시믄 걷뚜 '부추'라구 해야 되나?

그다메 쑥가치 생긴걸로는?

⎺ 쑥까시 읻쪼. 쑥까시라구.

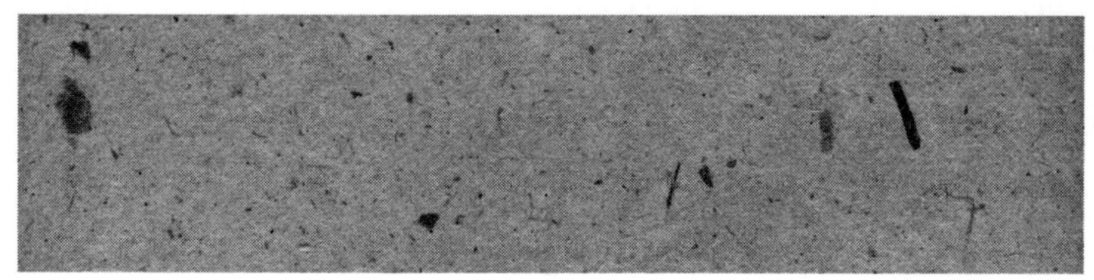

채소 중에 뿌리로 먹을 수 있는 채소로는 어떤 것이 있습니까? 여기서 기르는 거 중에서.

- 뿌리? 당근, 무. 그리고 어릴 때. 생각이 또 안 나는데 생각이 안 나.

그다음에 잎이나 줄기를 먹는 채소는 어떤 것이 있습니까?

- 우선 배추가 있고.

또 쌈 싸 먹는 거.

- 상추.

그다음에 무에서 나오는 게 있지요?

- 열무.

시래기 만드는 거. 그걸 무어라고 그럽니까? 뿌리의 윗부분을.

- 시래기라 그러지 머. 여기 그냥 여기서는 대개.

'무청'이라는 말도 씁니까?

- '무총'은 이렇게 이 곧 씨가 이제 저거할(=생길) 적에 무총 나왔다 그러지. '무청'. 글쎄 종대, 종대가 나와서 그게 이제 꽃이 피고 무씨가 앉지.

음, 또 밭에서 나오는 것으로는 잎을 먹는 것. 그 양파 말고 가는 거 있지요? 간장 같은 데 이, 썰어서 넣기도 하고.

- 파. 그거 여러 가지가 있는데, 파하고. 우리 조기 심은 것도 '부추'라고 해야 되나?

그다음에 쑥같이 생긴 것으로는?

- '쑥갓'이 있지요. '쑥갓'이라고.

그담 이제 에, 석유 기름 냄새가치 나는 걷. 물 괴인데서 나는데, 매나림니
까, 미나림니까?

 ̄ 아, 미나리.

그다메 열매를 멍는 채소로는 무어시 이씀니까? 예, 우선 매운 걷.

 ̄ 고추.

그다으메.

 ̄ 갑짜기 저거허니까 생각뚜 안 나네.

그 보라색 나는게 읻쪼? 요러케 열매가 바나나가치 생긴 열매 여는 거요.

 ̄ 생각이 안 나. 가진가? 응, 가지.

그다메 이제 덩굴가치 뻐더 나가면서 이러케 둥그러케 여능거 이찌 안씀니
까?

 ̄ 수박.

그바께 반찬 해 멍는 걷, 외라 그럼니까, 오이라 그럼니까?

 ̄ 오이.

그다음 이제 에, 석유 기름 냄새같이 나는 것. 물이 고인 데서 나는데, '매나리'입니까, '미나리'입니까?

⁻ 아, 미나리.

그다음에 열매를 먹는 채소로는 무엇이 있습니까? 예, 우선 매운 것.

⁻ 고추.

그다음에.

⁻ 갑자기 저거하니까(=물으니까) 생각도 안 나네.

그 보라색 나는 게 있지요? 요렇게 열매가 바나나같이 생긴 열매 여는 거요.

⁻ 생각이 안 나. 가진가? 응, 가지.

그다음에 이제 덩굴같이 뻗어 나가면서 이렇게 둥그렇게 여는 거 있지 않습니까?

⁻ 수박.

그밖에 반찬 해 먹는 것, '외'라 그럽니까, '오이'라 그럽니까?

⁻ 오이.

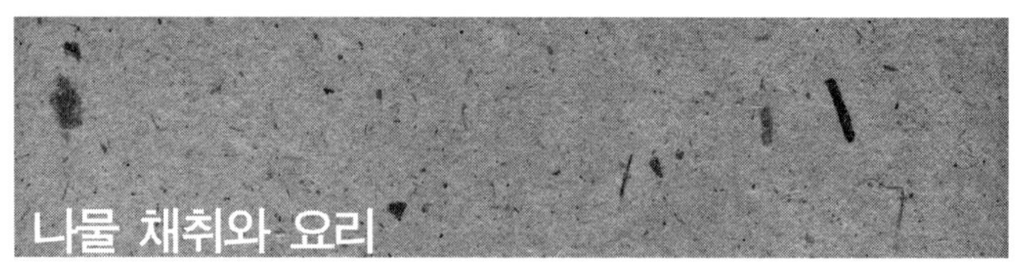

요리하능거는 그러코. 나물, 산나물. 요 근처 사네서 나는 나물로는 어떵거시 인는지요?

ㅡ 에, 사초싸기래능게 익꾸, 추가²⁾ 익꾸. 혼닙, 혼니빈가 이때쯤 멍능게 이써요. 그 나무에서 싹 나오는 거 그거 혼니비라구. 그리곤 생가기 안 나는데.

비드미란 나무리 이씀니까? 비듬하고 쇠비듬하고는 다름니까?

ㅡ 참비드미 익꾸 쇠비드미 인는데 참비드믄 먹꾸 쇠비드믄 잘 안 머거요.

고사리는 여기 잘 안 나옴니까?

ㅡ 고사리 나오지요. 고비, 고사리.

두릅.

ㅡ 두릅뚜 이써요.

더더근뇨?

ㅡ 더덕뚜 인는데 하두들 마니 캐 먹꾸 저거해서. 또 도라지, 달래두 이써요. 냉이는 일찌감치 나오는 건데 저, 이, 땅거보다 먼첨 이런 지여게 이런데 망 나는 거야, 냉이가.

혹시 그 질갱이라는 거.

ㅡ 예, 질경이 아주 옌나렌 그 먹떵거야. 이런데서 다 나요. 마니 나지요, 도처에.

그 이르미 질경이 말고 다른 걷또 이씀니까? 길짱구라든지 맵쟁이, 맵쨍이.

ㅡ 그렁거 몰라요. 여기서는 질경이지.

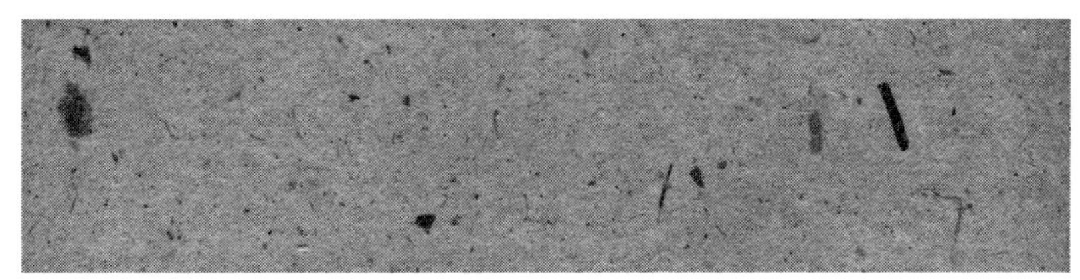

요리하는 것은 그렇고. 나물, 산나물. 요 근처 산에서 나는 나물로는 어떤 것이 있는지요?

¯ 에, 사초싹이라는 게 있고, 취가 있고. 혼닙, 혼닙인가 이때쯤에 먹는 게 있어요. 그 나무에서 싹이 나오는 거, 그거 혼닙이라고 (있어요). 그리고는 생각이 안 나는데.

'비듬'이란 나물이 있습니까? '비듬'하고 '쇠비듬'하고는 다릅니까?

¯ 참비듬이 있고 쇠비듬이 있는데 참비듬은 먹고 쇠비듬은 잘 안 먹어요.

고사리는 여기 잘 안 나옵니까?

¯ 고사리 나오지요. 고비, 고사리

두릅.

¯ 두릅도 있어요.

더덕은요?

¯ 더덕도 있는데 하도들 많이 캐 먹고 저거해서. 또 도라지. 딜래도 있어요. 냉이는 일찌감치 나오는 건데 저, 이, 딴 거보다 먼저 이런 지역에 이런 데 막 나는 거야, 냉이가.

혹시 그 질경이라는 거.

¯ 예, 질경이 아주 옛날에는 그것 먹던 거야. 이런 데서 다 나요. 많이 나지요, 도처에.

그 이름이 질경이 말고 다른 것도 있습니까? 길짱구라든지 맵쟁이, 맵쟁이.

¯ 그런 거 몰라요. 여기서는 질경이지.

여기 전통저그로 내려오는 술로는 어떤 거시 이씁니까?

⁻ 대개 막껄리조. 막껄리.

여기 전통적으로 내려오는 술로는 어떤 것이 있습니까?
￣ 대개 막걸리지요. 막걸리.

■ 주석

1) '무의 잎과 줄기'를 뜻하는 '무청'을 제보자는 '무의 종대'를 뜻하는 것으로
   이해하고 그것을 '무총'이라 하면서 그에 대해 설명을 하고 있다.
2) '추'의 표준어형은 '취'이다. '취'는 16세기의『신증유합 상:11』에도 나타난다.
   따라서 '추'는 '취'에서 j가 탈락된 것이다.

주생활

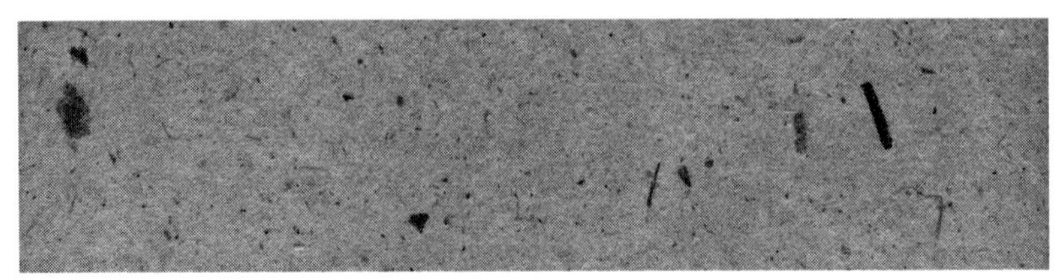

지비 제일 위 부부늘 무어라고 함니까?

⎯ 용마루?

아니요. '지붕'이라 그럼니까, '지붕'이라 그럼니까?

⎯ 지봉이야, 지봉.

그 지봉 미테 가로로 큰 나무를 (※두 손으로 대들보 모양을 그리면서) 이러케 해서

⎯ 그게 그게 대들보.

그담 이제 지봉에서부터 이 요만큼 둥근 나무를 걸치지 안씀니까?

⎯ 서까래.

(※집 그림에서 추녀 부분을 가리키며) 이 부부늘 무어라고 함니까?

⎯ 추녀.

그 이제 (※그림에서 지붕을 가리키면서) 요 위에 부부늘 무어스로 하느냐에 따라서 이제 지비 종류가 달라지는데 그 부분을 지플 여꺼서 한 지븐 어떤 지비라고 함니까?

⎯ 그 지븐 초가지비지요.

그 초가지비 지붕을 언즐 때에 지플 넙쩍하게 이러케 해서 언꼬.

⎯ 예, 이응 여꺼서에요.

우선 그걸 하고 제일 가운데에 이제 이러케 터러가지고 사깐가치 씨우지요? 그거슬 무어라 함니까?

⎯ 용마루. 그러구 제주도나 가야 그 이러케 이러케 붇뜨러 맫찌, 전부 여기서는 머 별루 붇뜨러 매능게 업써써요.

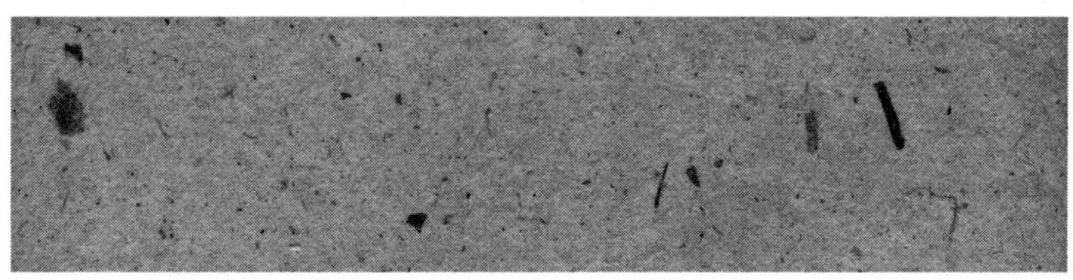

집의 제일 윗부분을 무어라고 합니까?

￣ 용마루?

아니요. '지붕'이라 그럽니까, '지봉'이라 그럽니까?

￣ 지봉이야, 지봉.

그 지붕 밑에 가로로 큰 나무를 (※두 손으로 대들보 모양을 그리면서) 이렇게 해서

￣ 그게 그게 대들보.

그다음 이제 지붕에서부터 이 요만큼 둥근 나무를 걸치지 않습니까?

￣ 서까래.

(※집 그림에서 추녀 부분을 가리키며) 이 부분을 무어라고 합니까?

￣ 추녀.

그 이제 (※그림에서 지붕을 가리키면서) 요 위의 부분을 무엇으로 하느냐에 따라서 이제 집이 종류가 달라지는데 그 부분을 짚을 엮어서 한 집은 어떤 집이라고 합니까?

￣ 그 집은 초가집이지요.

그 초가집의 지붕을 얹을 때에 짚을 넓쩍하게 이렇게 해서 이렇게 얹고.

￣ 예, 이엉 엮어서예요.

우선 그걸 하고 제일 가운데에 이제 이렇게 털어가지고 삿갓같이 씌우지요? 그것을 무어라고 합니까?

￣ 용마루. 그리고 제주도나 가야 그 이렇게 이렇게 붙들어 매었지, 전부 여기서는 머 별로 붙들어 매는 게 없었어요.

그러초.

￣ 그쪼근 바라미 부러서 워낙 그 바라미 쎄니까. 오시빌년도에 제주도 제일 홀련소에 이러케 간떠니 짐마당이[1] 이러케 국:께 해가꾸 아주 망:을 맨들다시 이러케 십짜루 그러케 해써. 요버네 간따가 "아, 그게 다 어디로 간네?" 이러니깐, "아이그 이 옌날 얘기하시네. 그걸 어떠케 아시유?" 그래요. "아 내가 그저네 여기 이써쓰니까. 제일 홀련소 여기 이:동은 잠시 논산서 이리 오믄서 여그 와가꾸 내가 홀련 바단는데." 이러니까. "아, 그때는 이써요. 지금 업써요, 업써요." 그리자나. 그때 가니까는 아주머니드리 이젠 물짱구를[2] 해가꾸 지구 댕기드라구. 그러던 시댄데 그걷뚜 무러보구 핻떠니, "에이, 인제는." 아직 우리 여기는[3] 가태.[4] 그런 용마루 이러케 핻꾸. 그냥 쭈욱 이러케 허구. 그 애기는[5] 쭈욱 핻떠니, "그 구경하션네요." 그러면서. 그러니까 아직 옌:날 촌 그 보관허는 거시 읻떠라구. "방물관 거기 가서 보면 다 봄니다. 그게 다 이씀니다." 그러더라구.

지금부터 알려고 하는 거슨 지븨 각 부분 명칭임니다. (※집 그림에서 천정을 가리키며) 요 부부늘 무어라 함니까?

￣ 천반, 아니 천장, 천장.

(※방의 벽을 가리키며) 요 부부는뇨?

￣ 그 벼기지 뭐야. 벽.

배름빠기라는 말도 씀니까?

￣ 예, 배름빠기라구 그 옌:나렌 그랜는데 지꾸믄 벽.

방빠다게 까는 거슨뇨? 옌나레는 종이에 기름 머깅걸 까란찌 안씀니까? 지그믄 비니를 까는데.

￣ 지직,[6] 지지기라 그랜찌. 노인네드리 이러케 맨드러서.

그거 말고요. 그 종이에 푸를 발라가지고.

￣ 응, 장판.

그렇지요.

¯ 그쪽은 바람이 불어서 워낙 그 바람이 세니까. 오십일년도에 제주도 제1 훈련소에 이렇게 갔더니 집마당이 이렇게 굵게 해 갖고 아주 망을 만들듯이 이렇게 여기 십자로 그렇게 했어(=지붕을 이었어). 요번에 (제주도로) 갔다가 "아, 그게 다 어디로 갔어?" 이러니까, "아이고 이 옛날 얘기하시네. 그걸 어떻게 아세요?" 그래요. "아, 내가 그 전에 여기 있었으니까. 제1 훈련소 여기 이동은 잠시 논산서 이리 오면서 여기 와갖고 내가 훈련 받았는데." 이러니까. "아, 그때는 있(었)어요. 지금 없어요, 없어요." 그러잖아. 그때 (제주도로) 가니까는 아주머니들이 이젠 물장군을 해갖고 지고 다니더라고. 그러던 시대인데 그것(=물장군)도 물어보고 했더니, "에이, 인제는." 아직 우리 여기와 같아. 그런 용마루 이렇게 했고. 그냥 쭉 이렇게 하고. 그 얘기를 쭉 했더니, "그 구경하셨네요." 그러면서. 그러니까 아직 옛날 촌 그 보관하는 것이 있더라고. "박물관 거기 가서 보면 다 봅니다. 그게 다 있습니다." 그러더라고.

지금부터 알려고 하는 것은 집의 각 부분 명칭입니다. (※집 그림에서 천정을 가리키며) 요 부분을 무어라고 합니까?

¯ 천반, 아니 천장, 천장

(※방의 벽을 가리키며) 요 부분은요?

¯ 그 벽이지 뭐야. 벽.

'배름박'이라는 말도 씁니까?

¯ 예, '배름박'이라고 그 옛날엔 그랬는데 지금은 벽.

방바닥에 까는 것은요? 옛날에는 종이에 기름 먹인 걸 깔았지 않습니까? 지금은 비닐을 까는데.

¯ '지직', '지직'이라 그랬지. 노인네들이 이렇게 만들어서.

그거 말고요. 그 종이에 풀을 발라 가지고.

¯ 응, 장판.

응, 장판 미테 장판 깔기 저네 에, 보통 그 닥종이나 신문지를 가지고 이제 흑 위에다가 바르능거를 무어라 함니까?

‐ 종이 바르는 걸 글쎄.

혹시 초도비라는 말 들어 보셔씀니까?

‐ 초배, 초배.

예, 예, 초배할 때에 푸를 무처가지구 종이에 바르는 그 도구를 무어라고 함니까?

‐ 돼:지 터리나 이렁걸 가지고 만든 거, 그 머 여기서 맨날[7] 핻찌. 저거 허지. 아는데.

‘비얄’, ‘귀얄’이라든지 이런 마른 몯 뜨러 보셔씀니까?

‐ 에, 몯 뜨러써요. 예.

그 장파늘 깔 때, 장파늘 벽 아래 꼭꽈 딱 막께 끈치 앙코 벽 아래 끕뿐 조금 위로 올려 끄는 다음 그 부부니 보이지 앙케 종이를 둘러 바른 그 부부늘 무어라고 함니까?

‐ 몰라, 그렁거. 에, 그렁걸 보면 해봐써야 이르믈 알구 가르처 드리지.

혹씨 ‘굽또리’라는 마를 드러보셔씀니까?

‐ 아, ‘굽또리’, ‘굽또리’라 그러지.

문도 지금 이 무는 미다지조? 밀고 닫꼬 하는 거. 그런데 옌나레는 대개 여다지엳쪼? 그 여다지 무늘 열고 다들쑤 읻또록 쒜로 만든 동그란 거시 달려 읻찌 아나씀니까? 그거슬 무어라 해씀니까?

‐ ……

혹시 ‘문꼴기, 문꼬리’라고는 하지 아나씀니까?

‐ ‘문꼬리’라 그랟찌.

그럼 두 문설쭈 사이에 마루보다 조금 놉께 가로 댄 나무를 무어라고 해씀니까?

‐ 문찌방.

응, 장판 밑에 장판 깔기 전에 에, 보통 그 닥종이나 신문지를 가지고 이제 흙 위에다가 바르는 것을 무어라고 합니까?

ᅳ 종이를 바르는 걸 글쎄.

혹시 '초돕'이라는 말 들어 보셨습니까?

ᅳ 초배, 초배.

예, 예, 초배할 때에 풀을 묻혀 가지고 종이에 바르는 그 도구를 무어라고 합니까?

ᅳ 돼지 털이나 이런 걸 가지고 만든 거, 그 머 여기서 늘 했지. 저거하지. 아는데.

'비얄', '귀얄'이라든지 이런 말은 못들어 보셨습니까?

ᅳ 에, 못 들었어요. 예.

그 장판을 깔 때, 장판을 벽의 아래 끝과 딱 맞게 끊지 않고 벽의 아래 끝부분 조금 위로 올려 끊은 다음 그 부분이 보이지 않게 종이를 둘러 바른 그 부분을 무어라고 합니까?

ᅳ 몰라, 그런 거. 에, 그런 걸 보면 해 봤어야 이름을 알고 가르쳐 드리지.

혹시 '굽도리'라는 말을 들어보셨습니까?

ᅳ 아, '굽도리', '굽도리'라 그러지.

문도 지금 이 문은 미닫이지요? 밀고 닫고 하는 것. 그런데 옛날에는 대개 '여닫이'였지요? 그 여닫이 문을 열고 닫을 수 있도록 쇠로 만는 농ㄴ란 것이 달려 있지 않았습니까? 그것을 무어라 했습니까?

ᅳ ……

혹시 '문골기, 문고리'라고는 하지 않았습니까?

ᅳ '문고리'라 그랬지.

그러면 두 문설주 사이에 마루보다 조금 높게 가로 댄 나무를 무어라고 했습니까?

ᅳ 문지방.

이 방에서 요러케 쑥 드러간 부부늘 뭐라 그럼니까?

‾ 방 구석, 방꾸석.

방꾸서글 요쪽 아네서 보면 방꾸서긴데요, 바까테서 보며는 이 부부니 머가 됨니까?

‾ 모퉁이지.

그, 지그믄 이제 업찌마는 옌나레는 지블 지꼬 집 바까테 이제 웨부로부터 사라미 몯 뜨러오도록 흘그로 집 주위를 놉께 싸치 안씀니까? 그걸 뭐라 그럼니까?

‾ 그, 울타리 아니야?

그, 나무 가틍거슬 가지고 싸아쓸 때는 그게 울타리가 뒈지요. 그런데 이제 흐기나 흑뼉똘 가틍걸 가지고 만드러쓸 때는?

‾ 담뼈라기라 그러지. 그래 여기서는 그렁걷뚜 웁꾸, 그렁거 잘 안 써.

문도 지그믄 이러케 뒈 읻찌만 옌나레는 나무나 풀 가틍걸 여꺼 다라서 여럳 따 다닫따 핻쪼? 그런 무늘 무슨 무니라 그래씀니까?

‾ 싸리문, 싸리문.

(※거울을 가리키면서) 요거를 뭐:라 그래씀니까?

‾ ‘색꼉’이라 그래찌. 색꼉이라 핸는데 지그믄 거우리라 그러자너?

얼굴만 보이는 거슬 ‘색꼉’이라고 한다면 몸 전체가 보이는 거슨 무어라고 함니까?

‾ 거욷.

혹씨 ‘체경’이라는 말 드러 보셔씀니까?

‾ 머 화장할쩌게 모미 다 보이니까 이제 ‘체경’이구. 글쎄, 에에, 모르겐는데. 우리는 쪼끔 크믄 거우리라 그래써.

이 방에서 요렇게 쑥 들어간 부분을 뭐라고 그럽니까?

⌐ 방구석.

방꾸석을 요쪽 안에서 보면 방구석인데요, 바깥에서 보면 이 부분이 머가 됩니까?

⌐ 모퉁이지.

그, 지금은 이제 없지만 옛날에는 집을 짓고 집 바깥에 이제 외부로부터 사람이 못 들어오도록 흙으로 집 주위를 높게 쌓지 않습니까? 그것을 뭐라고 그럽니까?

⌐ 그, 울타리 아니야?

그, 나무 같은 것을 가지고 쌓았을 때는 그게 울타리가 되지요. 그런데 이제 흙이나 흙벽돌 같은 것을 가지고 만들었을 때는?

⌐ 담벼락이라 그러지. 그래 여기서는, 그런 것도 없고 그런 거 잘 안 써.

문도 지금은 이렇게 돼 있지만 옛날에는 나무나 풀 같은 것을 엮어서 달아 열었다 닫았다 했지요? 그런 문을 무슨 문이라 그랬습니까

⌐ 싸리문, 싸리문.

(※거울을 가리키면서) 요거를 뭐라 그럽니까?

⌐ '색경'이라 그랬지. '색경'이라 했는데 지금은 '거울'이라 그러잖아?

얼굴만 보이는 것을 '색경'이라고 한다면 몸 전체가 보이는 것은 무어라고 합니까?

⌐ 거울.

혹시 '체경'이라는 말 들어 보셨습니까?

⌐ 머 화장할 적에 몸이 다 보이니까 이제 '체경'이고. 글쎄, 에에, 모르겠는데. 우리는 조금 크면 '거울'이라 그랬어.

1) ‘짐마당’은 ‘짚’과 ‘뭉치’를 의미하는 ‘마당’으로 분석된다.

2) ‘물짱구’는 ‘물을 담아서 져 나르는 장군’인 ‘물장군’을 잘못 말한 것이다.

3) ‘여기는’은 ‘여기와’를 잘못 말한 것으로 생각된다.

4) ‘가태’는 어간 ‘가태-’와 어미 ‘-어’가 결합하여 실현된 어형이다. 이 어간은 자음소나 ‘으’로 시작하는 어미와 결합할 때에는 ‘같-’이, 어미 ‘-어’와 결합할 때에는 ‘가태-’를 가지는 복합형태소이다. 이 어간의 중세국어형는 ‘곧ᄒᆞ-’이다. 접미사 ‘-ᄒᆞ-’ 때문에 현대국어의 ‘하-’(爲)와 동일하게 어미 ‘-어’와 결합하는 어간은 ‘가태-’가 된다. 이러한 유형으로는 표준어 동사 ‘많-’(多)이 있다. 이 어간도 자음소나 ‘으’로 시작하는 어미와는 ‘많-’이, 어미 ‘-어’와는 ‘마내-’가 결합된다.

5) ‘얘기는’은 ‘얘기를’을 잘못 말한 것이다.

6) ‘지직’은 ‘거적’을 지칭하는 것으로 보인다.

7) ‘맨날’은 ‘만날’[萬-]의 방언형이다. ‘매일 같이, 늘, 항상’의 의미를 낸다.

금기와 질병

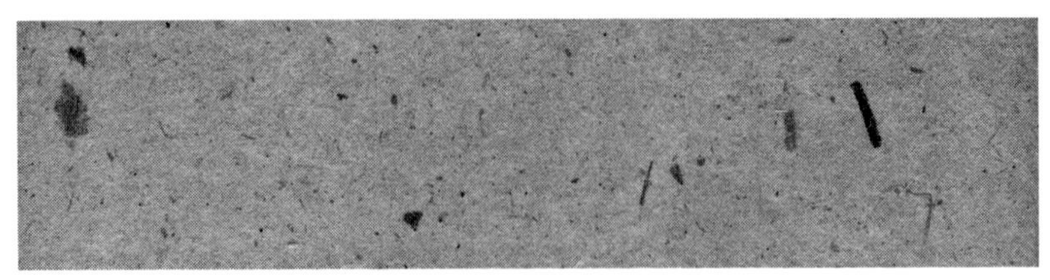

그담: 이제 일상 생화를 하면서 어, 꼭 지켜야 할 그 금기, 이래서는 안 뒌다 하는 겉뜨리 옌나렌 마니 이썬는데요. 예를 들면 정월 초하룬나레 머, 바느를 빌리러 가지 안는다든지 또 문지방을 발:꼬 가서는 안 된다 하능거.

￢ 이게 걸어갈 때 문지방 저기를 발:꼬 올라가믄 야:단처꺼든뇨. 에, 지끔 예, 그 나이 머근 분드른 지끔두 문지방을 밥:꾸서 가믄 저거 해:요. 그냥 너머가야지 문지방을 너머간다구 그러지. 밥:꼬[1] 간대는 소리 아니거든. 예.

그다메 이제 정초에 여자가 해서는 안 되는 거슨뇨?

￢ 식쩐 아치멘 나메 지브로 몯 까게 허구.

그다메 이제 나메 지베서 애를 나아쓸 때 해서는 안 되는 거슨뇨? 그 초상, 초상난데 갇따와서는 몯 뜨러가구.

￢ 월래 일쭈일 가는 그거 송치믈[2] 허구서 추리비 영 금지지.[3] 송치미라구 해가꾸 소나무에 [저걸 파라구 잍꾸][4] 거다가 요만한. 아주 으레 그 지:켣써요, 다.

옌:나레 마:니 발쌩핻떤 질병으로는 어떵거시 이써씀니까?

￢ 그, 그니깐 지끔 말하자믄 열병인데, 옘:병이라구[5] 그랟찌, 옘:병. 옘:병이라구. 옘:병 걸리믄 중능거루 알:구, 옌나렌 그랟찌. 또 야기 업떤시저리니깐. 그 저녀미 또 되구. 그니깐 목 까게 항거구. 또 호녀커는[6] 집또 애:드리 호녀커는 지베 가지 말라구 그러능거야. 그 옴, 올마간다구 해가꾸. 그, 이, 으하기 이제 발딸되지 앙코 저거핻떤 저거니까는.

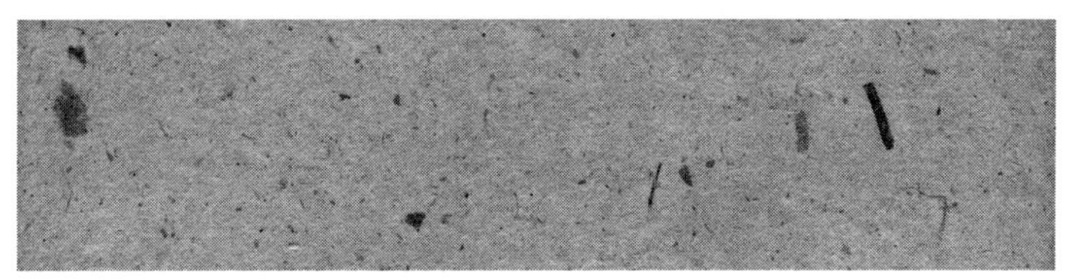

그다음 이제 일상 생활을 하면서 어, 꼭 지켜야 할 그 금기, 이래서는 안 된다 하는 것들이 옛날에는 많이 있었는데요. 예를 들면 정월 초하룻날에 머 바늘을 빌리러 가지 않는다든지 또 문지방을 밟고 가서는 안 된다 하는 거.

￣ 이게 걸어갈 때 문지방 저기를 밟고 올라가면 야단쳤거든요. 에, 지금 예, 그 나이 먹은 분들은 지금도 문지방에 밟고서 가면 저거해요(=야단쳐요). 그냥 넘어가야지 문지방을 넘어간다고 그러지. 밟고 간대는 소리 아니거든. 예.

그다음에 이제 정초에 여자가 해서는 안 되는 것은요?

￣ 식전 아침에는 남의 집으로 못 하게 하구.

그다음에 이제 남의 집에서 애를 나았을 때 해서는 안 되는 것은요? 그 초상, 초상난 데 갔다와서는 못 들어가고.

￣ 원래 일주일 간은 그거 '송침'을 하고서 출입이 영 금지지. 송침이라 해서. 소나무에 저걸 파라구(?) 있고 거기다가 요만한. 아주 으레 그깃을 지켰어요, 다.

옛날에 많이 발생했던 질병으로는 어떤 것이 있었습니까?

￣ 그, 그러니까 지금 말하자면 열병인데, 염병이라고 그랬지, 염병. 염병이라고. 염병 걸리면 죽는 것으로 알고, 옛날에는 그랬지. 또 약이 없던 시절이니까. 그 전염이 또 되고. 그러니까 못 가게 한 거고. 또 홍역하는 집도 애들이 홍역하는 집에 가지 말라고 그러는 거야. 그 옮, 옮아간다고 해가지고. 그, 이, 의학이 이제 발달되지 않고 저거했던(=가난하게 살던) 저거(=때)니까

그런 예가 또 사시른 엄찌 아나 이써끼때무네 저넘되는 거가지구.

　그거슨 어떤 방버브로 치료를 할려구 핸는지요?

　￣ 에, 그런데 옌:날 싸람드른 그 시대가 야기 업써쓰니까, 호녁 마마를⁷⁾ 겨꺼야 산다는 저거가 읻꾸. "너 호녁 마마해써? 다해써?" 이런 그 무름두 읻찌아나? 그니까 호녁 마마에 제:일 사라미 마니 죽꾸. 이제 병신되능 거 아는거니까. 호녀글 겨꺼야 사는거루 아라써요, 그저녠. 어리내를 나: 가꾸.

　그거때무네 참 마니 주걷찌요? 홍역하고 마마하고는 어떠케 달라씀니 까?

　￣ 호녀근 열병이라구 봐:야지. 그냥 저, 이, 한번 그, 아라야 꼭 아라야 이제 저웅이 뒈능거구. 마:마는 에, 지끔 그기 뭐라 그러나? 이에 특특특 해가꾸 머, 곰보가 되지, 그 잘모터믄. 그거 허믄 먼첨⁸⁾ 마마허는 사람한 테다 간따 바치구서야 먹꾸 그랟따구. 그러니까 그망큼 야기 업쓰니깐 그 러한 요:뻐비 이제, 이, 저거헝거지.

　이 마으레서는 약초 가튼 거슨 어떻게 나옴니까?

　￣ 옌:나레는 쑥, 약쑤기라구 이써. 약쑥. 그건 보통 마:느니까는 배가 아 파두 먹꾸 체하거나 허믄 쑥 데려서 상녜로. 아이구, 저거허구 약초래능 거이 머. 대개 마:니 해떤 거슨 칙뿌리나 고산뿌리 거틍거.⁹⁾ 고산뿌리 거 틍건 그 융모초라구¹⁰⁾ 해가꾸 아주 접쪼게.¹¹⁾ 그 무:척 써요. 그그를 캐:다 먹꾸, 대려 먹꾸. 배아프구 그냥 저거 허믄 그 캐:다 으레 머그머는, 지금 두 그거 머그므는 소:근 펴난해요.

　그 칙이라 그럼니까?

　￣ 칙뿌리 마나요. 머, 칙뿌리 거틍건 흔히 캘쑤 인능거시 칙뿌리지. 웬만한데 가믄 다 이쓰니까. 그 칙뿌리 그, 팬차능거예요. 근데 그 마:니 머글 피료는 업찌. 왜냐믄 에, 습관썽이 될쑤두 읻꾸. 소화, 소화 기능을 도와주능 건 틀림업써, 칙뿌리가.

그런 예가 또 사실은 없지 않아 있었기 때문에 전염되는 거 가지고.

그것은 어떤 방법으로 치료를 하려고 했는지요?

﹣에, 그런데 옛날 사람들은 그 시대가 약이 없었으니까, 홍역과 마마를 겪어야 산다는 저거(=통념, 通念)가 있고. "너 홍역 마마 했어? 다 했어?" 이런 그 물음도 있잖아? 그러니까 홍역 마마에 제일 사람이 많이 죽고. 이제 병신이 되는 것을 아니까. 홍역을 겪어야 사는 것으로 알았어요, 그전에는. 어린애를 낳아가지고.

그것(=홍역) 때문에 (어린애들이) 참 많이 죽었지요? 홍역하고 마마하고는 어떻게 달랐습니까?

﹣홍역은 열병이라고 봐야지. 그냥 저, 이, 한 번 그, 앓아야 꼭 앓아야 이제 적응이 되는 것이고. 마마는 에, 지금 그걸 뭐라 그러나? 이에 특특 특 해가지고 머, 곰보가 되지, 그 잘못하면. 그것(=마마) 하면 먼저 마마하는 사람한테다 (음식을) 갖다 바치고서야 먹고 그랬다고. 그러니까 그만큼 약이 없으니까 그러한 요법이 이제, 이, 저거한(=행해졌던) 것이지.

이 마을에서는 약초 같은 것은 어떤 게 나옵니까?

﹣옛날에는 쑥, 약쑥이라고 있어. 약쑥. 그건 보통 많으니까 배가 아파도 먹고 체하거나 하면 쑥을 데려서 상례로. 아이구, 저거하구 약초라는 것이 머. 대개 많이 했던 것은 칡뿌리나 고산뿌리 같은 거. 고산뿌리 같은 것은 그 익모초라고 해서 아주 저쪽에. 그 무척 써요. 그거를 캐어나 먹고, 다려 먹고. 배 아프고 그냥 저거 하면 그 캐어다 으레 먹으면, 지금도 그것 먹으면 속은 편안해요.

그 칡이라 그럽니까?

﹣칡뿌리 많아요. 머, 칡뿌리 같은 건 흔히 캘 수 있는 것이 칡뿌리지. 웬만한 데 가면 다 있으니까. 그 칡뿌리 그, 괜찮은 거예요. 그런데 그 많이 먹을 필요는 없지. 왜냐하면 에, 습관성이 될 수도 있고. 소화, 소화 기능을 도와주는 건 틀림없어, 칡뿌리가.

예, 감기에두 조:코. 이 산, 여 근처 사네 마니 납니까?

 ⎺ 칙뿌리? 만치요. 그리구 대:게 약쑤기래는 걷뚜 그냥, 근데 그 하두
뜨더 먹꾸 해서 인는데나 읻찌 업써. 칙뿌리 거틍건 캐:서 말려가꾸 쪼끔
씩 느쿠서 에, 지비서 인제 차 끄려 멍는데.

예, 칙차, 칙차.

예, 감기에도 좋고. 이 산, 이 근처 산에 많이 납니까?

⁻ 칡뿌리? 많지요. 그리고 대개 약쑥이라는 것도 그냥, 그런데 그 하도 뜯어 먹고 해서 있는 데나 있지 없어. 칡뿌리 같은 건 캐어서 말려 가지고 조금씩 넣고 에, 집에서 인제 차 끓여 먹는데.

예, 칡차, 칡차

1) 표준어 동사어간 '밟-'과 어미 '-고'의 결합형에 해당하는 제보자의 음성형은 [발:꼬], [밥:꾸], [밥:꼬]로 실현된다. 이 중에서 가장 자연스러운 것은 [밥:꾸]이다.

2) '송침'은 '금줄'에 해당하는 것으로 보인다. '금줄'은 짚으로 왼새끼를 꼬아 악귀를 쫓는 주술적인 금기 표지(禁忌標識)로서, 출산시 문전에 내거는 것을 비롯하여 장을 담거나 잡병을 쫓고자 할 때 효험을 거두기 위해 사용한다. 금기줄(禁忌繩, 인줄(人繩, 좌삭(座索), 문삭(門索)이라고도 하는데, 이 지역에서는 '송침'이라고 한다.

3) '금지지'는 '금지되었지'가 되어야 한다.

4) 무슨 뜻인지 알 수 없다.

5) '옘:병'의 표준어형은 '염병'이다. '염병'은 장티푸스를 속되게 이르는 말이다. '옘병'은 '염병'이 '이'모음소 역행동화를 겪어 형성된 것이다.

6) '호녁'은 '홍역'의 방언형이다. '홍역'의 음형은 [홍녁] 또는 [호역]이 된다. [호역]은 지명에서 '영양(英陽)'이나 '평양(平壤)'이 각각 [여양]이나 [펴양, 페양,. 피양]으로 되는 것과 같다. 이 점에서 '호녁'은 '홍녁'과 '호역'이 혼성된 혼성어(blending)라 하겠다.

7) '마마'는 '천연두'를 일상적으로 이르는 말이다.

8) '먼첨'은 표준어 단어 '먼저'의 방언형이다. 둘째 음절의 첫 자음소가 'ㅈ〉ㅊ'로 변하고 음절말에 'ㅁ'가 첨가된 것이 주목되는데, 그 이유는 설명할 수 없다.

9) '거틍거'는 '걸-은-거'로 분석된다. '걸-'은 표준어 형용사 '같-'의 방언형이고 '-은'은 관형사형성어미이며 '거'는 불완전 명사 '것'의 어휘화한 이형태이다. 형용사 '걸-'은 앞 시기의 어형 '긑-〈ᄀᆞᆮᄒᆞ-〉'에서 'ᄋᆞ〉어'의 변화를 거쳐서 형성된 것이다. 이렇게 어두에서 'ᄋᆞ'가 '야'로 변한 것으로 '허-〈ᄒᆞ-(爲)가 있다.

10) '융모초'는 '익모초'의 속명이다. 이 지역에서는 '고산뿌리'라고도 한다.

11) '접쪼게'는 대명사 '접쪽'과 곡용어미 '-에'로 분석된다. '접쪽'은 '저쪽'에 대한 방언형이다. '저쪽'의 중세한국어 어형은 '뎌쪽'이다. 이 중에서 '뎌'는 ㄷ-구개음소화에 의해 '저'로 변하였고 '쪽'은 어두자음소군 'ㅂㅈ'의 경음소화에 의

해 '쪽'으로 변하였다. 이 지역어 '접쪽'에서 첫음절말의 'ㅂ'는 어두자음소군 'ㅄ'의 'ㅂ'가 화석화한 것이다. 따라서 '접쪽'은 '뎌'와 '쪽'의 합성어 '뎌쪽'이 일찍 형성되었음을 말해 준다.

제2부

제사 지내기

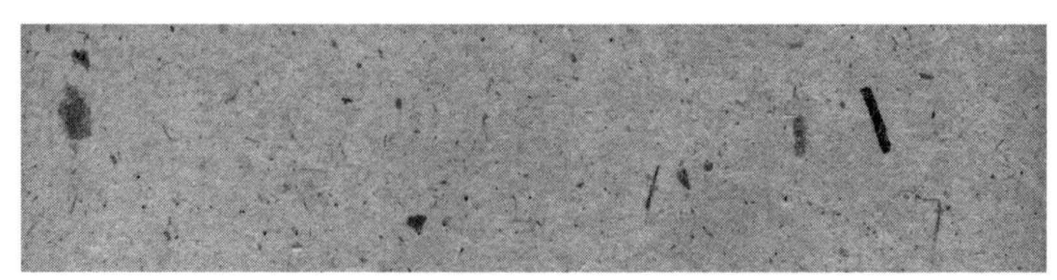

＝ 그리고 이제 집싸자들,[1) 종사자드리[2) 손 따까야 되고, 피차 그. 제:관드른[3) 그대로 그 지사에,[4) 제:관드른 다:: 기지사도[5) 그러치마는 절 두번하면 끈나는 거예요. 처어메 시작컬쩨 한번, 끈난 다아메 한번인데, 유리메[6) 시양도[7) 그래. 또까태요,[8) 다. 쪼끔 그 저, 지영마다 차이쩌미 일찌마는.

잔 올리고 또 절하고 뭐 올리고 뭐 하고, 이런 절차드리 일찌 안슴니까?

＝ 예, 그냥 홀기에[9) 의해서, 글쎄 구령에 의해서 따루는데.

한 사라미 구령을 불러줌니까?

＝ 예, 그러치요, 그거야. 거기 홀기 잉는 사라미 익꼬, (예) 알래자라고.[10) "지끔 차:님니다."[11) 알래, 소위 말해서. 이러지. 여기서 무얼 실행할라고 나오며는, 차:니래는 부니 인제 여기 와서, 이제 처어메 잔 두르는 사라미 초헌관,[12) 두:번째가 아헌관,[13) 세:번째가 조헌관인데,[14) 초헌관이 이제 처음부터 초헌관부터 자니 올라가야 하니까, (예) 그때 인제 홀기를. 초헌관 인제 그 자늘 올려야 한다고 구령을 불른다고 하며는 한문을 쭉 잉는데, 다 알지마는 찬 잉는 소개자가 내려와서 부복을[15) 하구 알래해가지고 올라가. 인제 지끔두 대개 그 학꾜를 배운 분드리기때무네 시:장이구 군수, 이:를 몰르지 안씀니까? 율리저그로 알래해가지고 잔 부어가지고, 올리라구 하믄 올리구, 다 도와주구 그래가지구 하능거지.

그, 가정에서 제사 모실 때는 그러케는 안하지요?

＝ 가정에서. (지베서 그냥 기제사.) 가정에서는 이제 홀기 안 익꼬 그. 수상자 일짜나? 지끄믄 다 가치 배레하지. 참배하고. 가정에서는 왼:쪼기

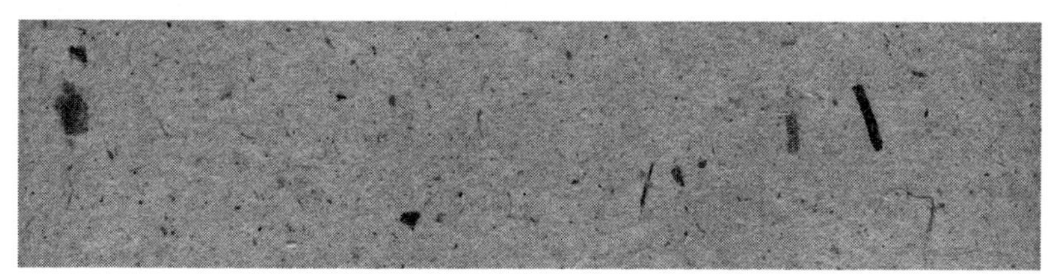

= 그리고 이제 '집사자'들, '종사자'들이 손 닦아야 되고, 피차 그. 제관들은 그대로 그 제사에, 제관들은 다 기제사도 그렇지마는 절 두 번하면 끝나는 거예요. 처음에 시작할 때에 한 번, 끝난 다음에 한 번인데, 유림의 시향도 그래. 똑 같아요, 다. 조금 그 저, 지역마다 차이점이 있지마는.

잔 올리고 또 절하고 뭐 올리고 뭐 하고, 이런 절차들이 있지 않습니까?

= 예, 그냥 '홀기'에 의해서, 글쎄 '구령'에 의해서 (술을) 따르는데.

한 사람이 구령을 불러줍니까?

= 예, 그렇지요, 그거야. 거기 홀기 읽는 사람이 있고, (예) 안내자라고. "지금 찬입니다." 안내, 소위 말해서. 이러지. 여기서 무엇을 실행하려고 나오면, '찬'이라는 분이 인제 여기 와서, 이제 처음에 잔 두르는 사람이 초헌관, 두 번째가 아헌관, 세 번째가 종헌관(終獻官)인데, 초헌관이 이제 처음부터 초헌관부터 잔이 올라가야 하니까, (예) 그때 인제 홀기를. 초헌관 인제 그 잔을 올려야 한다고 구령을 부른다고 하면 한문을 쭉 읽는데, 다 알지마는 찬 읽는 소개자가 내려와서 부복을 하고 안내해 가지고 올라가. 인제 지금도 대개 그 학교에서 배운 분들이기 때문에 시장이고 군수, 일을 모르지 않습니까? 윤리적으로 안내해 가지고 잔 부어 가지고, 올리라고 하면 올리고, 다 도와주고 그래서 하는 거지.

그, 가정에서 제사 모실 때에는 그렇게는 안 하지요?

= 가정에서. (집에서 그냥 기제사.) 가정에서는 이제 홀기 안 읽고 그. 수상자(手上者)가 있잖아? 지금은 다 같이 배례하지. 참배하고. 가정에서는

집싸야. 집싸자. 그 저, 종사자가 "우집싸! 좌집싸!" 하믄 오른쪼게 인는 집싸하고 좌집싸하고 인제, 좌집싸가 잔 물려서 제:관한테 가서 자늘 올리믄 우집싸가 수를 따루지. 따로 자:늘 올리므는 월래는 저기에 갇따 놔야 되지마는, 대개 제:관드리 노인네가 엔나레 갇 씨우고 도포 이거 자라기 익꼬 그러니까 안 돼. 그러니까 여기 집싸가 바다다가 제자리에 노아. 원치근 보니니 갇따 노아야 돼. 그런데 채리구 핸는데, 여기 가라게서 떠러지구 하니까 집싸자드리 대행하구 항거지요. 그래두 인제 그 실가미 안 나실꺼야. 근데 아까두 그랟찌만 유교는 조상님 바뜨능게 그눠니까. 진짜 시니믄 귀신두 아니구 우리가 마음쩌그로 추상하능거지. 그리구 여기 오셔께찌. 마으므루다가. 모등게 다 그러차나? 마음 자세가 중요항게 아닙니까? 음식뚜 정결해게 해야 하구. 솔찌키 말씀드려서 마니 안 채림니다. (웃음) 제:관드리 자축한다고 쪼끔 채려 다 잡수고. 제:관드리 멍능거지 머.

그러치요. 예, 산 사람 제사지요.

＝ 그 날, 그나를 추모하기 위해서 행사하능거야.

요즘은 제사 모시는 시는 어떠케 함니까? 어떤 지븐 보니까 저녁 때 하기도 하고, 펼리하게.

＝ 아, 우리는 또 개방돼써요. 왜? 충무니. 오늘 도라가셛따면 그 전날 제사 지냄니다. 전날 충문도 오늘 나레 일찌늘 써. (예) 그러치요?

예.

＝ 근데 이 서울 거튼데서 마나게 한다믄 여러 사라미 모연는데 제:사지 내고 지베 가야자나? (예, 그러슴니다.) 그 다음날 아주 저녁 때 지내. 저녁 때. 일찌는 마즈니까는 그 전날 지내두 이날 일찌니니까. 그리구 저녁뜰[16] 자:시구 귀가하기 위해서 우리는 때에 따라 그런 방시그루두 해야. 꼬옥 뭐 전날. 월래는 열뚜시에 지내. 아닌 밤쭝에. 그러니까 일쩍 그 이튼날 오후에 지내믄 양반들, 제:관들 다 귀가할쑤두 익꾸. 바메 열뚜시에 끈난다면

왼쪽이 집사야. 집사자. 그 저, 종사자가 "우집사! 좌집사!"하면 오른쪽에 있는 집사하고 좌집사하고 인제, 좌집사가 잔 물려서 제관에게 가서 잔을 올리면 우집사가 술을 따르지. 따로 잔을 올리면 원래는 저기에 갖다 놓아야 되지마는, 대개 제관들이 노인네가 옛날에 갓 쓰고 도포 이거 자락이 있고 그러니까 안 돼. 그러니까 여기 집사가 받아다가 제자리에 놓아. 원칙은 본인이 (술잔을 제 자리에) 갖다 놓아야 돼. 그런데 (제물을) 차리고 했는데, 여기 (소매)자락에서 떨어지고 하니까 집사자들이 대행하고 한 거지요. 그래도 인제 그 실감이 안 나실 거야. 그런데 아까도 그랬지만 유교는 조상님 받드는 게 근원이니까. 진짜 신이면 귀신도 아니고 우리가 마음으로 추상(追想)하는 거지. 그리고 여기 오셨겠지. 마음으로다가. 모든 것이 다 그렇잖아? 마음 자세가 중요한 게 아닙니까? 음식도 정결하게 해야 하고. 솔직히 말씀드려서 (제물을) 많이 안 차립니다. (웃음) 제관들이 자축한다고 조금 차려서 다 잡수고. 제관들이 먹는 거지 머.

그렇지요. 예, 산 사람 제사지요.

˝ 그날, 그날을 추모하기 위해서 행사하는 것이야.

요즘은 제사 모시는 시(時)는 어떻게 합니까? 어떤 집은 보니까 저녁 때 하기도 하고, 편리하게.

˝ 아, 우리는 또 개방됐어요. 왜? 축문이. 오늘 돌아가셨다면 그 전날 제사 지냅니다. 전날 축문도 오늘 날에 일진을 써. (예) 그렇시요?

예.

˝ 그런데 이 서울 같은 데서 만약에 한다면(=제사를 지낸다면), 여러 사람이 모였는데 제사 지내고 집에 가야잖아? (예, 그렇습니다.) 그 다음날 아주 저녁 때 지내. 저녁 때. 일진은 맞으니까. 그 전날 지내도 이날 일진이니까. 그리고 저녁들 자시고 귀가하기 위해서 우리는 때에 따라 그런 방식으로도 해야. 꼭 뭐 전날. 원래는 열두 시에 (제사를) 지내. 아닌 밤중에. 그러니까 일찍 그 이튿날 오후에 지내면 양반들, 제관들 다 귀가할 수도 있고. 밤에 열두 시에

갈쑤두 업꾸. 잘떼두 업꾸. 얼른 쉽께 할수두 업꾸. 그러니까.

그래 옌나레는 한잠 자다가 제:사 지낼짜나요?

＂ 진짜 한잠 자다가 깨:서 세:수를 하는데, 지끄믄 자질[17] 아나두 손들 딱꾸 세:수를 하구 그러지요. 그래서 요 일전 내가 그런시그루 해써. 며느리, 아들한테 한번 시버믈 보이기 위해서. 날짜가 오늘이지. 오느린데 "내일 지낸다. 낼:들 와라." (예, 예.) 각꺼하다 보므는 며느리구 아들들 소님 거태. 뭐 아라? 내자가[18] 이심년 전서부터[19] 병드러서 당이 합뺑쭝이라도 다 줌비구 지시구 다 해야 돼. 소님 거태. 첨: 온 사라미 뭐 어딘는지[20] 어떠케 아라? 그래서. 그래두 자소니 뭔:지. 시어머니는 "너이들 늑께 와라."[21] 정신녁 가지구 이어니 이치가 되는 모낭이야.[22] 그래가지구 나는 아예 음식 쫌 간딴하게 해. 아까두 핻찌마는 간딴히 핸대두,[23] 다 이, 대:접할망큼 해야지. 여기 제:물보담두.[24] 그래가지구 인제 싱경을 쓰구 그러는데. 그래가지구 요 일쩌네는 그러케 한번 지내봐써요. 저녁 여섣씨경에. 또 제:사 지내구 저녁겸 멍능거야. 과:거 지제 저녕 먹찌요? 또 밤 지제에 밤쭝에 또 밤머거야 돼. 이거 이중 삼중 불펴늘 주고. 여기두 부다믈 주구. 여섣씨경 되믄 제사 지내구 저녀글 머그며는 저녁겸 (다 조아하지요.) 해결하지요. 그래가지구 이우세 그, 술 한잔 대접한다구 그랟떠니 애드리 말려. "대저파지 마세요. 대저패두 용머거요." "왜? 무슨 요기냐?" "아, 무슨 노무 제살[25] 초저녀게 지낻따구 그래요." "그, 네 마리 일리가 읻따." 우리는 […]겓찌만, 몰르는 사라믄. (웃음)

￣ 왜냐하믄, 이 주그믄 저, 그, 귀시는 단체가 온다 그러는 거지. (그러치요. 꼭 자정을 기다리다 딱 울기 저네 끈내:야 되는데.) 그래, 그래서 그런 마리 나오는데.

＂ 옌:나레는 그러구 꼭 찬기리 익꾸. 첟짠 디리구 충무니 끈나문 고글하게 돼:이씁니다. (예, 예.) 애고대고[26] 하고. (예) 내가 곡카지 말라[27] 그랟떠니 인제 아주 간소시켜 버렫찌. 마음쩌그로[28] 충분해. 그래 고글 아남니다,

끝난다면 갈 수도 없고. 잘 데도 없고. 얼른 쉽게 할 수도 없고. 그러니까.
 그래 옛날에는 한잠 자다가 제사 지냈잖아요?

˝ 진짜 한잠 자다가 깨어서 세수를 하는데, 지금은 자지를 않아도 손들
닦고 세수를 하고 그러지요. 그래서 요 일전에 내가 그런 식으로 했어. 며느리,
아들한테 한 번 시범을 보이기 위해서. 날짜가 오늘이지. 오늘인데 "내일
(제사를) 지낸다. 내일들 오너라." (예, 예.) (자식들이) 각거(各居)하다 보면
며느리고 아들들 손님 같아. (그 애들이) 뭐 알아? 내자(內子)가 이십년 전에서
부터 병이 들어서 당(糖)이 합병증이라도 다 준비고 지시고 다 해야 돼. 손님
같아. 처음 온 사람이 뭐 어디에 있는지 어떻게 알아. 그래서. 그래도 자손이
뭔지. 시어머니는 "너희들 늦게 오너라." 정신력 가지고 이언(以言)이 이치(理
致)가 되는 모양이야. 그래서 나는 아예 음식 좀 간단하게 해. 아까도 (말)했지
마는 간단히 한다고 해도, 다 이, 대접할 만큼 해야지. 여기 제물(祭物)보다도.
그래서 인제 신경을 쓰고 그러는데. 그래서 요 일전에는 그렇게 한번 (제사를)
지내 봤어요. 저녁 여섯 시경에. 또 제사 지내고 저녁겸 먹는 거야. 과거
지제 저녁 먹지요? 또 밤 지제에 밤중에 또 밥 먹어야 돼. 이거 이중 삼중
불편을 주고. 여기도 부담을 주고. 여섯 시경 되믄 제사 지내고 저녁을 먹으면
저녁겸 (다 좋아하지요.) 해결하지요. 그래 가지고 이웃에 그, 술 한 잔 대접한
다고 그랬더니 애들이 말려. "대접하지 마세요. 대접해도 욕먹어요." "왜?
무슨 욕이냐?" "아, 무슨 놈의 제사를 초저녁에 지냈다고 그래요." "그, 네
말이 일리가 있다." 우리는 […]겠지만, 모르는 사람은. (웃음)

˜ 왜냐하면, 이 죽음은 저, 그, 귀신은 단체가 온다 그러는 거지. (그렇
지요. 꼭 자정을 기다리다 닭 울기 전에 끝을 내어야 되는데.) 그래, 그래서
그런 말이 나오는데.

˜ 옛날에는 그러고 꼭 찬(饌)길이 있고. 첫 잔 드리고 축문이 끝나면 곡을
하게 돼 있습니다. (예, 예.) 애고대고 하고. (예) 내가 곡하지 마라고 그랬더
니 인제 아주 간소화시켜 버렸지. 마음적으로 충분해. 그래 곡을 안 합니다,

우리네는. 그치만 상 당할 때 곡쏘리가 뭐 조웅검니까? 예를 드러서, (그
러치요.) 그 왜놈드른 절때 타인 아페서는 울:지를 안는대. 눔물 안 흘리
고 소:그로 운:다 이거야. 왜놈드른 그러치. 근데 우리네는 그 구:시게 의
해서 밤쭝에 지널쩌게 애고대고, 곡성이 바께 나가능거 조:치 아느니까
그만 두지.

우리네는. 그렇지만 상 당할 때 곡소리가 뭐 좋은 겁니까? 예를 들어서, (그렇지요.) 그 왜놈들은 절대 타인 앞에서는 울지를 않는대. 눈물 안 흘리고 속으로 운다 이거야. 왜놈들은 그렇지. 그런데 우리네는 그 구식(舊式)에 의해서 밤중에 (제사를) 지낼 적에 애고대고, 곡성이 밖에 나가는 거 좋지 않으니까 그만 두지.

■ 주석

1) '집사자'(執事者): 여기서는 '시제'(時祭)에서 제사 일을 맡아서 실제로 처리
   하는 사람.
2) '종사자'(從事者): 여기서는 '시제'(時祭)에서 제사 일에 종사하는 사람.
3) '제관'(祭官): 제사 때에 참례하는 사람.
4) '지사'는 '제사'(祭祀)의 첫음절 모음소 '에'가 '이'로 변하여 형성된 것.
5) '기지사'는 해마다 사람의 죽은 날에 지내는 제사인 '기제사'(忌祭祀)의 지역
   어형.
6) '유리메'는 명사 '유림'(儒林)과 곡용어미 '-에'로 분석된다. 곡용어미 '-에'는
   속격 '-의'의 음성형임.
7) '시양'은 '시향'(時享)의 음성형. '시향'은 음력 10월에 5대 이상의 조상 무덤
   에 지내는 제사.
8) '가태요'는 '가태-'에 어미 '-어요'가 결합된 것이다. '가태-'의 표준어형은 '같-'
   (如)이다. 이 형용사 어간은 '곧ㅎ-'에서 변한 것이다. '곧ㅎ-'는 자음소나 /으/
   로 시작하는 어미와 결합하는 과정에서 '같-'으로 재구조화되고 '어'로 시작하
   는 어미와 통합하는 과정에서 '가태-'로 재구조화된 것이다. 그러던 것이 방
   언이나 지역어에 따라 그들 어휘화한 이형태가 '같-'으로 단일화하기도 하고
   그대로 현재까지 계속되기도 하는데, 이 지역어는 후자에 속한다.
9) '홀기'(笏記): 혼례나 제례 때에 의식의 순서를 적은 글.
10) '알래자'는 '안내자'(案內者)에서 'ㄴㄴ'이 이화작용에 의해 'ㄴㄹ'로 되고 다
   시 자음소동화에 의해 'ㄹㄹ'로 되어 형성된 것이다. 이러한 과정에 의한 것
   으로 '안녕'(安寧)에 대한 '알령'을 들 수 있다.
11) '찬'(贊): 관례(冠禮)의 절차를 주관하는 빈(賓)의 보좌를 맡아보던 사람.
12) '초헌관'(初獻官): 여기서는 시제(時祭)에서 첫 잔을 올리는 사람 즉 제관을
   말한다.
13) '아헌관'(亞獻官): 여기서는 시제에서 두 번째 술잔을 올리는 사람을 말한다.
14) '조헌관'은 '종헌관'(終獻官)의 음성형. '종헌관'은 '제사를 지낼 때 올리는 세
   번의 잔 가운데 마지막 잔을 올리는 사람'을 말한다.

15) '부복'(俯伏): 고개를 숙이고 엎드림.

16) '저녁뜰'은 명사 '저녁'과 복수표시어미 '-들'로 분석된다. 일반적으로 복수표
   시어미 '-들'은 명사, 부사, 연결 어미 '-아, -게, -지, -고' 등의 뒤에 붙어 그 문
   장의 주어가 복수임을 나타내는 어미. "지금은 자지를 않아도 손들 닦고."나
   "(제사를) 내일 지낸다. 내일들 와라."에서 그러한 예를 더 볼 수 있다.

17) '자질'은 동사어간 '자-'(寢)와 어미 '-지'와 특수어미 '-을'로 분석할 수 있다.
   일반적으로 '-을'은 대격표시의 기능을 가진 대격어미로 알려져 있지만, 이
   경우의 '-을'는 활용어미 '-지'와 결합하고 있으므로, 대격어미라고 할 수 없
   다. 그래서 이런 경우의 '-을'을 '특수조사'라고 하기도 하지만, 활용형과 결합
   하는 어미를 '조사'라고 부르는 것도 합당하지 않다. '-을'을 특수조사라고 하
   는 경우에도, 활용어미가 모음소로 끝나면 그 뒤에 '-를'이 결합하는 것으로
   규정하고 있지만, 그것은 문어(文語)를 대상으로 하는 것이고, 실제 구어(口
   語)에서는 '-을'이 결합할 때가 많다.

18) '내자'(內子): 남 앞에서 자기의 아내를 이르는 말.

19) '전서부터'는 명사 '전'(前)과 곡용어미 '-서부터'로 분석된다. 그리고 '-서부터'
   는, '전(前)부터'가 가능하기 때문에, 다시 '-서'와 '-부터'로 분석된다. 이 중
   '-서'는 독립적으로 사용되는 경우가 없고 언제나 곡용어미 '-에'와 결합하
   여 '-에서'의 형으로 사용된다. 그 점에서 '-서'는 '에'가 탈락된 것이다. '세 시
   에서 네 시까지'를 '세 시서 네 시까지'라고 하는 경우가 그에 해당한다. 그리
   고 '-부터'도, '서울부터 부산까지'나 '세 시부터 네 시까지'에서 보듯이, '출발
   점'이나 '출발시간'을 표시하는 곡용어미다. 이 점에서 '-에서부터'는 동일한
   기능을 가진 두 어미 '-에서'와 '-부터'가 중복 사용된 것이라 하겠다.

20) '어딘는지'는 명사 '어디'와 '-ㄴ는지'로 분석된다. 이 중에서 '-는지'는 '가는
   지, 오는지, 잠는지(←잡ㅣ는지)'에서 보듯이, 독립된 활용어미로 사용되므
   로, '-ㄴ는지'는 다시 '-ㄴ-'와 '-는지'로 분석된다. 이 경우에 '-ㄴ-'는 동사의 어
   간이 되어야 하는데 '어디'와 결합하여 어간말의 형태음소가 'ㄴ'로 실현될
   수 있는 어간은 '있-'에 한정된다. 즉 '어딘는지'는 /어디ㅣ 있ㅣ 는지/ → /어
   디ㅣ 잇ㅣ 는지/ → /어디ㅣ 인ㅣ 는지/ → /어딘는지/와 같은 음운과정을
   거쳐서 실현된 것이다.

21) '와라'는 동사 어간 '오-'(來)와 어미 '-아라'로 분석된다. '-아라'는 명령형어미
   인데 이 어미는 표준한국어 문법에서는 동사 '오-'와 '가-'(去)를 제외한 동작
   동사와 결합하는 것으로 되어 있다. 그리고 '오-'는 명령형어미 '-너라'와, '가-'

는 명령형어미 '-거라'와 통합하는 것으로 되어 있다. 이 점에서 '와라'는 예외적이라 할 수 있다. 그러나 한편으로 '와라'는 자연어에서 명령형어미의 어휘화한 이형태가 단일화되고 있음을 알려주는 것이다.

22) '모냥'은 '모양'의 이 지역어형이다. '모양'은 "강씨봉 유래 모냥으루"에서 보듯이, 이 지역어에서 '모냥'으로 사용된다.

23) '핸대두'는 '/해⫽은다⫽ₛ고⫽ 해⫽어두/'에서 여러 차례의 음운과정을 거친 뒤에 실현된 것이다. 그 과정은 다음과 같은 것으로 추정된다. 먼저 어간말의 '애' 뒤에서 어미초의 '으'가 탈락하고 어간말의 '애' 뒤에서 어미초의 '어'가 완전순행동화하여 '애'로 되어 '/해⫽ㄴ다⫽ₛ고⫽ 해⫽애두/'가 된다. 그 다음에 인용표시 어미 '-고'가 탈락하여 '/해ㄴ다⫽ₛ 해:두/'로 되고 다시 문 종결어미 '-ㄴ다'의 '다'와 '해:두'의 '해'가 각각 '아'와 'ㅎ'의 탈락과정을 거친 뒤에 '핸대:두'가 되고 다시 장모음소 '애:'가 단모음소화하여 '핸대두'가 된다. 그런데 이러한 과정 중에서 '-ㄴ다 해:두'가 '-ㄴ 대:두'로 되는 과정은 음운론적으로 합당하게 설명할 수 없다. 그러한 과정은 음운론적 이외의 다른 기제에 의한 것으로 보아야 한다. 다시 말하면, '-은대(:)두'는 공시적으로 더 이상 분석할 수 없는 하나의 형태로 보아야 한다. 이 형태는 '망는대(:)두(←/막⫽는대(:)두/)'에서 분석되는 '-는대(:)두'와 함께 어휘화한 이형태를 이루며 이들 이형태를 구성하는 복합형태소는 /-{ㄴ-ø}은대(:)두/로 표시된다.

24) '제:물보담두'는 명사 '제:물'과 어미 '-보담두'로 분석된다. 그리고 '-보담두'는 다시 '-보담'과 '-두'로 분석될 수 있는데, 그것은 '너보담 내가 크다'나 '너두 가니?'에서 보듯이, 두 개의 어미는 공시적으로 독립하여 사용될 수 있기 때문이다. 이들 두 어미는 각각 표준어형 '-보다'와 '-도'의 지역어형이다. 표준어형 '-부터'에 대한 '-버텀'에서와 같이, '-보담'은 '-보다'에 'ㅁ'가 첨가된 것이다.

25) 문어를 중심으로 하는 문법 기술에서는 명사가 자음소나 유음소로 끝나면 대격어미 '-을'이 결합하고 모음소로 끝나면 '-를'이 결합하는 것으로 된다. 그러나 구어에서는 명사가 모음소로 끝나는 경우에 결합하는 대격어미는 '-를'이 아니라 '-을'이 결합하는 경우가 많다.

26) '애고대고': 소리를 마구 지르며 우는 모양.

27) '말라'는 동사 어간 '말-'과 어미 '-라'로 분석된다. 어미 '-라'는 '내가 마그라 그랟떠니'에서 보듯이, 간접 명령어미 형태소 /-으라/가 어간말의 /ㄹ/ 뒤에서 어미초의 /으/가 탈락함으로써 실현된 것이다. 그런데 어문규범으로는 '말라'를 '마라'로 발음하도록 규정하고 있다.

28) ‘마음쩌그로’는 ‘마음’과 ‘-적’(的)과 ‘-으로’로 분석된다. 이 중에서 ‘-적’은 일부 명사 뒤에 붙어 ‘그 성격을 띠는, 그에 관계된, 그 상태로 된’의 뜻을 나타내는 접미사이다. 이 접미사는 ‘마음’과는 통합할 수 없다. 그냥 ‘마음으로’라고 하는 것이 더 합당하다.

관광 이야기

또 어르신 뭐 생강 나시는 이얘기가? 뭐:든지 하면 조켄는데요.

￣ 뭐 그냥 아무 얘기요?

그, 관게 업습니다. 예.

￣ 그, 저, 이 금방 모이,[1] 이, 강씨봉이래는[2] 얘기. (그거는 해씀니다.) 핻찌요? 예.

그냥 어디 놀로 가신 거라든지. 기어기 생생한 걸로 해야 그냥 쭈욱 할쑤 안 익께씀니까?

￣ 으으, 지금, 지금 저거에는 이. 물론 이 지여게서 가튼 부라게서 살므는 그 저거를 모터는데. 남자 여자가, 그러니까 서로 뭐 숭이[3] 나니까 으, 방가이 한대등가 가까이 하는 거가 저거하는데. 이, 광광을 댕기다 보니까는 이, 여자드리 그 참, 놀기가 조아요. (예.) 왜냐하믄 뭐, 부등켜 앙꾸 뛰구 놀:, 노라두 그 인제, 숭이 고날만 지나믄 고마니니까 (그러씀니다.) 각짜가 모이는데, 그렁 그 유리쩌미 익꼬. 그리구 또, 남자보담도 여자드리, 아주먼네드리 나올쩌게는 스트레스 풀기 위해서 나와요. 내가 볼쩌게는 그러치요. 으, 바켜 읻따가 스트레스 푸능건 나와서 맘대로. 고날 지나믄 그마니거든. 또 뭐 그런 유리한 저미 익꼬. '아, 그러쿠나.' 하능거슬 느낄 정도로다 행동하는데. 음, 그, 에, 내가 인제 한 아주머니를 만난는데, 그 저, '정에 좀 아수우믈 느끼구 이꾸나.' 하능거를 알아써요. 그 아줌마가 육씹두:리야. 육씹두:린데.

또 어르신 무엇 생각 나시는 이야기가? 무엇이든지 하면 좋겠는데요.

￣ 뭐 그냥 아무 얘기요?

그, 관계 없습니다. 예.

￣ 그, 저, 이 근방 뫼, 이, 강씨봉이라는 얘기. (그거는 했습니다.) 했지요? 예.

그냥 어디 놀러 가신 거라든지. 기억이 생생한 것으로 해야 그냥 쭉 할 수 있지 않겠습니까?

￣ <u>으으</u>, 지금, 지금 저거에는 이, 물론 이 지역에서 같은 부락에서 살면 그 저거를 못하는데. 남자 여자가, 그러니까 서로 뭐 흥이 나니까 으, 반 가이 한다든가 가까이 하는 것이 저거하는데(=어려운데). 이, 관광을 다니다가 보니까 이, 여자들이 그 참, 놀기가 좋아요. (예.) 왜냐 하면 뭐, 부둥켜 안고 뛰고 놀, 놀아도 그 인제, 흥이 그날만 지나면 그만이니까 (그렇습니다.) 각자가 모이는데, 그런(=그날 슬겁게 시내는) 그 유리힌 점이 있고. 그리고 또, 남자보다도 여자들이, 아주머니들이 나올 적에는 스트레스 풀기 위해서 나와요. 내가 볼 적에는 그렇지요. 으, (집 안에) 박혀 있다가 스트레스 푸는 건 나와서 마음대로. 고날 지나면 그만이거든. 또 뭐 그런 유리한 점이 있고. '아, 그렇구나.' 하는 것을 느낄 정도로다 행동을 하는데. 음, 그, 에, 내가 인제 한 아주머니를 만난는데, 그 저, '정(情)에, 좀 아쉬움을 느끼고 있구나.' 하는 거를 알았어요. 그 아주머니가 육십둘이야. 육십둘인데.

예.

⌐ 육씹두:린데, 가치 으, 가치 이러케 안저서, 인제 광광을 며칠, 멷뼈늘 가치 하다 보니까 자기 사라온 얘기를 쭈욱, 내가 묻찌 안는데 얘기하더라구. "남펴니 사라 이쓸쩌게 하도 그냥 게집찔만 허고 그래서. 그, 새끼드를 데리구 내가 아주 고생스럽께 사랃따." 에, 그런데 지끄메 와서는 아들 두레 딸 하나가 인는데, 두:째 아드리 으막, 으막 빵향에는 투철한 그, 재능이 이써가꼬 중앙 무대까지 나간대요. 그래 "걔:가 도:늘 버러서 지금 생화른 아주 뭐 힘들지 앙쿠, 사라가는덴 하등에 구애를 받찌 안는다." 이런 얘기를 하믄서 자기 가정 얘기를 떠억 하더라구.

예.

⌐ 에, 그래썬는데 그, 여자들꽈 마:니 가치 안작꾸, 가치 지내보니까는 그게 나타나. 왜냐하믄, 그 정에 그:럭꾸 굼주리던 사라믄 에, 그 아까두 애:기핻찌만두, 먼처 이러케 내 소늘 잡떠라구. "아유, 이게 뭐야, 응? 나미 보믄 어떠케 생각하는지 모르는데." 그러믄. "아니, 우리 조와서 하능건데 나믄 왜 으식카느냐?"

예.

⌐ 아이, 쓰, '야아, 지끔 여자드리 이러쿠나.' 으으, 생가글 해봉거씨 인제 거기서 나온 생각이예요. 그리구 여자드리, 이렇게 만나 보니까는, 각까기야.

예.

⌐ 가지각쌔게 여자가 읻떠라는거슬 내가 인제, 광광해:믄서 겨꺼온 애:기를 하능거야. 에, 그리구, 자기가 인제 그 에로우믈 겨끈 사라믄, 에, 잠시나마 그 위로를 박꼬시퍼하는 거시 여자에 심정이고. 그, 광광 댕기믄서 느낀 거슬 말씀드리능거야. 땅거 업써. 에, 그리구 지끄믄뇨, 여:자드리 도늘 써요. 그런데 남자가 돈 쓰는 경우도 읻찌만도, 자기가 마으메 들거나 조와할꺼 거트믄 여:자가 사요. 그런 저거가 읻떠라구. 에, 여자드리

예.

￣ (나이가) 육십둘인데, 같이 으, 같이 이렇게 앉아서, 인제 관광을 며칠, 몇 번을 같이 하다가 보니까 자기 살아온 얘기를 쭉, 내가 묻지 않는데 얘기하더라고. "남편이 살아 있을 적에 하도 그냥 계집질만 하고 그래서. 그, 새끼(=자식)들을 데리고 내가 아주 고생스럽게 살았다." 에, 그런데 지금 와서는 아들 둘에 딸 하나가 있는데, 둘째 아들이 음악, 음악 방향에 투철한 그, 재능이 있어서 중앙 무대까지 나간대요. 그래 "걔가 돈을 벌어서 지금 생활은 아주 뭐 힘들지 않고, 살아가는 데에는 하등의 구애를 받지 않는다." 이런 얘기를 하면서 자기 가정 얘기를 떡 하더라고.

예.

￣ 에, 그랬었는데, 그, 여자들과 많이 같이 앉았고, 같이 지내 보니까 그게 나타나. 왜냐하면, 그 정에 그립고 굶주리던 사람은, 에, 그 아까도 얘기했지만, 먼저 이렇게 내 손을 잡더라고. "아유, 이게 뭐야, 응? 남이 보면 어떻게 생각하는지 모르는데." 그러면. "아니, 우리 좋아서 하는 것인데 남은 왜 의식하느냐?"

예.

￣ 아이, 쓰, '야아, 지금 여자들이 이렇구나.' 으으, 생각을 해본 것이 인제 거기서 나온 생각이에요. 그리고 여자들이, 이렇게 만나 보니까, 각각이야.

예.

￣ 가지각색의 여자가 있더라는 것을 내가 인제, 관광하면서 겪어온 얘기를 하는 거야. 에, 그리고, 자기가 인제 그 외로움을 겪은 사람은, 에, 잠시나마 그 위로를 받고 싶어하는 것이 여자의 심정이고. 그, 관광 다니면서 느낀 것을 말씀드리는 거야. 딴 거 없어. 에, 그리고 지금은요, 여자들이 돈을 써요. 그런데 남자가 돈 쓰는 경우도 있지만, 자기가 마음에 들거나 좋아할 것 같으면 여자가 사요. 그런 저거가 있더라고. 에, 여자들이

경제꿔늘 가지구 이쓰니까. 개서 '야, 시고리 이러케 달라지능구나.' 하능 거슬 느낀 저믈 얘기하능거야, 내가.

이게 옌날보다 더 다릉거는 마리조, 테레비저니 이렁게 게:속 방영되니까, 도시에서 이러나능거슬 지방에서도 금방 볼쑤 이꺼덩요.

⁻에, 그럼뇨. 그럼. 에 지금, 시골 사라미라구 해서가 아니구. 아, 음음, "상복씨, 세상 마:니 벼낼짜나?" 그르므는 그 양바니 나한테 뭐라고 하능가 하믄, "세:상은 말세야. 다 돼써." "왜요?" "이거 봐. 아니, 시:장에 나가 봐. 아니 샌:파란 절믄 여, 처녀아이드리구 절믄걷뜨리, 아, 처마를 (※손으로 허벅지 쪽을 가리키면서) 요러케 해서 익꾸서 마리야, 사추리가 다 비두록, 카, 이러구 댕긴다 마리야." 그러니 세상은 다 되지 아난느냐? 그래서 내가 일따, "그거는 한가지만 생각핻찌 두:가지를 생각 안해봐씀니다." 그러니까. "무신 생가글 해?" 으, 그 나이가 구시비 돼:쓰니까. "이거 봐요. 시대에 변:하능거는 마글쑤가 업쏘." 변:하능거를 누가 마가? "시:장에 가서 그렁거슬. 그거보담도 테레비를 직쩝 볼쩨게 뭐:가 뵙니까? 진⁴⁾ 치마 이븐 놈 봐:써요? 전부 다 요러케 익꾸 댕기지." 음, 그리구 하능게 그러니까 그, 따라 하능거시 시대의 변:처니다 그거지. 으. 그러니까 그러케 요카지 마시오. 그거 요카믄 되레 용머거요. "저 영감 저거, 으, 저거"허구. 그, 그러니까 그러지 마시오." 그랟떠니 그 다암부터믄 일체 이애기를 아내. (웃음) 그런 애:기를 나한테다. 그런 다아메 인제 쭈욱 얘기를 핻떠니, (웃음) "이:장 마를 드르니깐 참 만는 얘기야." 그래가꾸 이해가⁵⁾ 하더라고. 에, 그와 가치 지금 변:하는 세워레는 에, 여캥할쑤가 업써요. 따라야지. 음, 예. 그 여캥한대는거슨 과:거에, 그 옏쩍 보권해서 나오는 애:기에서 이제 여캥하라 하는데, 지금 시대가 변하는데 시대를 따르는 거시. "현재보다 변:하는 시대를 마글수는 업따." 내가 인제 그랟떠니, "아하, 애:기 드러보니까 참 그러네." 그래서 순응하더라구. 그래 그 영가미 지남, 내가 지나가믄, "아, 이리 와." 예, 이레, 그러케 좀 득꾸시퍼해요.

경제권을 가지고 있으니까. 그래서 '야, 시골이 이렇게 달라지는구나.' 하는 것을 느낀 점을 얘기하는 거야, 내가.

이게 옛날보다 더 다른 거는 말이지요, 텔레비전이니 이렇게 계속 방영되니까, 도시에서 일어나는 것을 지방에서도 금방 볼 수 있거든요.

ᄀ에, 그럼요. 그럼. 에 지금, 시골 사람이라고 해서가 아니고. 아, 음음, "상복 씨, 세상 많이 변했잖아?" 그러면 그 양반이 나한테 뭐라고 하는가 하면. "세상은 말세야. 다 됐어." "왜요?" "이거 봐. 아니, 시장에 나가봐. 아니 새파란 젊은 여, 처녀아이들이고 젊은것들이, 아, 치마를 (※손으로 허벅지 쪽을 가리키면서) 요렇게 해서 입고서 말이야, 살이 다 보이도록, 카, 이러구 다닌다 말이야." 그러니, 세상은 다 되지 않았느냐? 그래서 내가 있다가, "그것은 한 가지만 생각했지 두 가지를 생각해보지 않았습니다." 그러니까 "무슨 생각을 해?" 으, 그 나이가 구십이 됐으니까. "이거 봐요. 시대가 변하는 것은 막을 수가 없소." 변하는 거를 누가 막아? "시장에 가서 그런 것을. 그거보다도 텔레비를 직접 볼 적에 뭐가 보입니까? 긴 치마 입은 놈 봤어요? 전부 다 요렇게 입고 다니지." 음, 그리고 하는 게 그러니까 그, 따라 하는 것이 시대의 변천이다 그거지. 으. "그러니까 그렇게 욕하지 마시오. 그것 욕하면 되레 욕먹어요. "저 영감 저거, 으, 저거"하고. 그, 그러니까 그러지 마시오." 그랬더니 그 다음부터는 일체 이야기를 안 해. (웃음) 그런 얘기를 나한테다. 그런 다음에 이제 쭉 얘기를 했더니, (웃음), "이장 말을 들으니까 참 맞는 얘기야." 그래서 이해를 하더라고. 에, 그와 같이 지금 변하는 세월에는 에, 역행할 수가 없어요. 따라야지. 음, 예. 그 역행한다는 것은 과거에, 그 옛적 복원해서 나오는 얘기에서 이제 역행하라 하는데, 지금 시대가 변하는데 시대를 따르는 것이. "현재보다 변하는 시대를 막을 수는 없다." 내가 인제 그랬더니, "아하, 얘기 들어보니까 참 그러네." 그래서 순응하더라고. 그래, 그 영감이 지남, 내가 지나가면, "아, 이리 와." 예, 이렇게, 그렇게 좀 (얘기를) 듣고 싶어해요.

■ 주석

1) '모이'의 표준어형은 '뫼'이다. '모이'는 중세 한국어의 '뫼'가 이중모음소 '오
  이'였음을 알려주는 예이다.
2) '강씨봉이래는'는 '강씨봉'과 계사 '이-'와 어미 '-래는'으로 분석된다. 어미
  '-래는'은 '-라고 하는'의 의미를 가지지만 더 이상의 분석이 불가능하다.
3) '숭'은 표준어형 '흉'이 'ㅎ-구개음소화'하여 형성된 이 지역어형이다. 그러나
  이 지역어는 역사적으로 'ㅎ-구개음소화'를 겪지 않았으므로 '숭'은 다른 방
  언에서 차용된 것으로 보아야 한다.
4) '진'은 '긴'(長)의 지역어형이다. 그것은 어간 '길-'이 'ㄱ-구개음소화'를 겪은
  '질-'에 관형사형어미 '-은'이 결합하여 어간말의 /ㄹ/ 뒤에서 어미초의 '으'가
  탈락하고 그 다음에 자음소군 'ㄹㄴ'가 단순화하는 과정을 거쳐 어간말의 /ㄹ/
  가 탈락한 결과로 실현된 것이다. 이 지역어는 'ㄱ-구개음소화'나 'ㅎ-구개음
  소화'를 겪지 않았는데, 그러한 예들이 제보자의 말에서 발견되는 것은 인접
  한 강원방언의 간섭에 의한 것으로 보인다.
5) '이해가 하더라고'는 문법에 맞지 않다. 화자는 '이해가 되더라고'를 말하려
  고 했는데, 그 주체가 자기 자신이 아니고 상대방이라는 것을 알고 '이해가'
  다음에 '하더라고'라고 했다. 그러므로 '이해가'는 '이해를'이라고 고쳐야 한다.

사람, 사람들

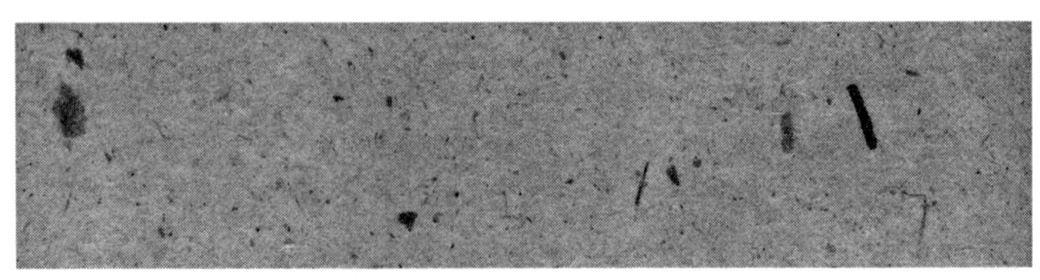

자, 또 어르시는 여서시까지 끈내야 되는데, 이, 저. 이, 어르시는 이 이얘기 혼자서 하시는 이얘기를 그저네 좀 해 두어슴니다. (ㄱ 마니 해쓰니까.) 어르신 중시므로, 요거 으식 하시지 마시고, 그냥 아까거치, 쭉:: 지나오신 거라든지, 이 느끼싱거 그렁거, 드르싱거, 뭐:시든지 조슴니다.

＝ 그래두, 조 사장이 더 나은데.

아, 저, 해 두어슴니다.

＝ 그 뭐, 아라야 말쓰를 디리지. 참고서 될만항게 엄는데. 유이칸 말쓰를 해디리야 되는데.

제일 뒤, 옌나레 경험하신 게 제일 나은데. 아까 그, 군대 광게, 유기오 때 광게 경험담 얘기드를. 휠::씬 더 마능게 이슬수 읻찌 앙케슴니까? 고렁걷뜨를 지금 이제 다시 회상하는 그런 뜨스로 좀 얘:기 해보시지요.

＝ 그 도움되는 말씀도 아닌데. 우리가 늑께 귀향을 해가지고, 지블 진 따보니까는 우리 지비 커요. 그저네 일짜지블, 게, 일짜지블 왜 태캔냐 하믄, 충청도 가서 봐써. 여긴 기역짜지비요 옌나레 이응으루다가 해 진 따보믄, 곡써네는 빨리 써거. 거기서 인제 차간을 한 거야. 충청도는 일짜지빔니다. 그래서 우리가 일짜지블 지어써요. 인제 방이 세개에다가 쭉:: 가운데 마루가 익꼬, 주방은 인제 옌:나레는 여페가 다릉거지.

그래가지구 쭉:: 읻따 보니까는, 그러니까 큰 건:무리 업서서. 또 그 시대에는 인제 군 지역 아님니까? 근데 항상 우리 지비, 지끄믄 관:사가 일

자, 또 어르신(=부제보자)은 여섯 시까지 (말씀을) 끝내어야 되는데, 이, 저. 이, 어르신(=주제보자)은 이 이야기 혼자서 하시는 이야기를 그전에 좀 해 두었습니다. (ㄱ 많이 했으니까.) 어르신(=부제보자) 중심으로, 요거(=마이크) 의식 하시지 마시고 그냥 아까같이, 쭉 지나오신 거라든지, 이 느끼신 거 그런 거, 드르신 거, 무엇이든지 좋습니다.

ㄴ 그래도, 조 사장이 더 나은데.

아, 저, 해 두었습니다.

ㄴ 그 뭐, 알아야 말씀을 드리지. 참고서 될 만한 것이 없는데. 유익한 말씀을 해드려야 되는데.

제일 뒤, 옛날에 경험하신 게 제일 나은데. 아까 그, 군대 관계, 6·25 때 관계 경험담 얘기들을. 훨씬 더 많은 게 있을 수 있지 않겠습니까? 고런 것들을 지금 이제 다시 회상하는 그런 뜻으로 좀 얘기 해보시지요.

ㄴ 그 도움되는 말씀도 아닌데. 우리가 늦게 귀향을 해가지고, 집을 짓디 보니까 우리 집이 커요. 그전에 일자(一字)집을, 그게, 일자집을 왜 택했느냐 하면, 충청도 가서 봤어. 여기는 기역자집이요 옛날에 이엉으로 해서 짓다가 보면 곡선(부분)에는 빨리 썩어. 거기서 인제 착안을 한 거야. 충청도는 일자집입니다. 그래서 우리가 일자집을 지었어요. 인제 방이 세 개에다가 쭉 가운데 마루가 있고, 주방은 인제 옛날에는 옆이 다른 거지.

그래서 쭉 있다 보니까, 그러니까 큰 건물이 없어서. 또 그 시대에는 인제 군(軍) 지역 아닙니까? 그런데 항상 우리 집이. 지금은 관사가 있지마는,

찌마는, 연대장이고누구고 관사드른 업꾸 어디가다 세:드러, 이 싸람드리.
저님지에 부연대장이 틀렫따구 봐쓸쩌게는 후임허면서 숙쏘꺼지 인게해,
이 사람드리 자동저그루. 에, 항::상 그 지휘관드리 우리 지베 와서 인제
사:능거예요. 그러믄 그때 세부담 그냥 제:공을 해야 원치긴데, 그냥 이
사람드리 한다레 쌀 항가마 쩡도는 내:. 그믄 큰도니야, 농초네서는. 개서
쭈욱 그런 과정을 거처썬는데

한버는 아까도 말씀 디렏찌마는 순무대 채김자가 우리 지비 오게 돼
이써요. 연대장이 읻따가 그 틍무대의 그 채김자가 완는데, 이 사람드른
연대장보다 게:그븐 얕찌마는 직책쩌그로 연대장드리 이 사라믈 무시 모
태요. 그런데 이 사람 욱끼는 얘기가, 부카네서 월람해 온 사라미거든.
이:북 출시니야. 으, 기밀썽 덕뿐네 여기 와 출쎄한다 이거야. 기밀썽이가
아니며는[1] 여기 나와서 틍무대 그거를 할수 업따 이거지. 그래가지구 나
와 가지구 하는데, 이북 싸람드리 생활려기 강해요.
강하지요.
> 그래가지구 대:개 서우레나 그거, 거:부드리 다:: 이북 출씬드리야. 적
쑤공권[2] 빈소느로 와가지구 역:껑을 디덕끼 때무네 그 성공헌 거야. 여기
원주민드른 웬만허믄 안 해요. 아유, 저건 뭐인데. 백:찌니까 아무거라두
해야돼. 그래 우리 일가분도 으:주에서 온 사람도 익꾸. 우리 안산 김씬
데, 대:개가 갑뿌에다, 거기두 이북써 온 사람드리 죄 갑뿌야. 와가지구
다 대:성공을 항거조오. 현재에도 보며는, 우리 여:네게도 보며는 부칸 출
씬드리 만:치 아나요? 정부에 그 저, 엔:나레 궁무 총:리허는 그 저, 강 누
굼니까? 이 사람 저기 다: 부칸 출씬드린데, 뭔가 그 사람드리 생활려기
강해요.
여기 경기도뿐드른 온순해요. 여기에 사라메 성격 나르미라고 그러
지마는 도:별로두 성껴글 무시 모텁니다. 경상도라 하며는 그, 남성저
기지, 아주. 절라도는 절라도대루. 건데 그 무시 모태, 지여글. 또 에, 건데

연대장이고 누구고 관사들에는 없고 어디에다가 세를 들어, 이 사람들이. 전임지에 부연대장이 틀렸다고 봤을 적에는, 후임하면서 숙소까지 인계해, 이 사람들이 자동적으로. 에, 항상 그 지휘관들이 우리 집에 와서 인제 사는 거예요. 그러면 그때 세보다는 그냥 (숙소를) 제공을 해야 원칙인데, 그냥 이 사람들이 한 달에 쌀 한 가마 정도는 내어. 그러면 큰돈이야, 농촌에서는. 그래서 쭉 그런 과정을 거쳤었는데.

한번은 아까도 말씀 드렸지만, 순무대(=군대의 기관 이름) 책임자가 우리 집에 오게 돼 있어요. 연대장이 있다가 그 특무대의 그 책임자가 왔는데, 이 사람들은 연대장보다 계급은 얕지마는 직책적으로 연대장들이 이 사람을 무시 못해요. 그런데 이 사람 웃기는 얘기가, 북한에서 월남해 온 사람이거든. 이북 출신이야. 으, 김일성 덕분에 여기 와 출세한다 이거야. 김일성이가 아니면 여기 나와서 특무대 그거를 할 수 없다 이거지. 그래 가지고 나와 가지고 (군인으로 복무) 하는데, 이북 사람들이 생활력이 강해요. 강하지요.

＂ 그래 가지고 대개 서울에나 그거, 거부(巨富)들이 다 이북 출신들이야. 적수공권 빈손으로 와가지고 역경을 디뎠기 때문에 그, 성공한 것이야. 여기 원주민들은 웬만하면 안 해요. 아유, 저건 무엇인데. 백지니까 아무거라도 해야 돼. 그래 우리 일가 분도 의주에서 온 사람도 있고. 우리가 안산 김 씬데, 대개가 갑부에다, 거기도 이북에서 온 사람들이 죄 갑부야. (남쪽으로) 와서 다 대성공을 한 거지요. 현재에도 보면, 우리 연예계도 보면 북한 출신들이 많지 않아요? 정부에 그 저, 옛날에 국무총리하는 그 저, 강 누굽니까? 이 사람 저기, 다 북한 출신들인데, 무언가 그 사람들이 생활력이 강해요.

＂ 여기 경기도 분들은 온순해요. 여기에 사람의 성격 나름이라고 그러지마는 도별로도 성격을 무시 못합니다. 경상도라 하면 그, 남성적이지, 아주. 전라도는 전라도대로. 그런데 그 무시 못해, 지역을. 또 에, 그런데

으음, 지끄믄 건데 남썬 사람, 절라도 싸람드리 출쎄하구 잊짜나. 지끄믄 또 (웃음) 아니, 근데 저:기, 고향이 어디시요?

경:상남도 사:천뇨.

＝ 아아, 그래서 인제 무관하단 말쓰미래꾼. 그래가지구 절라도뿐들 지금 아주 출쎄하자나. 요로에, 요로에 다: 안자 이써요. 먼첨에는 부대루 말할꺼거트믄, 연대장니미구 부대 연, 원사구 다: 경상도뿐드린데, 정꿔니 배끼다보니까 주임 원사까지 뭐구 죄 이러케 돼. 이리 돼가. 으으, 어제 회:가 이썬는데, 열:시 십뿐 차를 탈려구 여기 와 인는데, 여기 회장도 그때 막 나오더라고. 근데 그 하꼬가다³⁾ 승용차가 딱 서더니 "일똥 나가세요?" 그러더라구. 그래서 "네, 일똥감니다." 그랟떠니, "타세요." 이거야. 아니, 세워도 안 서는데, 우정⁴⁾ 세워가지고 고맙께 이러케 태와주느냐고 그랟떠니. 사보글 해써, (아아.) 인제. "일똥가는 기린데요 예가 심년대조?" 그러더라고. 그래서 심년대라니깐 "심년대 주임원사가 우리 형니미예요." 그러더라고. 그런데 경상도 말씨를 써. 아, 이래서 '경상도뿌니 다시 왁꾸나.' 내가 아랃찌. 그 표현하능거 보며는 알거든, 어디 출씬이래능걸.

그러씀니다. 쭉:: 다녀쓰니까.

＝ 그런데, 경상도뿌니 요버네 또 돼:써요. 그런데 뭔:가 아주 뭐, 교수니미 경상도래 그렁거보담두, 성격쩌그로 남성저기야, 저어 남선 뿐드리. 그리구 이기 소백산매게 혈매글 탄는지 경상도뿐드리 지금 출쎄, 과거 출쎄 해쑤다, 죄:다. 대통령드를 세부늘 배추를 핵:꼬. 소백사네 산매기 가서 정기가 뭉친 모낭이야. 그런데 그, 사네 지세를 무시모태요. 으 저, 지관 얘:기드른 글또 일리가 인는 얘:기드리 아닝가.

그래서 먼저메 서우레서 온 그 지리학 박싸 선생니미 그, 지반이나 항가지지요. 이 양바니 간따니 논해서, 허다모태 시:장이라도 그 지비 과거 시:장이 된 사라미, 지비, 그 선델 가보믄 뭔:가 산세에 나타난다 이거야.

으음, 지금은 그런데 남선(南鮮) 사람, 전라도 사람들이 출세하고 있잖아.
지금은 또. (웃음) 아니, 그런데 저기, 고향이 어디시오?

경상남도 사천요.

▪ 아아, 그래서 인제 무관(無關)하단 말씀이랬군. 그래서 전라도 분들 지
금 아주 출세하잖아. 요로(要路)에 다 앉아 있어요. 먼젓번에는 부대로 말
할 것 같으면, 연대장님이고 부대 연, 원사고 모두 경상도 분들인데, 정권
이 바뀌다 보니까 주임 원사까지 뭐고 죄 이렇게 돼. 이렇게 되어 가. 으
으, 어제 회가 있었는데, 열 시 십 분 차를 타려고 여기 와 있는데, 여기
회장도 그때 막 나오더라고. 그런데 그 상자형(箱子形) 승용차(=지프차)가
딱 서더니, "일동(=지명) 나가세요?" 그러더라고. 그래서, "네, 일동 갑니
다." 그랬더니, "타세요." 이거야. 아니, 세워도 안 서는데, 일부러 세워 가
지고 고맙게 이렇게 태워주느냐고 그랬더니. 사복을 했어, (아아.) 인제.
"일동 가는 길인데요 여기가 10연대죠?" 그러더라고. 그래서 10연대라고
하니까, "10연대 주임 원사가 우리 형님이에요." 그러더라고. 그런데 경상
도 말씨를 써. 아, 이래서 '경상도 분이 다시 왔구나.' 내가 알았지. 그 표
현하는 것 보면 알거든, 어디 출신이라는 걸.

그렇습니다. 쭉 다녔으니까.

▪ 그런데, 경상도 분이 요번에 또 (원사가) 됐어요. 그런데 무언가 아주
뭐, 교수님이 경상도라서 그런 거보다노, 성격석으로 남성적이야, 저어
남선 분들이. 그리고 이게 소백산맥의 혈맥을 탔는지, 경상도 분들이 지
금 출세, 과거 출세 했습니다, 죄다. 대통령들을 세 분을 배출을 했고. 소
백산에 산맥이 가서 정기(精氣)가 뭉친 모양이야. 그런데 그, 산의 지세를
무시 못해요. 으 저, 지관 얘기들은 그것도 일리가 있는 얘기들이 아닌가.

그래서 먼저 서울에서 온 그 지리학 박사 선생님이 그, 집안이나 한
가지지요. 이 양반이 간단히 논해서, 하다못해 시장이라도 그 집이 과거 시
장이 된 사람이, 집에, 그 선대를 가보면 무언가 산세에 나타난다 이거야.

이거 지리래능걸 무시할수 업따. 이런 얘기를 해. 그런데 과거에두 이 지여개두 이** 씨가 국쾨위워네, 궁무총리를 핻짜나? 고성 이씨가 거기 선대 자리 먼찌게 썯때. 나는 뭥가 거기에도. 무실 모태 으, 거 명모기래능[5] 거. 그리구 우리 지바네두 지끔 영어생활하는 김**가 읻짜나? 이 사람두 장관까지 핸는데, 그 부느 하라버지 산소 증:말 머찜니다. 그러니까 뭥:가 거기 여뉴가 된다고 봐야 되겐찌. 지리학 박싸 얘:길 드러니까 하나하나가 또 이해가 가는 이애기야. 예를 드러서 에, 우리 이런데서 교통 사:고가 불시 낟따구 해두, 그 지빌 가믄 멷대존가 뭥:가를 그런 자리에다 모션따 이거야. 아, 소그로 '아, 그러쿠나.' 내 감동만 느껻찌.

인제 노인대하게도 가보므는,[6] 열마디에 한 마디 능게줘, 뭥:가. 아, 강사드리 항상 바뀌어요. 그게, 그런데 여기두 인제, 대학교:수믄 대진대학꾜에서 교:수도 오구, 사회저그론 유리메 거물끕뜨리 오시구 하는데, 한마디 한마디 그 양반드리, 말씀하시는 분드리 한두가지 회는 거저. 아, 상사 함부니 두시간 똥안에요, 한 사시보분 강이를 하고 쉬얻따가 또 그 다으메 드러가는데. 두시간씨기야, 한부니. 에, 거기서 피료한 말씀드리 하나하나가 인제, 읻찌. 그래서 요즈믄 우리 노인대하기 하절기라 방하기야 요즈믄. 구월따레 인제 다시 가는데. 거기 숙쩨냉게 뭐냐 하며는, 간딴하지 뭐. 항문, 여러분 다파능게 아니구. 어느 강사에 강의가 뭔:가 실가미 나더냐? 그 실감나는 구저리 뭐:냐요. 기재해 오라.

그런데 대:개 강사님들 보며는, 한 팔씹푸로 쩡도는[7] 다 아는분드리야. 대학꾜 교:수만 몰랃찌 대개는 강사드를 다 아라요. 그 참교름 향교에 정:* 니미 오시지. 또 이**씨라고 향토사 연:구소장니민데, 이 양바니 팔쑤:니 너머씀니다. 팔쑤::니 너머가지고 팔쑨 잔치를 핸는데, 그때 한번 참써글 해봔는데, 뭐 화환이구 머 말:도 모태. 그런데 이 어:르네 경녀기 포천써 출쌩을 해가지구 **에서 고등학꾜 교:장을 이:심면녀늘 핻:때. 그

이거, 지리라는 걸 무시할 수 없다. 이런 얘기를 해. 그런데 과거에도 이 지역에도 이** 씨가 국회위원에, 국무총리를 했잖아? 고성 이 씨가. 거기 선대 자리 멋지게 썼대. 나는 무언가 거기에도. 무시를 못해 으, 거, 명목이라는 거. 그리고 우리 집안에도 영어(囹圄)생활하는 김**가 있잖아? 이 사람도 장관까지 했는데, 그 분의 할아버지 산소가 정말 멋집니다. 그러니까 뭔가 거기 연유가 된다고 봐야 되겠지. 지리학 박사 얘기를 들으니까 하나하나가 또 이해가 가는 이야기야. 예를 들어서 에, 우리 이런 데에서 교통사고가 불시에 났다고 해도, 그 집에를 가면, 몇 대 조인가 무언가를 그런(=후손이 교통사고를 당할) 자리에다가 모셨다 이거야. 아, 속으로 '아, 그렇구나.' 내 감동만 느꼈지.

이제 노인대학에도 가보면, 열 마디에 한 마디 넘겨 줘, 무언가를. 아, 강사들이 항상 바뀌어요. 그게, 그런데 여기도 인제, 대학 교수면 대진대학교에서 교수도 오고, 사회적으로는 유림의 거물급들이 오시고 하는데, 한 마디 한 마디 그 양반들이, 말씀하시는 분들이 한두 가지 회는 그저. 아, 상사 한 분이 두 시간 동안에요, 한 사십오 분 강의를 하고 쉬었다가 또 그 다음에(강의에) 들어가는데. 두 시간씩이야, 한 분이. 에, 거기서 필요한 말씀들이 하나하나가 인제, 있지. 그래서 요즘은 우리 노인대학이 하절기라 방학이야 요즘은. 구월달에 인제 다시 (개강을) 하는데. 거기 숙제 낸 게 뭐냐 하면, 간단하지 뭐. 학문, 여러분 답하는 게 아니고. 어느 강사의 강의가 무언가 실감이 나더냐? 그 실감나는 구절이 무어냐요. 기재해 오라.

그런데 대개 강사님들 보면, 한 팔십 프로 정도는 다 아는 분들이야. 대학교 교수만 몰랐지 대개는 강사들을 다 알아요. 참교름 향교의 정 X 님이 오시지. 또 이** 씨라고 향토사 연구소장님인데, 이 양반이 팔순이 넘었습니다. 팔순이 넘어가지고 팔순 잔치를 했는데, 그때 한번 참석을 해봤는데, 뭐 화환이고 머 말도 못해. 그런데 이 어른의 경력이 포천에서 출생을 해가지고 **에서 고등학교 교장을 이십 몇 년을 했대. 그리고 고

리고 고다:메 경기도 교유귀워늘 여김핵:꼬. 그래서 이 양바니 항문쩌그로 아:시능게 망:쿠 그래서 강여늘. "항:구게 그 이씨조서니 그래도 어디다 내 놀:수 인능거슨 오:직 예이정신때무니다. 예:절때무네." 이 사라믄 그걸 강의하더구면. 그래서 나도 전주 이가구. 전주 니씨가 일:해 완는데, 다 그런거 충성심과 예:절, 그 마음 가지구 때에 따라서는 굴곡뚜 이썯찌마는, 솔찌키 그 양바니 이얘길 해. 장단쩜도 읻찌마는 그래두 세:계사를 보더라도 그러케 오래똥안 직뀌넌 그런 세대가 업썯따 이거지. 그게 바루 충효사상과 예:절때무네 그게 유지가 되얻따. 이 양바니 평까를 하시더구면. 그래서 "아아, 마씀니다." 인제 그래써. 그다으메 저:기 이** 씨라구 이 양반도 역씨 경, 포천 출씨네다가 역씨 이 양반도 교장 출씬. 포처네서 며씸년 한부니야. 이 양바니 와서 강여늘 하믄 예이, 예이 때무네, 예이를 가지고 강여늘 하는데, 그부는 은퇴해가지구 교육 공무원들, 초등학꾜 교:사, 중등학꾜 교:사드를 에, 예절교육 담당이래요. 그러니까 매일 가능게 아니고. 그 고기서 예:절교유글 시키구, 때에 따라선 제주도꺼지 두 간다 이거지. 이런분드리 오시는데, 딴데 수강생드리, "아:니, 당시니 어째 교:사마다 다 아라?" "아이, 교사 아능거는, 그래도 아:는처근 해야 그런분드리 기분 조아할 꺼 아니냐?" 인제, 말로 표혀는 그럭커는데, 이러케 아:는분드리 와가지구 강이를 하구 그래요.

근데 여기 노인대학꾜는 학짱니미 이써요. 학짱. (예.) 학짱이 인는데. 포처네 노인대하기 처으메 하나가 창설되억꼬 게에 쭈욱 업써써요. 그러다가 음, **에 노인대하기 또 하나 생격꼬 고다으메 **하구 일똥에 노인대하기 또 창서리 두군데. 그래서 조, 학쌩드리 이쓰까 생가글 해써써요, 처으멘. 포:처네 하나 이써두 그 학생 증원허기가 힘드러써.

그래 그 일똥이 여그로다가 창서리 되언는데, 지금 학짱이 내 둘쨈노메 은사예요. (예.) 그래 인간쩌그로 잘 알:지. 그런데 그래 그, 부라게 노인회장이니까 공문상으로 경노당마다 멷싸람 차출해라는 공무니 와요.

다음에 경기도 교육위원을 역임했고. 그래서 이 양반이 학문적으로 아시는 게 많고 그래서 강연을. "한국의 그 이씨조선이 그래도 어디에다 내놓을 수 있는 것은 오직 예의정신 때문이다. 예절 때문에." 이 사람은 그걸 강이하더구만. 그래서 나도 전주 이가(李哥)고. 전주 이 씨가 일해 왔는데, 다 그런 거 충성심과 예절, 그 마음 가지고 때에 따라서는 굴곡도 있었지마는, 솔직히 그 양반이 이야기를 해. 장단점도 있지마는 그래도 세계사를 보더라도 그렇게 오랫동안 집권한 그런 세대가 없었다 이거지. 그게 바로 충효사상과 예절 때문에 그게 유지가 되었다. 이 양반이 (이씨조선에 대해) 평가를 하시더구만. 그래서, "아아, 맞습니다." 인제 그랬어. 그다음에 저기, 이** 씨라고 이 양반도 역시 경, 포천 출신에다가 역시 이 양반도 교장 출신. 포천에서 몇 십 년 한 분이야. 이 양반이 와서 강연을 하면 예의, 예의 때문에, 예의를 가지고 강연을 하는데, 그 분은 은퇴해서 교육 공무원들, 초등학교 교사, 중등학교 교사들을 에, 예절교육 담당이래요. 그러니까 매일 가는 게 아니고. 그 고기서 예절교육을 시키고, 때에 따라서는 제주도까지도 간다 이거지. 이런 분들이 오시는데, 딴 데(서 온) 수강생들이, "아니, 당신이 어째 교사마다 다 알아?" "아이, 교사 아는 것은, 그래도 아는 척은 해야 그런 분들이 기분 좋아할 것 아니냐?" 인제, 말로 표현은 그렇게 하는데, 이렇게 아는 분들이 와 가지고 강의를 하고 그래요.

그런데, 여기 노인대학교는 학장님이 있어요. 학장. (예.) 학장이 있는데 포천에 노인대학이 처음에 하나가 창설되었고 그래 쭉 없었어요. 그러다가 음, **에 노인대학이 또 하나 생겼고, 고다음에 **하고 일동에 노인대학이 또 창설이 두 군데. 그래서 조, 학생들이 있을까 (하고) 생각을 했었어요, 처음에는. 포천에 하나 있어도 그 학생 증원하기가 힘들었어.

그래 그 일동이 역으로다 창설이 되었는데, 지금 학장이 내 둘째 놈의 은사예요. (예.) 그래 인간적으로 잘 알지. 그런데 그래 (내가) 그, 부락의 노인회장이니까 공문상으로 경로당마다 몇 사람 차출하라는 공문이 일반 회원들만 몰르지. (ㄱ 그래.) 그러믄 책임자니까 에, 피알할쑤백께. 그런데 노인대학꾜 신청을 내라 그러믄 진짜 바빠서 갈 싸람 업써. 그러다 보면 경연자는 강이할수는 업꼬. 업따구 인제 복명을[8] 해야 할꺼 아니야? 우리 사직 삼 경노당에는 업따고 얘기를 하며는, 이 양바니 장년부터 그래. 아이, 정:히 업쓰면 ** 아버지라두 나가라 이거야. 그냥 안 나가찌. 장녀네두. 금녀네 또 업따고 핸떠니 금녀네 또 그래. (예.) 그래서 할쑤 업씨 인제 노인대학꾜 이파글 해가지구 금녀네 다니는데. 이 양바니 절라도 뿌니야. *** 이 양바니.

그래서 인제 말씀드린다며는, 이 양반도 잘: 아시지마는 포처:네 노이니 지회가 이써요. 행정관서로는 군청 항가지로 게통이 인는데, 애당초에 그, 이:댕가 삼대째 *** 씨라고 이 양바니 노인, 저기 제:자여써서. *** 이 양바니. 그런데 거기 차지리 생긴 게 뭐냐 하믄 이 양바니 상조회를 이끌구 나가써써요. 게 전회 노인회:장니미 그걸 조지글 항거지. 영니단체가 아니구 이익끔 가지구 운영허기 위해서 핸는데, 쭉: 허다보니까는 이게 순화니 돼야 돼요. 도라가는부니 인능가 하며는 가입짜가 이써요. 항상 충워니 돼야지 아나? 이 자그미, 돈: 바다가지구 도라가는부늘 보상해주야 하니까. 그래 여기에 더 가는부는 게시고, 가이퍼는 사라믄 적:꺼나 그믄 이게 뭔가 그, 마이나스가 되게 돼 이써요. (예.) 근데 지회장 성거쩌게 요버네 그 사임헌 이동에 이 양바니 인제 나완는데, 이동에 ***라고 이 양바니 나가지구, ‘야, 이거 성거래능거 모쓰(써)객꾸나!’ 완저니 느껴써. 여페 안치구, 상대방은 자기가 표를 억끼 위해서는 디리 공겨글 까야 돼. 저게, ‘저걸 해야 되나?’ 하는데, 안처노꾸 여페서 상대방의 약저믈 디리 공겨글 하더라구. 그래 어떠케 해서 표루다가 이 사라미 됃:찌 아나? 그래 당서니 돼가지구 인제 임기가 삼녀니예요. 예, 그래 그 후예 경노당 회장이 다 그렁건 아니지만 뜨신는 인사드른 ‘교체해야객꾸나.’ 느껴찌, 그때.

와요. 일반 회원들만 모르지. (ᄀ 그래.) 그러면 책임자니까 에, 피알(PR)할 수밖에. 그런데 노인대학교 (수강) 신청을 내라 그러면 진짜 바빠서 갈 사람 없어. 그러다 보면 경연자는 강의할 수는 없고. 없다고 인제 복명을 해야 할 것 아니야? 우리 사직 3(동) 경로당에는 (수강자가) 없다고 얘기를 하면, 이 양반이 작년부터 그래. 아이, (수강자가) 정히 없으면 ** 아버지라도 나가라 이거야. 그냥 안 나갔지. 작년에도. 금년에 또 없다고 했더니 금년에 또 그래. (예.) 그래서 할 수 없이 인제 노인대학교 입학을 해 가지고 금년에 다니는데. 이 양반이 전라도 분이야. *** 이 양반이.

그래서 인제 말씀드린다면, 이 양반도 잘 아시지마는 포천에 노인회 지회가 있어요. 행정관서로는 군청 한가지로 계통이 있는데, 애당초에 그, 이 댄가 삼 대째 *** 씨라고. 이 양반이 노인, 저기 제자였었어. *** 이 양반이. 그런데 거기 차질이 생긴 게 무엇이냐 하면, 이 양반이 상조회를 이끌고 나갔었어요. 그래 전회 노인회장님이 그걸 조직을 한 거지. 영리단체가 아니고 이익금 가지고 운영하기 위해서 했는데, 쭉 하다가 보니까 이것이 순환이 돼야 돼요. 돌아가는 분이 있는가 하면 가입자가 있어요. 항상 충원이 되어야 하지 않아? 이 자금이, 돈 받아서 돌아가는 분을 보상해 줘야 하니까. 그래 여기에 더 (돌아)가는 분은 계시고, 가입하는 사람은 적거나 그러면 이것이 무언가 그, 마이너스가 되게 돼 있어요. (예.) 그런데 지회장 선거 적에 요번에 그 사임한 이농의 이 양반이 인세 나왔는데, 이동에 ***라고 이 양반이 나(와) 가지고, '야, 이거 선거라는 것 못쓰겠구나!' 완전히 느꼈어. 옆에 앉히고, 상대방은 자기가 표를 얻기 위해서는 들이 공격을 해야 돼. 저게, '저걸 해야 되나?' (생각)하는데, 앉혀 놓고 옆에서 상대방의 약점을 들이 공격을 하더라고. 그래 어떻게 해서 표로다 이 사람이 (지회장이) 됐잖아? 그래 당선이 돼 가지고 인제 임기가 삼 년이에요. 예, 그래 그 후에 경로당 회장이 다 그런 건 아니지만 뜻있는 인사들은 '교체해야 되겠구나.' (하고) 느꼈지, 그때.

그래가지구 삼년 후예 성거를 허는데, 대:결짜가 그 양반도 과거에 내:무꽈장을 지냭꼬, * 씨라고. 이 양바니 포:처네 사시구 가차우니까 거기 운영과정 실제를 누가 더 잘 아라? 우리 지방에서 뭐 암니까? 그래서 그 양바늘 협쪼를 해가지구 그때 협쪼한 사람 예:비일쎄. 회:장 아니라도 행정저그루 안전하지. ***이, 그래 나하구, 으, ***이냐? 회:장으로서는 두:리 그래가지구 피아를 허겐는데, 역씨 에, 지끔 정부를, 으:케 되믄, 지끔 매 항가지지. 혀녀글 이, 이 회장이, 개두 삼년간 피아를 해. 그 사라믈 다 알자나. 새로 나온 사람 피알하기는 힘듬니다. 그래가지구 대:겨를 핸는데, 이 양반 팔십표뱆게 모더더써. 그리구 전임 회:장은 개두 뱅 며표를 어더서 이십표 차요. 다시 재임 이:년. (예.) 그래 이:녀늘 핸는데, 그래두 그 당시 교체를 모태써요.

개, 금녀네 임기가 이, 이:대 임기가 또 끈나서 또다시 선:출헤게 돼 이써요. 그래서 인제 선:추른 인제 사뭘따레 지나간 과, 지나간 애:기를 하는데, 내가 이거 순:칙 공무니 옹게 돼읻짜나? 회장마다 "며뒬 며친날 회:장 선추리 읻따."하는 공문서가 나와요. 그리구 인제 거게 동시에 어, "지회장에 출마할 때 출마할 싸라믄 며뒬 며칠까지 신청서를 내라." 공무네 나옴니다, 일괄. 그래 딱 공무늘 보니까는 사뭘 이:십이일날, 이:십오일나리 투푠나린데, 이:월 이십이일까지 제출해라 그래서 내가 감 따써. 사무국짱이 날짜 하루 이트른 차까글 이르킬까 한다른 차까글 이르킬쑤는 업씀니다. 그럼 뜨신는 인사가 일거봐쓸쩍엔 '아차, 신청이리 지낙꾸나.' 해가지구 등로글 모:타게 할 작쩡이라구. 그래, 그래서 어디서 항이가 드러간는지 재공무니 완떠라구. "차까글 이르켤씀니다." 이거야. 그래가지구 사뭘 며칠까지 제출해라. 박뚜핻찌요.

그래두 공문 내:보낸대능게 사이린가 오일 압뚜구 등록 하라구 다시 공무니 와써. 그런데 우리가 생가카구 인는 사라미 함분 인는데, 그 양바니 부리야부리야. 이걸 혐녀글 하구, 선거운동 할 기간두 업써. 달도

그래서 삼년 후에 선거를 하는데, 대결자가 그 양반도 과거에 내무과장을 지냈고, * 씨라고. 이 양반이 포천에 사시고 가까우니까 거기 운영 과정 실제를 누가 더 잘 알아? 우리 지방에서 뭐 압니까? 그래서 그 양반을 협조를 해 가지고 그때 협조한 사람 예비일세. 회장 아니라도 행정적으로 안전하지. ***이, 그래 나하고, 으, ***이냐? 회장으로서는 둘이 그래서 피알(PR)을 하겠는데, 역시 에, 지금 정부를, 어떻게 되면, 지금 맨한가지지. 현역을 이, 이 회장이, 그래도 삼 년 간 피알을 해. 그 사람을 다 알잖아. 새로 나온 사람 피알하기는 힘듭니다. 그래서 대결을 했는데, 이 양반 팔십 표밖에 못 얻었어. 그리고 전임 회장은 그래도 백 몇 표를 얻어서 이십 표 차요. 다시 재임 이 년. (예.) 그래 이 년을 했는데, 그래도 그 당시 교체를 못했어요.

그래, 금년에 임기가 이, 이 대 임기가 또 끝나서 또다시 선출하게 돼 있어요. 그래서 인제 선출은 인제 삼월달에 지나간 과, 지나간 얘기를 하는데, 내가 이거 순칙(?) 공문이 온 게 되어 있잖아? 회장마다 "몇 월 며칠 날 회장 선출이 있다."고 하는 공문서가 나와요. 그리고 인제 거기에 동시에 어, "지회장에 출마할 때 출마할 사람은 몇 월 며칠까지 신청서를 내라." 공문에 나옵니다, 일괄. 그래 딱 공문을 보니까 삼월 이십이일날, 이십오일날이 투표날인데, 이월 이십일까지 제출하라고 그래서 내가 감을 잡았어. 사무국장이 날짜 하루 이틀은 착각을 일으킬까 한 날은 착각을 일으킬 수는 없습니다. 그러면 뜻있는 인사가 읽어봤을 적에는, '아차 신청일이 지났구나.' 해 가지고 등록을 못하게 (할) 작정이라고. 그래, 그래서 어디서 항의가 들어갔는지 다시 공문이 왔더라고. "착각을 일으켰습니다." 이거야. 그래가지고 "삼월 며칠까지 제출해라." 박두했지요.

그래도 공문 내보낸다는 게 4일인가 5일 앞두고 등록 하라고 다시 공문이 왔어. 그런데 우리가 생각하고 있는 사람이 한 분 있는데, 그 양반이 부랴부랴. 이걸 협력을 하고, 선거운동을 할 기간도 없어. 달도 아예

아예 틀리게 허구 날짜를 축빠카게 맨드러쓰니까. 그러케 임박캔는데 그
래두 어떠케 다나비 돼가지구 투표한 결과 그 양바니 백 이심뉴푠가 얼
마 얻꼬, 전회:장이 백녀퓰 어더가지구 우리가 그거 왜, 추대하던부니 당
선이 돼써요. (예.) 그래 낙과늘 핻:찌. 그런데 지방에서 전화로 무러 보
며는, 언:제 취임식하느냐 그랟떠니, "아, 곧 타게 되겐찌요." 이 사라믄
낙꽌 하구 읻떵거지. 으려니 해주랴. 이런데 항:상 보:고에, 중앙회구 여
나풔에다 보:고를. ***가 자겨기 업:따고 이이를 막 제기하능거야 이게,
중앙회에다가.

　　그러니 그게 돼:씀니까? 그거 명예지긴데. 기왕이믄 성:거라며는 으,
여기 다 그, 성:거에 으해서, 표에 의해서 가:결되능걸루 승보글 하구 승
자한테 협쪼를 하능게. 아:량을 베푸러야지. 노인회 단:체 늘그니가 시버
믈 보여야 될텐데 얼른, 나쁘게 말해서 물구 느러진다 이거야. 근데 여기
서는 이쪼게 추지늘 헌 사람드리 대채귀원회를 구성해가지구 여기저기
요:로에[9) 권:고해 봗:짜, 저:쪼게 행정쩌그루다 보고를 하지 그냥 해가지구
이거 히미 이씀니까? 에, 최:종저그루는 그, *** 씨, 그리니까 중이 제머리
목 깍짜나, 승자가. 그래가지구 주위 싸람드리 소송을 제:기해라구 얘기
를 핻떠니 "글쎄. 글쎄." 하더니 점:자는부니, "아니, 그거 무슨 대단항거라
구 뭐하러 소송까지 허구 그러느냐?"구. "나는 포기허겓따." 이러케 점:잔
치요. 그러니까 벌써. 이쪼게 추진한 사람드리 읻짜나. 이 사람 임:기는
끈날찌마는 선출허기 전 �게 두구 거기두 추종 세력뜨리 저 쪼개두 쎄
지. 그래서 "언제 또다시 재성거한다." 이러케 나완는데 그때가 이, 지방
성거::를 얼마 압꾸고 그런 꺼:니 버러젇짜나요. 그래서 시:장두 양:쪼글
뭐라구 마를 모터지. 그럼 시장 과나레 지여게 노이니니까 이쪼게서거:니
를 해가지구 어떠케 좀 조정해 달라 이랟떠니, 그 시:장이 어떠케 조정을
해. 표루다가 여기에 맏따 헤이는데 인수잉게 아나구 사:고, 정 게워니니
뭐:니 해가지구 하는데. 그래서 그 사라믈 떠억 불러서 시:장니미, (예.)

틀리게 하고 날짜를 촉박하게 만들었으니까. 그렇게 임박했는데 그래도 어떻게 단합이 돼 가지고 투표한 결과 그 양반이 백이십육 표인가 얼마 얻고, 전 회장이 백여 표를 얻어 가지고 우리가 그거 왜, 추대하던 분이 당선이 됐어요. (예.) 그래 낙관을 했지. 그런데 지방에서 전화로 물어 보면, 언제 취임식하느냐 그랬더니, "아, 곧 하게 되겠지요." 이 사람은 낙관하고 있던 거지. 어련히 해주랴. 이런데 항상 보고에, 중앙회고 연합회에다 보고를. ***가 자격이 없다고 이의를 막 제기하는 거야 이게, 중앙회에다가.

그러니 그게 됐습니까? 그거 명예직인데. 기왕이면 선거라면 으, 여기 다 그, 선거에 의해서, 표에 의해서 가결되는 걸로 승복을 하고 승자한테 협조를 하는 게. 아량을 베풀어야지. 노인회 단체 늙은이가 시범을 보여야 될 터인데 얼른, 나쁘게 말해서 물고 늘어진다 이거야. 그런데 여기서는 이쪽에 추진을 한 사람들이 대책위원회를 구성해 가지고 여기저기 요로에 권고해 보았자, 저쪽에 행정적으로 보고를 하지 그냥 해 가지고 이거 힘이 있습니까? 에, 최종적으로는 그, ***씨, 그러니까 중이 제 머리 못 깎잖아, 승자가. 그래서 주위 사람들이 소송을 제기하라고 얘기를 했더니, "글쎄. 글쎄." 하더니 점잖은 분이, "아니, 그거 무슨 대단한 거라고 뭐하러 소송까지 하고 그러느냐?"고. "나는 포기하겠다." 이렇게 점잖지요. 그러니까 벌써. 이쪽에 추진한 사람들이 있잖아. 이 사람 임기는 끝났지마는 선출하기 전 관계 두고 거기에도 추종 세력들이 저 쪽에도 세지. "그래서 언제 또다시 재선거한다." 그렇게 나왔는데 그때가 이, 지방 선거를 얼마 앞두고 그런 건(件)이 벌어졌잖아요. 그래서 시장도 양쪽을 뭐라고 말을 못하지. 그럼 시장 관할의 지역의 노인이니까 이쪽에서 건의를 해 가지고 어떻게 좀 조정해 달라고 이랬더니, 그 시장이 어떻게 조정을 해. 표로 여기에 맞다 헤아리는데 인수인계 안 하고 사고, 정 계원이니 뭐니 해 가지고 하는데. 그래서 그 사람을 떡 불러서 시장님이, (예.)

당선자하구 전임 회장하구 이러케 안치구. 그래 거기서 시:장니미 뭐:라 그래? 두:부니 조:케 해결 보시라구 쓱 자리를 피해써. 그 누구를 위헐쑤 업쓰니까는. 그러니 그 자리에서 그 전임 회장 이얘기가. 그거 나는 직쩝 무슨 그런 얘:기가 들려요. 임기가 연장이 돼:써요. 인제 사:녀니나 아푸루. 먼저 삼녀닌데.

아아, 일련 느러

＝ 인제 이 양반 이얘기가 "내가 이녕간 먼저 볼테니까 이녕간 후임 보능게 어떠냐?"고 제이를 허더래. 게, 당선자가 "아이, 나는 그렁거 피료업따." 하구 나간때. 야:니 지가 먼저 보구 고다음 이:년 봐라. 그러니 작쩌니야, 그게. 이년. 그다으메 그대루 헐라구 그러능거 아니야? 작쩌니지, 그게.

그래 요버네 다시 허는데, 성:거를 허는데, 이 양바니 아직 후보로 안 나옹거야. 그 여기 자꾸 밀던 ***가, 그 *회의 회장이야, 포천에. 그래 이 양반, 내가 그저네 그래써. 외:래 그까지 사양을 허며는 대결짜 나와야 될 텐데, 누구보다 게도 회장이 나오라구 마리야. *회 회장이 회장 해야자 나? "아이구, 내가 어터커느냐?" 그러믄. 그래 헐쑤업씨 주위에서 권해서 그 싸라미 나와써요. 안 나온다고 허믄, 이쪼게 또 무투표 당서늘 시키지 아나? 그나마 그래가지구두 염녈 해써서요. 이이가 어쨸뜬 승사늘 해야 될텐데 해가지구 추지늘 헝거조. 그 나이 먹따 보니까 이 양반드리 성:거 라구 하구 쭈욱 치르다 보며는 재:미이써요. 딱 일똥에 경노당이 이십삼 갠데, 경노당을 하나하나 검토를 해봄니다. 내가 얘:기해서 드를쑤 인는 사라믈 이제 똥그라밀 치능거야. 그러구 좀 알쏭달쏭한 사라믄 상각꾸¹⁰⁾ 표시를 하구 아예 절루 갈 싸라믄 가께풀¹¹⁾ 해가지구, 그때부터 추지늘 허능 거야. 똥그래미표 하나하나. 이거는 이제 드릴만한 사라미니까 얘:기를 허조. 고거시가 한 칠십푸로쩡도 돼. *회 회:장이 세:사라미야, 일똥 꽐레 회:장니미. 또 유:대관게로써 회:장이 네:사라미고. 그럼 닐곱 싸람 아님니 당선자하고 전임 회장하고 이렇게 앉히고. 그래 거기서 시장님이 뭐라 그래? 두 분이 좋게 해결 보시라고 쓱 자리를 피했어. 그 누구를 위할 수 없으니까. 그러니 그 자리에서 그 전임 회장 이야기가. 그거 나는 직접 무슨 그런 얘기가 들려요. 임기가 연장이 됐어요. 이제 사 년이니까 앞으로. 먼저는 삼 년인데.

아아, 일 년 늘어

▪ 인제 이 양반(=전임 회장) 이야기가 "내가 이 년 간 먼저 볼 테니까 이 년 간 후임 보는 게 어떠냐?"고 제의를 하더래. 그래, 당선자가 "아이, 나는 그런 거 필요 없다." 하고 나갔대. 아니 자기가 먼저 보고(=회장직을 맡아서 하고) 그다음 이 년(을 새로 당선된 당신이 회장직을) 보아라(=맡아서 해라). 그러니 작전이야, 그게. 이 년. 그다음에 그대로 (계속) 하려고 그러는 거 아니야? 작전이지, 그게.

그래 요 번에 다시 하는데, 선거를 하는데, 이 양반이 아직 후보로 안 나온 거야. 그 여기 자꾸 밀던 ***가, 그 *회 회장이야, 포천에. 그래 이 양반, 내가 그전에 그랬어. 외려 그까지 사양을 하면 대결자가 나와야 될 텐데, 누구보다 그래도 회장이 나오라고 말이야. "*회 회장이 회장을 해야잖아?" "아이구, 내가 어떻게 하느냐?" 그러면. 그래 할 수 없이 주위에서 권해서 그 사람이 나왔어요. 안 나온다고 하면, 이쪽에 또 무투표 당선을 시키지 않아? 그나마 그래가지고도 염려를 했었어요. 이이가 어쨌든 승산을 해야 될 텐데 해가지고 추진을 한 거죠. 그 나이를 먹다 보니까 이 양반들이 선거라고 하고 쭉 치르다 보면 재미 있어요. 딱 일동에 경로당이 이십삼 개인데, 경로당을 하나하나 검토를 해 봅니다. 내가 얘기해서 들을 수 있는 사람을 이제 동그라미를 치는 거야. 그러고 좀 알쏭달쏭한 사람은 삼각형 표시를 하고 아예 저리 갈 사람은 가위표를 해 가지고, 그때부터 추진을 하는 거야. 동그라미표 하나하나. 이거는 이제 드릴 만한 사람이니까 얘기를 하죠. 고것이 한 칠십 프로 정도가 돼. *회 회장이 세 사람이야, 일동 관내 회장님이. 또 유대관계로서 회장이 네 사람이고.

까? 그래가지구 통할쑤 인는 사라믄 다: 통허구 그래서 투표를 핸는데, 우리가 밀던 사라미 백사십네표를 어더써요. 당선자, 요버네. 저 양바는 먼저 어든 거마는 모: 덕꼬, 그러니 노인네가 솔찍키 말해서 얼구레 똥칠헌 거지 뭐야. (※기침)

근데 거기에두 현명한 사:라미 읻떠라구. 투표 직쩐네 공시기 업써, 회이석상에. 쩌억쩍 해가지구 궁민으레허구 뭐 어쩌구 경과에 아푸루 어떠른 방버브로다가 투표를 헌다 하는데, 저기서 안저서 엉꿘 달라구 소늘 드러. 그 뭐:냐구. 이쪼게서. 채김자가 업짜나 사무국짱배께 더 이써. (※기침) 내가 한마디 바런 헐테니까 마이크를 달라 이러니까, "바런 지금 안 됨니다." 이거야. 무얼 바런하는지도 모르니까. 안 된다능걸 무조껀 나가능거야. 단상을 나가더니 마이크를 지가 스스로 자바, 이 양바니. 그 얘:길 허능거야. "나 지끔 회:장하고두 절친하고, 쭈욱 멷땔 내가 적끅 미런 따." 이거야. "그러며는 정정당당하게 승자한테 승보글 하고 해야지, 이:대 이차까지 투표를 해가지구 되느냐? 지끄믄 사퇘를 해:라." 이거야. 명예롭께.

⁻ 오:른 마를 핸네 뭐.

⁼ 그러니까 박쑤가 터저요. 거기에서 표 팍 또 깨끼구.[12] 이 사라미 시킨 걷뚜 아니야. 그래가지구 여러 말로 하구 단상을 내려와써. 나 저:쪼게 안자써. 가서 악쑤를 해찌, 고:맙다구. 그래 참, 그렁거 표현하기 힘든데. 아, 그 어떠커나 내가 화:가 나는데. 그래 돼가지구 이 양바니 당:서니 됃:짜나. 그래서 어꺼저께 취임시글 해써요. 그래두 풍무네 들리능거는 떠억, 소송한다고. 그런데 이건데 뭐. 늘그니가, 글쎄 모:든 이레는 늘그니가 시버믈 보여야 되는 이런 위치에 인는데 그걸 물구 느러지니까. 포:처네 노인회 아주 나기니 찌켜써. 사고뭉치 지여기야.

먼점메 그쩌게두 그래가주구 *** 씨두 무어 공그믈 띠어[13] 멍느니 얼

그러면 일곱 사람 아닙니까? 그래서 통할 수 있는 사람은 다 통하고 그래서 투표를 했는데, 우리가 밀던 사람이 백사십네 표를 얻었어요. 당선자, 요번에. 저 양반(=전 회장)은 먼저(=지난 번 선거 때에) 얻은 것만큼은 (표를) 못 얻고. 그러니 노인네가 솔직히 말해서 얼굴에 똥칠한 거지 뭐야. (※기침)

그런데 거기에도 현명한 사람이 있더라고. 투료 직전에 공식이 없어, 회의 석상에. 쩍쩍 해 가지고 국민의례하고 뭐 어쩌고 경과에 앞으로 어떤 방법으로다가 투표를 한다고 하는데, 저기서 앉아서 발언권을 달라고 손을 들어. 그 뭐냐고. 이쪽에서. 책임자가 없잖아. 사무국장밖에 더 있어? (※기침) 내가 한 마디 발언할 테니까 마이크를 달라 이러니까, "발언 지금 안 됩니다." 이거야. 무얼 발언하는지도 모르니까. 안 된다는 걸 무조건 나가는 거야. 단상을 나가더니 마이크를 자기가 스스로 잡아, 이 양반이. 그 얘기를 하는 거야. "나 지금 회장하고도 절친하고, 쭉 몇 대를 내가 적극 밀었다." 이거야. "그러면 정정당당하게 승자한테 승복을 하고 해야지, 이 대 이차까지 투표를 해 가지고 되느냐? 지금은 사퇴를 해라." 이거야. 명예롭게.

˜ 옳은 말을 했네 뭐.

˭ 그러니까 박수가 터져요. 거기에서 표가 팍 또 깎이고. 이 사람이 시킨 것도 아니야. 그래가지고 여러 말을 하고 단상을 내려왔어. 나 서쪽에 앉았어. 가서 악수를 했지, 고맙다고. 그래 참, 그런 것 표현하기 힘든데. 아, 그 어떡하나 내가 화가 나는데. 그렇게 돼가지고 이 양반이 당선이 됐잖아. 그래서 엊그저께 취임식을 했어요. 그래도 풍문에 들리는 거는 떡, 소송한다고. 그런데 이건데 뭐. 늙은이가, 글쎄 모든 일에는 늙으니가 시범을 보여야 되는 이런 위치에 있는데, 그걸 물고 늘어지니까. 포천에 노인회 아주 낙인이 찍혔어. 사고뭉치 지역이야.

먼저 그 적에도 그래서 *** 씨도 무어 공금을 떼어 먹느니 얼마니 이

마니 이:동에 가서 고소를 해써. 당선 되어가지구 띠어 머글께 뭐:가 이
써. 적짜가 나서 망해가지구 상지허다 보니까 회:비를 안 드러줘:. 지그블
해야지. 이거 마이너스라 할쑤 이써? 띠어 먹끼는 뭘, 띠어머글 도니 어
디 이써 글쎄. 그러케 저러케 사고뭉치 처가지구 일똥 **촌 포천 노인회
가 불미스럽께 되언는데. 몰라 *** 씨가 잘: 한다고 그랜는데. (웃음) 에,
그래가지구 끈나써요. 그래서는 상조 저어기 *회에서 가느냐 무릉거야.
***가 *회의 그 회:장 아니야? 포천회에두.

그리구 이 양바:니 나하구 영관썽이 인능게, 그 유리메

¯ 우리 일똥만 가능거야?

⁼ 으음, 유리메두 가튼 회원이조 , ***가. 또 무나워네 또 워니지. 유:림
회원들, 문화회원들, *회, 여기저기서 그냥 서:루들 성:거운동을 핻찌. 그
랟떠니 요 일쩌네 먼저 채** 씨쩌게 당선시켜 노코 일똥 안 내련는데 "회
장 한 잔 사! 아, 한 잔 사야지." "아, 성:거운동으루 알구." "아니야, 성거
운동으루 알믄 어때?" 그래두 인제 성화에 그 나하구 두:리서 또 한 잔 삳:
찌. "어디 가서 한 잔 사자." 내가 먹께 사능거지 뭐. 그래가지구 또 한 잔
산 이리 인네. 그거 무슨 저, 명예지긴데 뭐:가 생긴다구 그래. 누가 또.

그래서 그런 이제 경험두 이써요. '아아, 이 노인네들 모 쓰겍꾸나.'
그랜는데. 이 유:리미, 알지마는, 아랜 마레서 노인회가 창설돼가지구
쭈욱 또 하네. 그노무게 한 시벼년 내가 해요. (예.) 게 총무가 셸 배껼짜
나? 회장이 벌써 세시 배껴야[14] 원치기야. 그래서 내가 그냥 사임헐라구.[15]
총:무 시킬쑤두 업꾸. 아주 투표용지까지 맨드러가지구 식쑤네다가 짜
악 저거노치. 으, 이뭔 선출핻따. 오:냐 그러니 처어멘 그랟따. 경노당이
망가지거나 말거나 알:께, 성:거하거나 말거나 지내가 버리네. 후게자가
이써야 이걸 인수잉게를 허지. 또 그 다아메두 항게 이 아주 습꽌성이 돼
버려써, 그다암부터는. 근데 금녀네는 진짜 내:놔야 돼. 근데 이에 논는
데, 이기 장:저믈 애:기하는 사라미 억꼬 단점만 항상 내 귀에 들려. 총무

동에 가서 고소를 했어. 당선 되어 가지고 떼어 먹을 게 뭐가 있어. 적자가 나서 망해가지고 서로 알다가 보니까 회비를 안 들어 줘. 지급을 해야지. 이거 마이너스라 할 수 있어? 떼어 먹기는 뭘, 떼어 먹을 돈이 어디 있어 글쎄. 그렇게 저렇게 사고뭉치 쳐 가지고 일동 **촌 포천 노인회가 불미스럽게 되었는데. 몰라 *** 씨가 잘한다고 그랬는데. (웃음) 에, 그래서 끝났어요. 그래서는 상조 저:기 *회에서 가느냐 물은 거야. ***가 *회의 그 회장 아니야? 포천회에도.

그리고 이 양반이 나하고 연관성이 있는 게, 그 유림(儒林)에

˗ 우리 일동만 가는 거야?

˭ 으음, 유림에도 같은 회원이지요, ***가. 또 문화원에 또 (회)원이지. 유림회원들, 문화회원들, *회, 여기저기서 그냥 서로들 선거운동을 했지. 그랬더니 요 일전에 먼저 채** 씨 적에 당선시켜 놓고 일동에서 안 내렸는데, "회장 한 잔 사! 한 잔 사야지." "아, 선거운동으로 알고." "아니야, 선거운동으로 알면 어때?" 그래도 인제 성화에 그 나하고 둘이서 또 한 잔 샀지. "어디 가서 한 잔 사자." 내가 먹게 사는 거지 뭐. 그래서 또 한 잔 산 일이 있네. 그거 무슨 저, 명예직인데, 뭐가 생긴다고 그래. 누가 또.

그래서 그런 이제 경험도 있어요. '아아, 이 노인네들 못 쓰겠구나.' 그랬는데. 이 유림이, 알지마는, 아랫 마을에서 노인회가 창설되어서 쭉 또 하네. 그놈의 게 한 십여 년 내가 (회장을) 해요. (예.) 그래 총무가 셋 바뀌었잖아. 회장이 벌써 셋이 바뀌어야 원칙이야. 그래서 내가 그냥 사임하려고. 총무에게 (회장의 일을 대신) 시킬 수도 없고. 아주 투표용지까지 만들어서 식순에다가 쫙 적어 놓지. 으, 임원 선출했다. 오냐 그러니 처음에는 그랬다. 경로당이 망가지거나 말거나 알 게 (뭐야), 선거하거나 말거나 지나가 버리네. 후계자가 있어야 이걸(=회장직) 인수인계를 하지. 또 그다음에도 (회장을) 한 게 이 아주 습관성이 돼버렸어, 그다음부터는. 그런데 금년에는 진짜 내놓아야 돼. 그런데 이에 놓는데, 이게 장점을 얘

가 다 이래요, 우린. 금년 한 해두 취급 안 하며 나는. 총무가 익꼬 감사
가 익꼬 한데, 그저 쿵:거 요건만 총무한테 한두가지 지시만 하능거지. 회
장이 모타믄 내가 뭐 이런시그로 허지 뭐. 아이구 또 부담가요, 그래두.
그래도 그러씀니다. 예.

＝ 그래가지구 어제두 이뭐늘 교체시킬까 해가지구 술한잔 머근 동기가
어제는 일뚱 경노당 회장들 회에요. 각 경노당마다. 거기서 바블 먹꼬.
두:시에 소지블 시켠는데, 한시 반차 타기 위해서는 내가 빨리 조:퇴를 해
야 돼. 나 바뿐 일이 이써가지구 먼저 이러나니까 여러분들 정담들 나누
시라구 나와가지구. 저 아래 터:미날에서는 한시 반차배께 엄:는데. 거기
가 장단쩌미 인능게 뭐냐 하며는, 자리 잠는데는 그 아래가 조치마는 이
우에[16] 한의약빵은 압뛰 시야가 탁 터 이써. 지나가는 공찰 탈려며는 이
위로 올라와야 돼. 그래 그걸 차간해가지구 일루 올라옹거야. 한의약빵
아페 가서 딱 인제, '오늘은 우정 공차 탈래.' 그럼 그 아페 나가 인능거
지.

그러다 보니 저 아래 ***. 그 착, 카며 빡 세우더니 "내려가시게요?"
"응, 가야지." 사람 예:가미 또 잍떠라구. 그래가지구 타구 왇찌. 오늘두
예:가미 '지베 갇따 와야지.' 그러구 내려가는 도중에 저:기 연시 시내문
아페. 누니 나빠요. 그런데 우산 바꾸능게 우리 가조긴가 누궁가 진가밍
가하며,[17] "차 좀 세워봐요." 그랟떠니 가조기 올라오능거야. (웃음) 전:화
가 왇때요, 경노당에서. 나는 환자니까 어떠케 바비라도 먼저 머거랠라구
가는, 내려가는 과:정인데. 그래서 아랃따구. 나는 바블, 여기서 대저블 잘:
박꾸머건는데, 경노당에서 뭐하는지 경노당까지 내 갇따 올테니 그런줄
알라구 그래.

이 사람들 큰 용껀두 아닌데두 함버는 전화를 거러. 나 지금 바뿐
이리 이써. 바루 이리 올라 와써. 오저네 한잔 나눙거슨, 공예품 이짜나
경노당별로. 그거 시장을[18] 해. 먼저 시장이 끈나써요. 그런데 인제 내가

기하는 사람이 없고 단점만 항상 내 귀에 들려. 총무가 다 일해요, 우리는. 금년 한 해도 취급하지 않으며 나는. 총무가 있고 감사가 있고 한데, 그저 큰 것 요것만 총무한테 한두 가지 지시만 하는 거지. 회장이 못하면 내가. 뭐 이런 식으로 하지 뭐. 아이구 또 부담가요, 그래도.

그래도 그렇습니다. 예.

〃 그래가지고 어제도 임원을 교체시킬까 해서 술 한 잔 먹은 동기가 어제는 일동 경로당 회장들 회예요. 각 경로당마다. 거기서 밥을 먹고. 두 시에 소집을 시켰는데, 한 시 반 차 타기 위해서는 내가 빨리 조퇴를 해야 돼. 내가 바쁜 일이 있어서 먼저 일어나니까 여러분들 정담들 나누시라고 (하고는) 나와서. 저 아래 터미널에서는 한 시 반 차밖에 없는데. 거기가 장단점이 있는 게 뭐냐 하면, 자리 잡는 데는 그 아래가 좋지만 이 위에 한의약방은 앞뒤 시야가 탁 터 있어. 지나가는 공차를 타려면 이 위로 올라와야 돼. 그래 그것을 착안해서 이리로 올라온 거야. 한의약방 앞에 가서 딱 인제, '오늘은 일부러 공차 탈래.' 그러면 그 앞에 나가 있는 거지.

그러다 보니 저 아래 ***. 그 착, 하면서 (차를) 빡 세우더니, "내려가시게요?" "응, 가야지." 사람 예감이 또 있더라고. 그래서 (그 차를) 타고 왔지. 오늘도 예감이 '집에 갔다가 와야지.' 그러고 내려가는 도중에 저기, 연시 시내문 앞에. (내가) 눈이 나빠요. 그런데 우산을 바꾸는 게 우리 가족인가 누군가 긴가민가하며, "차 좀 세워봐요." 그랬더니 가족이 올라 오는 거야. (웃음) 전화가 왔대요, 경로당에서. 내가 환자니까 어떻게 밥이라도 먼저 먹으라고 하려고 (내가 있는 곳으로) 가는, 내려가는 중인데. 그래서 알았다고. 나는 밥을, 여기서 대접을 잘 받고 먹었는데, 경로당에서 뭐 하는지 경로당까지 내가 갔다 올 테니 그런 줄 알라고 그래.

이 사람들 큰 용건도 아닌데도 한번은 전화를 걸어. 나 지금 바쁜 일이 있어. 바로 이리 올라 왔어. 오전에 한 잔 나눈 것은, 공예품 있잖아? 경로당별로. 그거 시장을 해. 먼저 시장이 끝났어요. 그런데 인제 내가 내년 중으로 고참 아니야 그래두. 경험이써. 그래 이 등그블 어떠게 미기느냐[19] 노니가 됀는데, 그 공예품 강:사가 정국 순회허면서 그 강:사구 그래서 강:살 불러와써요. 누굴 내보내, 그걸. 위에 뿌니 와야지. 게 심사를 따악 시키는데, 오더니 어디가 이게 제일 우수하다. 그다아메 요거나 저거다. 근 서너군데 허믄, 일, 이, 삼등이 결쩡되능거 아니야? 그리구 이 양바니 *를 가버려써요. 그래 간 다아메 내가 애길 해써, 거기서 한 마디. "이거 상타기 항거보담도 다 가치 노려근 핻따. 시상권에 안 든다 허더래두 일, 이, 삼등에 상그믈 축소시킬망정 마:니들 좀 확때시켜. 모두 시상하지는 모:털망정." 그 또 갸:만할께구. 사회게장잉가 지끄믄? 사회게 허구 어디 인는데 얘:기를 핻는데. 회게는 생각찌두 안는데, 사직 사라미 불러. "끈난는데 왜 불르나?" 나 아예 포기를 핵꺼든. 게 장:려상이래나, 나 원 이런. (웃음)

　　그래가지구 그 경노당에 가저왇떤 걸, 그 소게 심마뭐늘 너어써. 그래서 어제 소집시킹게, 경노당에 심마뭔늘 공그믈 너을수두 억꾸 저눠늘 소집시킬쑤두 억꾸. 그래 이뭔들 명칭을 이뭔회이다 해가지구 공예품 가지구 움지긴 사람들, 거기에 움지긴 사라미 적극성을 띠웅게 ***, 또 저 기저기 누구냐 응, ***, 또 말:모타는 사람, 그리 기타 한 시명 돼. 그래두 이뭐니 한 시며명, 이심명 되지. 그래서 총:무보구 그래써. "회:장이 시키능거야. 여기 상금 가지구 심마뭔 가지구는 안 돼. 주머니 도니 쌈지 또니야. 모:자라능거 노인회 도네서 보태." "아라씀니다." 그래가지구 회:를 먹꾸 인제 갑짝시리 어떠게 송:어횡가 뭥가 거 일키로에 만오처뭔이래. 그래 "십키로만 사와." 그러믄 시보마뭔 아니야? 그 술까비 드러가믄 이 심마뭔 쩡도. 그래가지구 인제 술 대저블 핻찌. 그때 참석 아는 사람 요글해두 헐쑤 억꾸. 이뭔회라구 명칭을 거럭꺼등, 내가.

명년 중으로 고참 아니야 그래도. 경험이 있어. 그래 이 등급을 어떻게 먹이느냐 (하는 것이) 논의가 되었는데, 그 공예품 강사가 전국 순회하면서 그 강사고 그래서 강사를 불러 왔어요. 누구를 내보내, 그걸. 윗분이 와야지. 그래 심사를 딱 시키는데, (강사가) 오더니 어디가 이게 제일 우수하다. 그다음에 요거나 저거다. 대강 서너 군데 하면, 일, 이, 삼 등이 결정되는 것 아니야? 그리고 이 양반이 *로 가 버렸어요. 그래 (강사가) 간 다음에 내가 얘길 했어, 거기서 한 마디. "이것 상타기를 한 것보다도 다 같이 노력은 했다. (그러므로) 시상권(施賞圈)에 안 든다 하더라도 일, 이, 삼 등의 상금을 축소시킬망정 (시상의 등급을) 많이들 좀 확대시켜. (출품된 것) 모두에게 상을 주지는 못할망정." 그 또 감안할 것이고. 사회계장인가 지금은? 사회계하고 어디 있는데 얘기를 했는데. 회계는 생각지도 않는데, 사직 사람이 불러. (시상 대상 결정이) "끝났는데 왜 부르나?" 나는 아예 (우리 경로당의 공예품이 수상 대상이 되는 것을) 포기를 했거든. 그래 장려상이라나, 나 원 이런. (웃음) 그래서 그 경로당에 가져왔던 것(=공예품), 그 속에 십만원을 넣었어.

그래서 어제 소집시킨 게, 경로당에 십만원을 공금을 넣을 수도 없고 전원을 소집시킬 수도 없고. 그래 임원들 명칭을 임원회라 해 가지고 공예품 가지고 움직인 사람들, 거기에 움직인 사람이 적극성을 띤 게 ***, 또 저기저기 누구냐 응, ***, 말 못하는 사람, 그렇게 기타 한 십여 녕 돼. 그래도 임원이 한 십여 명, 이십 명 되지. 그래서 총무보고 그랬어. "회장이 시키는 거야. 여기 상금 가지고 십만원 가지고는 안 돼. 주머니 돈이 쌈지 돈이야. 모자라는 거는 노인회 돈에서 보태." "알았습니다." 그래서 회를 먹고 인제 갑작스럽게 어떻게 송어휘가 뭔가 그거 일 킬로에 만 오천 원이래. 그래 "십 킬로만 사와." 그러면 십오만 원 아니야? 그 술값이 들어가면 이십만 원 정도. 그래가지고 인제 술 대접을 했지. 그때 참석(하지) 않은 사람(을) 욕을 해도 할 수 없고. 임원회라고 명칭을 걸었거든, 내가.

⌐ 잘핻찌 뭐.

= 이뭔회. 그래서 항상 내가 느끼능게, '멀찌게 경노당 회:장이 헌다능 건 뭥가?' 야유회나 잘허구 멍능걸 조아하니 근본 목쩌근 그건데, 사라메 심니가 그게 아니자나 그래가지구 생가글 하면, 또 후게자라든지. 저넘드른 또 후게자 생가글 해야거든. 근데 사저네 키를 올리믄 죄:다 모탄다고 그래. 한다 그러는 사라미 억끼는 업서. 게도 얼마나 운영헐쑤 인는 사라믈 후게자로 세워야 원칙 아니야. (⌐ 으) 그저:네 한번 광광을 가써요. 광광을 가믄 서해아니고, 어디가믄 회:찝 아니야? 정:시메 회가 겯뜨리지. 거기서 마냥 자셔써. 그래 반:시간두 안 돼가지구 거기서 어떠케 해:병까루 또 간는데, 그 파라소링가 우산 서너개 꼬자 노코 조가비 파는데야. 단체가 안즐만한데가 업다구 애기를 해써, 내가. 그 조개 자:실뿐드른 개 인저그로 자셔라. 그래두 생각 인는 사라믄 사서 먹떠라구. 그런데 먼저 간 ***가 차에서, 그 수리 얼쩌지근핻:찌.[20] "형님, 돈 애껻따 뭐헐꺼야?" (웃음)

⌐ 먹째는데는 더 헐수가 업써. 애끼능걷뚜 애끼는 거지마는, 자리가 업 짜나. 단체적으루 채김자가 봐쓸쩌게는 우선 그거부터 시찰해야 돼. 그러 니 개인저그루 먹꾸 시퍼허능거 먹찌 말래써? 먹구시픈 사라믄 사 자시 라구 그랟찌. 단체루 전체가 머글쩌게 단체도:니 나가능 거지. 한두 사라 미 머그므는 단체 돈: 줄쑤는 업써. 그래서 하는 애:기야.

= 그래, 그래두 그러치. 바다까에 왇따 기냥 간다 이거야. 그너므 돈 무 얼꺼냐 이거야. (⌐ 공짜로만 머글 생가글 하니) 그래서 내가 이 나두 저: 쪽 치낵거든. 채김자라므는 가정이나 세:정이나 똑 가태. 그 가정을 생각 아날쑤 업써. 이 노인네 단체는 영구해. 게소캐 존소기 돼. 내가 회:장 보 능거 아니야. 언젱가 인수잉게 돼야 돼. 자연스럭께 쓰구, 자녀그믈 인게 를 해야지. "애끼가지구 내가 머글랴고 그러능게 아니다. 그런데 자네가 그런 애:기를 허며는 자네가, 자네두 천년만년 살지는 모태. 언제 간 대믄,

ᅳ 잘했지 뭐.

ᇀ 임원회. 그래서 항상 내가 느끼는 게, '멋지게 경로당 회장이 한다는 건 무엇인가?' 야유회나 잘하고 먹는 걸 좋아하니 근본 목적은 그건데, 사람의 심리가 그게 아니잖아? 그래서 생각을 하면, 또 후계자라든지. 전임들은 또 후계자 생각을 해야 되거든. 그런데 사전에 키를 올리면 죄다 못한다고 그래. 한다고 그러는 사람이 없기는 없어. 그래도 얼마나 운영할 수 있는 사람을 후계자로 세워야 원칙 아니야? (ᅳ 으.) 그전에 한 번 관광을 갔어요. 관광을 가면 서해안이고, 어디 가면 횟집 아니야? 점심에 회를 곁들이지. 거기서 마냥 자셨어. 그래 반 시간도 안 돼 가지고 거기서 어떻게 해변가로 또 갔는데, 그 파라솔인가 우산 서너 개 꽂아 놓고 조가비 파는 데야. 단체가 앉을 만한 데가 없다고 얘기를 했어, 내가. 그 조개 자실 분들은 개인적으로 자셔라. 그래도 생각 있는 사람은 사서 먹더라고. 그런데 먼저 간 ***가 차에서, 그 술이 얼쩍지근했지. "형님, 돈 아꼈다가 뭐할 거야?" (웃음)

ᅳ 먹자고 하는 데에는 더 할 수가 없어. 아끼는 것도 아끼는 거지만, 자리가 없잖아. 단체적으로 책임자가 봤을 적에는 우선 그것부터 시찰해야 돼. 그러니 개인적으로 먹고 싶어하는 거 먹지 말라고 했어? 먹고 싶은 사람은 사 자시라고 그랬지. 단체로 전체가 먹을 적에 단체 돈이 나가는 거지. 한두 사람이 먹으면 단체 돈 줄 수는 없어. 그래서 하는 얘기야.

ᇀ 그래 그래도 그렇지. 바닷가에 왔다가 그냥 간다 이거야. 그 놈의 돈 무얼할 거냐 이거야. (ᅳ 공짜로만 먹을 생각을 하니) 그래서 내가 이 나도 저쪽과는 친했거든. 책임자라면 가정이나 세정(世情)이나 똑 같아. 그 가정을 생각 안 할 수 없어. 이 노인네 단체는 영구(永久)해. 계속해서 존속이 돼. 내가 회장 보는 거 아니야. 언젠가 인수인계 돼야 돼. 자연스럽게 쓰고, 잔여금을 인계를 해야지. "아껴서 내가 먹으려고 그러는 게 아니다. 그런데 자네가 그런 얘기를 하면 자네가, 자네도 천년만년 살지는 못해. 언제 간다면

자네 부동사니 인나? 그러믄 자네 간 다:메 내가 당장에 다 파라 업쌜꺼
야? 예:를 드러서 응, 개두 그 자소네 이 가정을 위해서 자손 줘야지. 그
러치 응? 다 탕진할꺼야? 내가 한다구, 내가 회장 그만둔다고 다 업쌔?”
오래간마내 말근 정시네, “형님, 내가 수리 취해서 그래써. 미아내.” 아,
따카지. 그래 글거머거야 내꺼가 되는줄 아라요. 그래서 힘드러요.

　　강**, 얼마나 깐까망가?[21] 그래두 감사두데. 처음 오는 나두 배우지는
모태찌마는 경허미 잊찌 아나? 감사를 내가 지시를 한다구. 그래 감사는
감사하는처근 해야될꺼 아니야? 게:산상으로는 하나 더하기 둘, 세:씨라
능거는 아무나 해. “요게 저 이거 영수하구 대:졸허구 트키나 이:중으로
된나를 검, 검토를 해라.” 이:중. 요기 쓰구 또 이 아래 써. 예:를 드러 그
렁 거 이짜나. 예:를, 그러타 이거야. 이:중으루 해가지구 게:산상루 나
와가지구 웬만한 사라믄 그 게:산만 마이나스 뿌라스 자넥 얼마. 주안쩌:
믈 두가 영수증이 만나. 또 마:저두 이:중으로 기재가 돼 인능게 인나를
검토를 해봐. 이:중으로 써두 회원드른 몰르지. 아나? 여기서 쓰구 날 지
나가서 여기 또 뭐 얼마 써두.

　‾ (※ 부제보자가 담배를 피우기 위해 문 쪽으로 몸을 이동하자 주제보자가)
여기서 안자 피워. 괜차나. 양쫑 문 여러 난:는데 뭐. 나두 대동회에서 이
제 절믄 사람드른 다 채검지구 저거해는데, 맹 보기만 핻찌. “간서븐 허지
앙케따.” 하는 얘기를 해써. 일쩔 아 내. 인제 동네 이를 해.

　‾ 늘거니드리, 그러니까 늘거서 얘기가 아니라 늘그니가 관여하능게 경
허미 잊따, 첟째. 그래 옏:나레두 이런 얘기가 잊짜나? 그저네 중국써 항
구기 어느 정도 저놈드리 현명항가 테스트허기 위해서 뭥가 문젤 내써.
자네도 드르께찌마는 그 문제가 뭐냐하며는, 아래 위 또까튼 나무를 보낸

(=죽는다면), 자네 부동산이 있나? 그러면 자네 간 다음에 내가 당장에 다 팔아 없앨 거야? 예를 들어서 응, 그래도 그 자손의 이 가정을 위해서 자손(에게) 줘야지. 그렇지 응? 다 탕진할 거야? 내가 (회장을) 한다고, 내가 회장(을) 그만둔다고 다 없애? 오래 간만에 맑은 정신에, "형님, 내가 술이 취해서 그랬어. 미안해." 아, 딱하지. 그래 긁어 먹어야 내 것이 되는 줄 알아요. 그래서 힘들어요.

강**, 얼마나 깜깜한가? 그래도 감사를 두데. 처음 오는 나도 배우지는 못했지마는 경험이 있지 않아? 감사를 내가 지시를 한다고. 그래 감사는 감사하는 척은 해야 될 것 아니야? 계산상으로는 하나 더하기 둘(이), 셋이라는 거는 아무나 해. "요기에 저 이거 영수하고 대조를 하고 특히나 이중으로 됐나를 검, 검토를 해라." 이중. 요기 쓰고 또 이 아래 써. 예를 들어, 그런 거 있잖아. 예를 (들면), 그렇다 이거야. 이중으로 해 가지고 계산상으로 웬만한 사람은 그 계산만 마이너스 플러스(하고는) 잔액이 얼마. 주안점을 두어서 영수증이 맞나. 또 (계산이) 맞아도 이중으로 기재가 돼 있는 게 있나 하는 것을 검토를 해 봐. 이중으로 써도(=기록해도) 회원들은 모르지. (회원들이 그것을) 알아? 여기서 기록하고 날이 지나가서 여기 또 뭐 얼마 기록해도.

￢ (※ 부제보자가 담배를 피우기 위해 문 쪽으로 몸을 이동하자 주제보자가) 여기서 앉아 피워. 괜찮아. 양쪽 문 열어 놓았는데 뭐. 나도 대동회에서 이제 젊은 사람들은 다 책임지고 저거(=젊은 사람들이 일을 처리)하는데, 그냥 보기만 했지. "간섭은 하지 않겠다." 하는 얘기를 했어. 일절 (간섭을) 안 해. 인제 동네 일을 해.

￩ 늙은이들이, 그러니까 늙어서 얘기가 아니라 늙은이가 관여하는 게 경험이 있다, 첫째. 그래 옛날에도 이런 얘기가 있잖나? 그전에 중국에서 한국이 어느 정도 저놈들이 현명한가 테스트하기 위해서 무언가 문제를 냈어. 자네도 들었겠지마는 그 문제가 뭐냐하면, 아래 위 똑같은 나무를

는데, 그래 "아래 위가 어딩가 규명해라." 이러구 에미허구 새끼허구 마를 똑까틍거를 보낸는데, "어떵게 에미구 새끼냐?" 나라에서 크은 두통꺼리지 뭐. 재상들 소지블 시켜노쿠, 이제 왕이 어전회이를 여러 그 방시글 강구해두 아:는 사라미 업써. 크닐 낟짜나, 이거. 중국에, 대:국. 그 저네 대:국 아니야?

  ˉ 그럼, 대:구기지.

  ˉ 그래 어느 재:상이 지비 완는데두, 그걷뚜 근심꺼리자나? 근데 그 당시엔 고:려장을 지내게 되어 일때. 그렁걸 버:블 어기구 음, 자기 어:르신네를 응그:니 응거시켜 노응거야. 자기 아버지가 보니 근심걱쩡 얼구레. "너 이거 지금 무신 근심걱쩡이 인느냐?" 그러니까. 그 얘기를 항거야. "이런이런 문제가 나완는데, 이거를 해결할 방버비 업쓰니 근심 아날쑤가 이씀니까?" 핸떠니, "응, 그래? 그 아래 우이 똑가튼 낭구는 무레다 띠우며는 가라안는쪼기 미뚱이다." 이거야. 똑까태두.

  ˉ 아아, 그런 이유가 이썻꾸나

  ˉ "그리구 마른 모이를 주며는 먼저 멍능게 새끼다." 이거야. 새끼는 체며니 업꺼등.

  ˉ 아하, 그걷뚜.

  ˉ 에미는 새끼 머그라구. 그래서 "아, 그러씀니까?" 오저네 조정에 가서 답뼈늘 해써. "이럭커믄 됨니다." 그래가지구 인제 이게 나무는 아래 우이가 규닐해두 이게 아래구 이게 우이며, 마른 이게 에미구 새끼다. 그래 모며니 돼:써. 그때무네 왕이 그 재:상을 불러가지구 "아아니, 그 어디서 그런 응, 혀나니 떠올란느냐?" "주글 쬐, 주글 쬐 를 저씀니다." 그랟떠니. 버블 어겨써니까. "그 주글쬐라니 무슨 애:기야? 상그믈 내려야지, 주글 쬐라니?" "사회 국뼈블 어기구, 우리 어르신네를 고려장을 아니 내구 응거시켜썬는데, 아버니한테 여쭤보니 그런 말쓰믈 하셔써 그러케 돼:씀니다."

보냈는데, 그래 "아래 위가 어딘가를 규명해라." 이러고 어미하고 새끼하고 말을 똑같은 거를 보냈는데, "어떤 것이 어미고 새끼냐?" 나라에서 큰 두통거리지 뭐. 재상들(을) 소집을 시켜놓고, 이제 왕이 어전회의를 열어 그 방식을 강구해도 (그 문제에 대해서) 아는 사람이 없어. 큰일 났잖아, 이 거. 중국에, 대국. 그 전에 (중국이) 대국 아니야?

￣ 그럼, 대국이지.

＝ 그래, 어느 재상이 집에 왔는데도, 그것도 근심거리잖아? 그런데 그 당시에는 고려장을 지내게 되어 있(었)대. 그런 걸 법을 어기고 음, 자기 어르신네를 은근히 은거시켜 놓은 거야. 자기 아버지가 (아들을) 보니까 근심걱정(이) 얼굴에 (가득하거든). "너 이거 지금 무슨 근심걱정이 있느 냐?" 그러니까 그 얘기를 한 거야. "이런 이런 문제가 나왔는데, 이것을 해결할 방법이 없으니 근심을 안 할 수가 있습니까?" (그렇게 말을) 했더 니, "응, 그래? 그 아래 위가 똑같은 나무는 물에다 띄우면 가라앉는 쪽이 밑둥이다." 이거야. (겉으로 보이는 것은) 똑같아도.

￣ 아아, 그런 이유가 있었구나.

＝ "그리고 말은 모이를 주면 먼저 먹는 게 새끼다." 이거야. 새끼는 체 면이 없거든.

￣ 아하, 그것도.

＝ 어미는 새끼(가) 먹으라고. 그래서 "아, 그렇습니까?" 오선에 조정으로 가서 답변을 했어. "이렇게 하면 됩니다." 그래서 인제 이게 나무는 아래 위가 균일해도 이게 아래고 이게 위이며, 말은 이게 어미고 새끼다. 그래 모면이 됐어. 그 때문에 왕이 그 재상을 불러가지고 "아아니, 그 어디서 그런 응, 현안이 떠올랐느냐?" "죽을 죄, 죽을 죄를 졌습니다." 그랬더니. 법을 어겼으니까. "그 죽을 죄라니 무슨 얘기야? 상금을 내려야지, 죽을 죄라니?" "사회 국법을 어기고, 우리 어르신네를 고려장을 아니 내고 은거 시켰었는데, 아버님한테 여쭤보니 그런 말씀을 하셔서 그렇게 됐습니다."

그 교후니 읻짜나. 그때부터 고려장을 폐:지시켵때능거야. 그래가지구, 경허믄 읻따 이거야, 늘그니드리. 늘그니라구 죄:다 조응건 아니지.

    ˉ 아, 그럼.

    ＝ 지바네두 하라버지나 아버지가 이런저런 이레 말하능거, 바로 그거야. 그래서 늘그니 잔소리한다구 그러지. 황당한 이리지.

    ˉ 따릉건 괜차느니까 잔소리가 되능거라구. 그런데 그거이 에, 가르키미라구[22] 생각커믄 괜차는데, 잔:소리라구 생가글 하니까 잘몯뺑거야.

    ＝ 귀차는 존재지. 그러니까 자손드레게 귀차는 존재야, 늘그니가.

    ˉ (※ 잠깐 쉬는 시간에 녹음기를 끄지 않고 밖으로 나간 사이에 제보자들 끼리 하는 말) 가만 이써라. 이사람드리 오늘이믄 끈내겓따구 그러더니. 어떠케 빨리해야지 인제.

    ＝ 무얼 빨리해?

    ˉ 뭐 이거 이거, 저거핼꺼야.

    ＝ 이거 껃찌요? (ˉ 어?) 껃찌?

    ˉ 이게 이게, 책 이게, 저거로 다 여게 으, 대화를 너키 위해서. 사실 그러타 그래두 아니다 그거지. (※밖에서 돌아오자) 이거 하십씨다. 이거 일곱씨까지 해야 핸다면서?

    왜 떼어노으셔씀니까?

    ˉ 그러믄 내가 군대 이쓸 때 이애기 하나 하까? 훌련병이 담배뿔이 꺼:적꺼등. 인제 에, 부리 꺼저씨니 빨쑤도 억:꼬. 그때 교과니 오고 이썬는데 이노미 이베다 물고, "교관님, 불좀 주세요." 아니, 갸:미 육꾼 대위한테 훌련병이 "불 좀 주세요." 허구, 담배뿌레 떠억 이러케 물구 "불 좀 주세요." 허니.

    ＝ 용감허지 뭐:야?

    ˉ 그러니까 교:과니 가마::니 보더니 고개 끄떡끄떡 허면서, (웃음) 라이타를 제껴서 "야, 피워라." 그래요. 그래 이노미 참 몯:나서 그런지 용:가

그 교훈이 있잖아. 그때부터 고려장을 폐지시켰다는 거야. 그래서, 경험은 있다 이거야, 늙은이들이. 늙은이라고 죄다 좋은 건 아니지.

﹁ 아, 그럼.

﹗ 집안에도 할아버지나 아버지가 이런저런 일에 (대해) 말하는 거, 바로 그거야. 그래서 늙은이(가) 잔소리한다고 그러지. 황당한 일이지.

﹁ 다른 건 괜찮으니까 잔소리가 되는 거라고. 그런데 그것이 에, 가르침이라고 생각하면 괜찮은데, 잔소리라고 생각을 하니까 잘못된 거야.

﹗ 귀찮은 존재지. 그러니까 자손들에게 귀찮은 존재야, 늙은이가.

﹁ (※ 잠깐 쉬는 시간에 녹음기를 끄지 않고 밖으로 나간 사이에 제보자들 끼리 하는 말) 가만 있어라. 이 사람들이, 오늘이면 끝내겠다고 그러더니. 어떻게 빨리해야지 인제.

﹗ 무얼 빨리해?

﹁ 뭐 이것 이것, 저거할(=조사하는 것을 끝낼) 거야.

﹗ 이거(=녹음기) 껐지요? (﹁ 어?) 껐지?

﹁ 이게 이게, 책 이게, 저것(=녹음기)으로 다 여기에 으, 대화를 너키(=녹음하기) 위해서. 사실 그렇다 그래도 아니다 그거지. (※밖에서 돌아오자) 이거 하십시다. 이것 일곱 시까지 해야 한다면서?

왜 (핀마이크를) 떼어 놓으셨습니까?

﹁ 그러면 내가 군대 있을 때 (본) 이야기를 하나 힐까? 훈련병이 담뱃불이 꺼졌거든. 인제 에, 불이 꺼졌으니 (담배를) 빨 수도 없고. 그때 교관이 오고 있었는데, 이노미 입에다 (담배를) 물고, "교관님, 불 좀 주세요." 아 아니, 감히 육군 대위한테 훈련병이 "불 좀 주세요." 하고, 담뱃불에 떡 이렇게 물고 "불 좀 주세요." 하니.

﹗ 용감하지 뭐야?

﹁ 그러니까 교관이 가만히 보더니 고개(를) 끄덕끄덕 하면서, (웃음) 라이타를 젖혀서, "야, 피워라." 그래요. 그래 이놈이 참 못나서 그런지 용감

매 그런지, 담:배를 그 아페서 버꿈:: 버꿈. 그런데 그 교:과니 피:다가 던
징거야. 꽁초야. 담배를 안 주니까 그때 훌런병은 그래 얼마나, 담배가 얼
마나 먹꾸시퍼께써? 이제 저그해서 그래 뻐끔::뻐꿈 피니까, "야, 다 피원
나?" "아니, 쪼끔 나마씀니다." 그래가꾸 이베 부리 부틀 쩡도루다 뻐꿈거
리다가, "예, 다 펴씀니다." "그래? 그러믄 내 아페 와." 그러니까 와 섣따.
"차려, 이자시가! 으으, 훌런병 새끼가 육꾼 대위 아페서 이자시가 이러케
서?" (일동 웃음) "차렫!" 허니까 찬저터라구. "네가 지끔 훌런병이냐 뭐냐?
아무리 모른다 모른다 해두 이러케 모:르는 새끼가 이써? (일동 웃음) 나
는 육꾼 대위지만두 소령한테 담배뿔를 몯 따내따 마리야. 그런데 이노무
새끼야, 훌런병이 육꾼 대위한테 '담배뿔 주시요.' (일동 웃음) 이게 바:보
냐, 네가 몬:나서 그러냐, 똑또캐서 그러냐?" 말이야. 그래서 택: 후려갈겨
버렫따. 그러니까는 모:르믄 아주 바보 노르슬 해, 바보 노르슬 아주 완저
니.

　예, 이제 돼:씀니다. 그러며는 아까 왕, 왕 이애기하셔씀니까?

　˭ 아니, 딴, 우리 잡땀핻쪼오.

　˗ 애:기 해, 또?

　또 뭐 경험하싱거 그렁거.

　˭ 경험항거 엄는데. 또 그래가지구 (예.) 역씨 유림 관게 말쓰믈 디려야
지 뭐. (예. 예.) 그저네 우리 선친쩌게는 정:말 누가 투표허질 앙쿠 주위에
서, 사양을 허면서, 추대를 허면 마:지 모탠는데. 지끄믄 그걷뚜 민주화가
됀는지, 출:마를 해가지구 투표를 해가지구 이루어저 이게. 그래가지구 음,
출마자드른 또 누가 제이를 핻:는지, 절믄 세대가 애:기해 항상. (예.) 뱅마눤
씨글 내:구서 출마허게 맨드러야 한다 이거야. 그래 그걸 무:슨 지귀라구
그래두 세:사래미 출마해써 먼저메. 지끔 박** 씨, 또 정**이라구 일뚱며
네 그저네 이써서. 그리고 이** 씨. 음, 뱅마눤씨글 인제 내구 등노글 해가
지구 투표를 허는데, 그게 투표래능게 이상해. 이:중성껴글 써야지, 내

해서 그런지, 담배를 그 앞에서 버꿈버꿈. 그런데 그 교관이 (담배를) 피다가 던진 거야. 꽁초야. (훈련소에서) 담배를 주지 않으니까 그때 훈련병은 그래 얼마나, 담배가 얼마나 먹고 싶었겠어? 이제 저그해서(=그 훈련병이 던진 꽁초를 주워서) 그래 뻐끔뻐끔 피우니까, "야, 다 피웠나?", "아니, 조금 남았습니다." 그래서 입에 불이 붙을 정도로 뻐끔거리다가, "예, 다 피웠습니다." "그래? 그러면 내 앞에 와." 그러니까 와서 섰다. "차렷, 이 자식아! 으으, 훈련병 새끼가 육군 대위 앞에서 이 자식아 이렇게 서?" (일동 웃음) "차렷!" 하니까 찬젖(?)더라고. "네가 지금 훈련병이냐 뭐냐? 아무리 모른다 모른다 해도 이렇게 모르는 새끼가 있어? (일동 웃음) 나는 육군 대위지만 소령한테 담뱃불을 못 따냈다 말이야. 그런데 이놈의 새끼야, 훈련병이 육군 대위한테 '담뱃불 주시오.' (일동 웃음) 이게 바보냐, 네가 못나서 그러냐, 똑똑해서 그러냐?" 마리야. 그래서 탁 후려갈겨 버렸다. 그러니까 모르면 아주 바보 노릇을 해. 바보 노릇을 아주 완전히.

예, 이제 됐습니다. 그러면 아까 왕, 왕 이야기하셨습니까?

˭ 아니, 딴, 우리 잡담했죠.

˭ 얘기 해, 또?

또 뭐 경험하신 거 그런 거.

˭ 경험한 것 없는데. 또 그래서 (예.) 역시 유림 관계 말씀을 드려야지 뭐. (예, 예.) 그전에 우리 선친 적에는 정말 누가 투표하지를 않고 주위에서, 사양을 하면서, 추대를 하면 마지 못했는데. 지금은 그것도 민주화가 되었는지, 출마를 해 가지고 투표를 해 가지고 이루어져 이게. 그래서 음, 출마자들은 또 누가 제의를 했는지, 젊은 세대가 얘기해 항상. (예.) 백만 원씩을 내고서 출마하게 만들어야 한다 이거야. 그래 그걸 무슨 직위라고 그래도 세 사람이 출마했어, 먼젓번에. 지금 박** 씨, 또 정**이라고 일동면에 그전에 있었어. 그리고 이** 씨. 음, 백만원씩을 인제 내구 등록을 해 가지고 투표를 하는데, 그게 투표라는 게 이상해. 이중성격을 써야

절:루 간다구 애:길 모태, 진짜. 양시믈 소겨야지. "염녀마라." 이런시그루 나가야지. 으으, 그래두 인제 뭥가 기타 인사드리 딱딱 찔러봐서 나보다 더 선배 양반드리 안 뒏찌. 아랃따구. 그 찍끼는 딴데다 찍지, 흐니 당선자. 그런데 정** 씨두 다:: 친절한 분들 아니야? 그러치만 게:두 원만하구 그래두 이끌구 나갈 쑤 인는 인사를 해야지, 친불친으루다 갈쌔 업써. 그래가지구 허다보니까 진짜 또 이** 씨가 됀:는데, 기타 인사들 보기엔 미안허지. 개두 ** 씨는 헌말이라두 "나를 지지해 조껟찌요." 그래. 그 너무 미아내. 나 이거 그저 양심 성거허는데두. 그래가지구 ** 씨는 함번 낙서니 돼써써요. 그런데 저녀게 ** 얘:기는, 아능게 마나. 그리구 ** 면:장을 지낵꼬. 지역쩌그로 그리구 저:기. 그리구 저어 강**. 그 **부 장:관 덕뿌네 면:장해. 그땐 빼기니까. ** 장관이란 인사꿘 다 가지구 이써요, 그때. 으, 그래서 요버네 그 직짱을 다 그만둔 사람, 함경도 사람도 ** 덕뿌네 면:장항거야, 그때. 그래가지구 끅까지 물구 느러저썬는데.

그래가지구 인제 요버네 향교에는 전이를²³⁾ 선출하능가 하믄, 유:도회는 유:도회장이 또 이써요. 유:도회장을 선:출허게 됀:는데 올해는 양:볼 하구 투표를 안 하구 한 사람 맨드러 놔:써. 김**라구 키큰 사라미 한대.²⁴⁾ 그 양반 그냥 회장 됀:는데 여기 회이는 […] 허능게 뭐:냐 하며는, 유도에는 도:니 하나도 업써요. 회:한다믄 회:비를 가지구 가야 돼:. 밥까블 내야 돼:. 그래 그래가지구 일쩨네 유도회 교유글 삼개며늘 한 크라스를 해가지구 일똥면, 이동면, 하현면 삼개며늘 크라스를 해가지구 핸는데, "아아니, 정심²⁵⁾ 어떠케 주능거냐?" "아, 정시믄 대:저블 해야지 뭐:냐?" "그러믄 대:접 퍼능게 문제가 아니구 자그믈 조:달해줘야지 안느냐.?" 그랟떠니, "쪼끄믄 보태주는데, 자체저그루 해결해라." 이거야. 거기두 진짜 도:니 업써요. 그래가지구 어떠게 하다 보니까는 그래두 만만헌데가 조합짱 아닌가? 조합짱한테 차자 가서, 나하구 이동에 **허구 하혀네 **허구. 그런 애로

지, 나는 저쪽으로 간다고 얘기를 못해, 진짜. 양심을 속여야지. "염녀 마라." 이런 식으로 나가야지. 으으, 그래도 인제 무언가 기타 인사들이 딱딱 찔러봐서 나보다 더 선배 양반들이 안 됐지. 알았다고. (그러고는) 그 (표를) 찍기는 딴 데다 찍지, 흔히 당선자. 그런데 정** 씨도 다 친절한 분들 아니야? 그렇지만 그래도 원만하고 그래두 (회를) 이끌고 나갈 수 있는 인사를 해야지, 친불친(親不親)으로다 갈 새가 없어. 그래서 하다보니까 진짜 또 이** 씨가 (당선이) 됐는데, 기타 인사들 보기엔 미안하지. 그래도 ** 씨는 헛말이라도, "나를 지지해 줬겠지요." 그래. 그 너무 미안해. 나 이거 그저 양심 선거하는데도. 그래가지구 ** 씨는 한 번 낙선이 됐었어요. 그런데 저녁에 **의 얘기는, 아는 것이 많아. 그리고 ** 면장을 지냈고. 지역적으로 그리고 저기. 그리고 저어 강**. 그 **부 장관 덕분에 면장을 해. 그때는 빽이니까. ** 장관이 인사권을 다 가지고 있어요, 그때. 으, 그래서 요번에 그 직장을 다 그만 둔 사람, 함경도 사람도 ** 덕분에 면장을 한 거야, 그때. 그래서 끝까지 물고 늘어졌었는데.

그래서 인제 요번에 향교에는 전의(典儀)를 선출하는가 하면, 유도회(儒道會)에는 유도회장이 또 있어요. 유도회장을 선출하게 됐는데 올해는 양보를 하구 투표를 안 하고 한 사람(을 회장으로) 만들어 놓았어. 김**라구 키가 큰 사람이 한대. 그 양반은 그냥 회장이 됐는데 여기 회의는 […] 하는 게 뭐냐 하면, 유도회는 논이 하나도 없어요. 회를 한다면 회비를 가지고 가야 돼. 밥값을 내야 돼. 그래 그래서 일전에 유도회 교육을 삼 개 면을 한 클래스를 해가지고 일동면, 이동면, 하현면 삼 개 면을 클래스를 해가지고 했는데, "아아니, 점심 어떻게 주는 거냐?" "아, 점심은 대접을 해야지 뭐냐?" "그러면 대접하는 게 문제가 아니고 자금을 조달해줘야지 않느냐?" 그랬더니, "조금은 보태 주는데, 자체적으로 해결해라." 이거야. 거기도 진짜 돈이 없어요. 그래서 어떻게 하다 보니까 그래도 만만한 데가 조합장 아닌가? 조합장한테 찾아 갔어. 나하고 이동의 **하고 하현의

사[26] 하라는데, 그 *식땅 일짜나? 조하베 지하에. 그 지권들 항상 정시믈 머거요. "이 구내 식땅에서 우리 식싸를 헐쑤 엄느냐?" 그랟떠니, "왜 그러세요?" "그 유도회 교유기 인는데, 그날 유도회원들 식쌀 좀 대:접패야 되겐는데 식땅을 좀 어떠게 정해줄쑤 엄느냐?" 그랟떠니, "제공해 디리께요." 난 식땅제공이믄 요하에는 엄능거. 조합짱이 봐:달라구 직쩝 이얘기 모태구 응그:니 넌저시 그랟떠니 처어멘 빌려디린다구 그러더니 나중엔 "정시 그러믄 우리가 대:저블 할께요." 바:로 그거를 기대핻떵거지. 그래 이제 정:심 대:저블 핸:는데 저기서는 조끔 도와준다고 그랜는데, 해:겨른 뙨:찌마는 일쩔 업:찌아나? 그래 기부니 나뿌자나? 그래서 또 항이가 드러강거지.

그래가지고 안 되니까, 유:도회장드리 "모타겓따." 그래 사표를 작썽해가지구 셴, 세: 사라미 사표를 제:출해써. 그다으메 간떠니 유도회장은 업:꼬 유**만 게시더라구. 그래서 거기 저, 사무실 바루 여피니까 그걸 전달하러 간떠니, 아라따구. 그 바루 지금 저, 일짜나. 핸드포니 익끼 때무네 바:루 열라글 핸:는지, "기다려라." 이거야. "인제 회장이 오니까 기다려라." 이거야. 아, 만나믄 입짱만 난:처하지머. "우리 바빠서 그냥 감니다." 허구 와버려써.

그래서 그 다아메 사과를 핻짜나. 또 차자와써요. 정:심 사면서, "미안하게 됀:는데, 자금 조:다리 안 돼서 그래써." 왜 안 데리구 시푸대? 그 변:명이야. 시:에서두 지원해 주게 돼: 익꺼등. 강:사들두, 얼:마 안되지만 강사료두 줘:야지. "그때 강:사 세:부니 완는데 그 강사료는 안 줸느냐?" 핻떠니 "강사료는 그날 안 디릴쑤 업꾸 우선 급쩌늘 돌려서 지그블 핻따." 이거야. 그건 변:명이야. 시:에서 주능건 디꺼덕 나오지, 그노무게. 그래 나중에 헐쑤, 그때두 모며늘 핵:꾸. 요버네 영부, 관인, 영:종 삼개며네 유도회 교유기 일따구. 그래서 우리가 먼저 치루어쓰니까 거기 유:도회장이 "일뚱은 어떠케 치루써요?" 그래서 "어떠게 치루기는 제 닥 자바 먹꺼리 회:비 거돠가지구

**하고. 그런 애로사를 하라는데, 그 *식당 있잖아? 조합의 지하에. 그 직원들 항상 점심을 먹어요. "이 구내 식당에서 우리 식사를 할 수 없느냐?" 그랬더니. "왜 그러세요?" "그 유도회 교육이 있는데, 그 날 유도회원들 식사를 좀 대접해야 되겠는데 식당을 좀 어떻게 정해줄 수 없느냐?" 그랬떠니, "제공해 드릴게요." 나는 식당 제공이면 요하에는 없는 거. 조합장이 봐달라고 직접 이야기를 못하고 은근히 넌지시 그랬더니 처음에는 빌려드린다고 그러더니 나중에는 "정 그러면 우리가 대접을 할게요." 바로 그거를 기대했던 거지. 그래 이제 점심 대접을 했는데 저기서는 조금 도와준다고 그랬는데, 해결은 됐지마는 (도와주는 것이) 일절 없잖아? 그래 기분이 나쁘잖아? 그래서 또 항의가 들어간 거지.

그래서 안 되니까, 유도 회장들이 "(회장을) 못하겠다." 그래 사표를 작성해가지고 셋, 세 사람이 사표를 제출했어. 그다음에 갔더니 유도회장은 없고 유**만 계시더라고. 그래서 거기 저, 사무실 바로 옆이니까 그것을 전달하러 갔더니, 알았다고. 그 바로 지금 저, 있잖아. 핸드폰이 있기 때문에 바로 연락을 했는지, "기다려라." 이거야. "인제 회장이 오니까 기다려라." 이거야. 아, 만나면 입장만 난처하지 머. "우리 바빠서 그냥 갑니다." 하고 와버렸어.

그래서 그다음에 사과를 했잖아. 또 찾아 왔어요. 점심 사면서, "미안하게 됐는데, 자금 조달이 안 돼서 그랬어." 왜 안 데리고 싶대? 그 변명이야. 시에서도 지원해 주게 돼 있거든. 강사들도, 얼마 안 되지만 강사료도 줘야지. "그때 강사 세 분이 왔는데 그 강사료는 안 줬느냐?"고 했더니, "강사료는 그날 안 드릴 수 없고 우선 급전을 돌려서 지급을 했다." 이거야. 그것은 변명이야. 시에서 주는 건 재까닥 나오지, 그 놈의 게(=강사료 등 경비가). 그래 나중에 할 수, 그때도 모면을 했고. 요번에 영부, 관인, 영종 삼 개 면에 유도회 교육이 있다고. 그래서 우리가 먼저 치뤘으니까 거기 유도회장이 "일동은 어떻게 치뤘어요?" 그래서 "어떻게 치루기는 제 닭 잡

정:심 사머걷찌요. 어떠게."

아이, 풍무네 드끼엔 그게 아니던데요? 어디서 좀 나오구 또 어디서 도와 주얻때는데.

" 그, 사람 참 그 빨라. 일똥농혀베서 조합짱니미 내:구, 유도회서 지웡그미 좀 나간대는데, 쪼끔 지위늘 해주더래요. 그래:두 으무저그로 그런 시그로 해:봐야지. 유도회엔 도:니 업써, 진짜. 그러니 딱:컹게 나야 나. 그러믄 정시를 대:접펄쑤 인는 뭥:가 기그미 확뽀되어 인는데, 이거 회:비 가저오랜대. 내가 참 힘드러요. 매우 떡하는데 거:다 회:비 가저오라능거 밥깍 가저오라능건데. 힘드러요, 이거 모:등게 그래가주구. 유:도회가 발쩌니 아니면 바로 그거예요. 자기는 억:꼬 늘그니드리 동: 가진 사라믄 안 가라들지. 그래가지구 발쩌니 안 돼:요, 유도회가.

요즈믄 뭐 자체 기그미 든드니 이써야 행사도 하고 그러지요.

¯ 경조 보믄, 정심 어:더머그려니: 하구 가는 사람드리 다 기대하니깐.

" 유도회 출씨니 정:개두 나가구 거기에 장:이구 뭐:구 거기 출씬드린데, 함번 나오래서 인제 나간는데, 내일 모레 서울 간:다 이거야. 서우레 뭐허루 가느냐 핻:떠니 데모하러 간대. 지나간 애:김니다. 현정부가 드러서가지구 그, 호주제도 폐:지 또 동성동본 이거, 그거 인제 허는데, 진짜 궁민드리 반:대는 하지만 단첼 움지길쑤는 엄는 모양이야, 이게. 정구게 서들 간는데, 벌청에서두 광광뻐스 두:대를 대:절해가지구. 자금 업찌. 진짜 그래두 가써요.

그랟떠니 저쪼게서두 먼저 다 국케으사당 아페 뭐 저, 광:장 일짜나요? 글루다²⁷⁾ 집껼해가지구 간는데, 도시락드를 먹:꼬 오후에 인제 글루 국껑서방 아푸로 갈랴는데,²⁸⁾ 벌써 정:경드리 이 수:짜가 더 마나. 꽈악 깔려서 거러갈떼가 이써? 잘: 갈떼가 이써? 그 광:장에서 마이크 가지구 그 저 큰쏘리 꽝꽝 고함만 치다가 완찌 머. 그런데 일:쩔 이 사람드리 방해아 먹거리 회비(=자기 밥값 자기가 내는 식의 회비) 거둬 가지고 점심 사 먹었지요, 어떻게."

아이, 풍문에 듣기엔 그게 아니던데요? 어디서 좀 나오고 또 어디서 도와주었다는데.

＂그, 사람 참 그 빨라. 일동 농협에서 조합장님이 내고, 유도회에서 지원금이 좀 나간다는데, 쪼끔 지원을 해주더래요. 그래도 의무적으로 그런 식으로 해 봐야지. 유도회에는 돈이 없어, 진짜. 그러니 딱한 게 나야 나. 그러면 점심을 대접할 수 있는 뭔가 기금이 확보되어 있는데, 이거 회비를 가져오라고 한대. 내가 참 힘들어요. 매우 딱한데 게다가 회비 가져오라는 건 밥값 가져오라는 건데. 힘들어요, 이거 모든 게 그래서. 유도회가 발전이 아니면 바로 그거예요. 자기는 (돈이) 없고 늙은이들이 돈 가진 사람은 안 갈아들지. 그래서 발전이 안 돼요, 유도회가.

요즘은 뭐 자체 기금이 든든히 있어야 행사도 하고 그러지요.

˜ 경조 보면, 점심 얻어먹으려니 하고 가는 사람들이 다 기대하니까.

＂유도회 출신이 정계도 나가고 거기에 장(長)이구 뭐구 거기 출신들인데, 한번 나오라고 해서 인제 나갔는데, 내일 모레 서울 간다 이거야. 서울에 뭐하러 가느냐고 했더니 데모하러 간대. 지나간 얘깁니다. 현정부가 들어서 가지고 그, 호주제도 폐지 또 동성동본 이거, 그거 인제 하는데, 진짜 국민들이 반대는 하지만 단체를 움직일 수는 없는 모양이야, 이게. 전국에서들 갔는데, 벌청에서도 관광버스 두 대를 대절해가지고. 자금 없지. 진짜 그래도 갔어요.

그랬더니 저쪽에서도 먼저 다 국회의사당 앞에 뭐 저, 광장 있잖아요? 그쪽으로 집결해 가지고 갔는데, 도시락들 먹고 오후에 인제 그리로 국경서방 앞으로 가려는데, 벌서 전경들이 이 숫자가 더 많아. 꽉 깔려서 걸어갈 데가 있어? 잘 갈 데가 있어? 그 광장에서 마이크 가지고 그저 큰소리 꽝꽝 고함만 치다가 왔지 머. 그런데 일절 이 사람들이 방해를 안를 안 시켜. 그러케 대:규모루 해두.

고다메 이차루 또 완는데, 그 서울녁 광:장에서 또 핸는데, 그때두 핸는데, 확썽기를 어디서 그러케 장만핸는지 몰라요. 확썽기가 꽝 큰:소리로 울려요, 아주. 그래 거기는 주과니 이제 성균과네서 하구 유도회에서 해가주구 인제 하는데, 차에다 단상을 맨드라가지고 차 두개, 큰 차하고 영결하니까 단상 훌륭허게 되데. 그러구 거기서 꽝꽝대구 핸는데, 그다아메 와봐두 바녕 안 시키네, 일쩔 뭐.

왜, 데모하믄, "저 새끼는 무슨 데모!" 요글 해썰찌. 근데, 그게 바루 데모야, 알:구 보니까. 어:이, 그래가지구 데모두 함번 두번 가봘찌. 또 그 저, 우기, 농민 저, 무슨 데모니 해두, *두 싸람드리 좀 다납 잘 돼. 거기 사람드리 와서 주도꿔늘 쥐고. 여기 피동저그루 나가요, 여기 농민드른. 그래두 그저네 송아지 새끼를 거레다가 내반:느니 우유를 뿌련느니 허자나? 에, 헌데 유:도회서 하능거는 하나도 바녕이 안 돼요.

박**라구 국쾌에 이원. 이양바니 원 출씨니 포천이라네, 포천. 그 유리메서 이얘기하는데, 이 양바니 선두저그루 나가써써. 그 그 개정허는데, 국쾌이원 오:심 면명이서. 국쾌이원 전체가 아니니, 거기에 박**가 선두에 서가지구 해가지구. 박**, 이 지역꺼터믄 찍찌 안는다구. 근데 늘그니 히믄 업찌만 여~양여근 일따구 봐:야돼. 그래가지구 보는데, 요즘 이 **가 별루 안 나오데요?

요즈음 예, 뭘: 좀 할꺼까치 그러터니 영 이제 안 비치지요?

＝ 문**, 이 양반도 쭈욱 안 나오더니 요즈음 며뻔 비춰:조. 근데 노 대통녕에 으닌이야. 문**가. (예.) 왜냐? 강** 씨 표를 갈가 머그니까 요기도 승사니 됭거야. 그러니깐 노 대통녕한테는 으닌이라구, 문**가 바루. 그래가 이러케 나라가 안정이 안 되자나요.

그래가지구 이 지여개두, 먼저메 구쾌이원 문**, 이 양바니 사회에서 저년 몰랃떤 사라미예요. 그래가지구 구쾌이워는 됀는데, 거기에 경녁나

시켜. 그렇게 대규모로 (데모를) 해도.

고다음에 이차(二次)로 또 (데모하러) 왔는데, 그 서울역 광장에서 또 했는데, 그때도 (데모를) 했는데, 확성기를 어디서 그렇게 장만했는지 몰라요. 확성기가 꽝 큰소리로 울려요, 아주. 그래 거기는 주관이 이제 성균관에서 하고 유도회에서 해 가지고 인제 하는데, 차에다가 단상을 만들어 가지고 차 두 개, 큰 차하고 연결하니까 단상 훌륭하게 되데. 그러고 거기서 꽝꽝대고 했는데, 그다음에 와 봐도 반영을 안 시키네, 일절 뭐.

왜, 데모하면, "저 새끼는 무슨 데모!" (그러면서) 욕을 했었지. 그런데 그게 바로 데모야, 알고 보니까. 어이, 그래서 데모도 한 번 두 번 가봤지. 또 그 저, 우기, 농민 저, 무슨 데모니 해도, *도 사람들이 좀 단합이 잘 돼. 거기 사람들이 와서 주도권을 쥐고, 여기 피동적으로 나가요, 여기 농민은. 그래도 그전에 송아지 새끼를 거리에다가 내어놓았느니 우유를 뿌렸느니 하잖아? 에, 그런데 유도회에서 (데모)하는 거는 하나도 반영이 안 돼요.

박**라구 국회의 의원. 이 양반이 원 출신이 포천이라네, 포천. 그 유림에서 이야기하는데, 이 양반이 선두로 나갔었어. 그 그 개정하는 데, 국회의원 오십 몇 명이서. 국회의원 전체가 아니니, 거기에 박**가 선두에서 가지고 해 가지고. 박**, 이 지역 같으면 찍지 않는다고. 그런데 늙은이는 힘은 없지만 영향력은 있다고 봐야 돼. 그래서 보는데, 요즘 이**가 별로 안 나오데요?

요즘 예, 뭘 좀 할 거같이 그러더니 영 이제 안 비치지요?

= 문**, 이 양반도 쭉 안 나오더니 요즘 몇 번 비춰줘. 그런데 노 대통령의 은인이야. 문**가. (예.) 왜냐? 강** 씨 표를 갉아 먹으니까 여기도 승산이 된 거야. 그러니까 노 대통령한테는 은인이라고, 문**가 바로. 그래서 이렇게 나라가 안정이 안 되잖아요.

그래서 이 지역에도, 먼젓번 국회의원 문**, 이 양반이 사회에서 전연 몰랐던 사람이에요. 그래서 국회의원은 됐는데, 거기에 경력란에 그,

네 그, 자기 저거 그거꺼지 나와써. 저기, 뭐야? 그, 광, 운동꿘꺼지. 이:삼 십때는 그저 노:란 샤쓰래믄 조타고 찌거줘, 엉뚱이. 그 사라미 재:수헏짜 나요? 그 과:닌 출씨닌데, 과:닌 싸람 이얘기 드러보니까, 아::니 동:네서 이장 까마리도[29] 안 돼능게 국쾌이워니 됃:따 이거지. 그러믄 그때는 뭐: 라구 까라내리고 그대루 어디서 공:천바다가지구. 공:천바더니까 아, 그 래가지구 그러케 됃:따가 도중 하차해짜나, 이부니.

그래서 차타구 가면서 성:건날 내가 이런 이야기해. 무과난 사라미 지. 으:사를 딱 떠루거등. "요버네 어떠게 헐랴구 그래?" 이랟떠니, "아이 구 강** 찌글꺼예요." "왜? 그리 강**를 자 라라써?" 이랟떠니, "자 라라 아능거보담도 아:드리 거기다 찌거라 해:요." (웃음) 아드리 찌거래해? 절 믄 사라미 아버지가 일: 항두하는데, 이런 응.

˥ 누가 찌거랜나? (웃음).
˭ 그딴 사람들 아, 아드리, 아드리 시킨대로 핻찌만, 나중에는. 그래가 지구 넌지시 인제 얘:기를 허능거지. 상:판 나두 무어터구 그래가지구 엉: 뚱한 사람 뭐, 구쾌이원들 맨들구 그런다구 마리야. 게 요즘은 달라요. 왜? 인:도저긴 차워내서 부카네 도와주능거는 존데, (˥ 응) 우리 궁민두 이저 몯싸는 영세민들 얼마나 만씀니까? 양:고기니 비:료니 무상 그 지워 늘 해주는데, 우리 농민드른 백푸로 인상을 시켜, 비료때를. 사오처눤짜 리가 지끔 구천 얼마지? 팔천 얼마 그래요. 오늘도 보며는 도와주나 항가 지야, 비:료까븐.[30] 개:를 올려가지구 재를 갇따준다 이거야.[31] 그래서 그러 는데를 무허범:죄라구 인시글하지. (예) 나라가 주능거야, 우리드리 주능 거야, 응? 비:료 한포에 싸서 곱쩌레 주는, 반포 살 꺼 한 포에 소비 처눠 늘, 예를 드러. 그래 처부늘 그러케 평까 아 나지 아나요?[32]

자기 저거 그것까지 나왔어. 저기, 뭐야? 그, 광, 운동권까지. 이삼십 대
는 그저 노란샤스라면 좋다고 찍어줘, 엉뚱하게. 그 사람이 재수했잖아
요? 그 관인 출신인데, 관인 사람 이야기 들어보니까, 아니 동네에서 이
장감도 안 되는 게 국회의원이 됐다 이거지. 그러면 그때는 뭐라고 깔아
내리고 그대로 어디서 공천을 받아 가지고. 공천 받으니까 아, 그래서 그
렇게 됐다가 도중에 하차했잖아, 이 분이.

　그래서 차를 타고 가면서 선거 날에 내가 이런 이야기해. (나와는) 무
관한 사람이지. 의사(意思)를 딱 떨어뜨리거든. "요번에 어떻게 하려고 그
래?" 이랬더니, "아이구, 강** 찍을 거예요." "왜? 그리 강**를 잘 알아서?"
이랬더니, "잘 알아 아는 거보다도 아들이 거기다가 찍으라 해요." (웃음)
아들이 찍으라고 해? 젊은 사람이, 아버지가 일을 향도하는데(=앞에서 이
끌어 가는데), 이런 응.

　￣ 누가 찍으랬나? (웃음).

　＝ 그 따위 사람들 아, 아들이, 아들이 시킨대로 했지만, 나중에는. 그래서
넌지시 인제 얘기를 하는 거지. 상판(=얼굴)이 나도 무엇하고 그래서 엉뚱한
사람 뭐, 국회의원들 만들고 그런다고 말이야. 그래 요즘은 달라요. 왜?

　인도적인 차원에서 북한을 도와주는 거는 좋은데, (￣ 응) 우리 국민도
이제 못사는 영세민들 얼마나 많습니까? (북한에) 양곡(糧穀)이니 비료니
무상 그 지원을 해주는데, 우리 농민들은 백 프로 인상을 시켜, 비료대를.
사오천 원짜리가 지금 구천 얼마지? 팔천 얼마 그래요. 오늘도 (신문을)
보면 (북한은) 도와주나 한가지야(=도와주나 도와주지 않으나 못 사는 것은
마찬가지야), 비료 값은. 개를 올려가지고 재를 갖다 준다 이거야. 그래서
그러는 데를(=것을) 무허범죄(無許犯罪)라고 인식을 하지. (예.) (북한에 양곡
이나 비료를 무상으로 주는 것은) 나라가 주는 거야, 우리들이 주는 거야,
응? 비료 한 포에 싸서 곱절에 주는, 반 포 살 거 한 포에 소비 천원을, 예
를 들어. 그래 처분을 그렇게 평가 안 하지 않아요?

그 이게, 그래서 내가 이애기가, 그전부터 얘기를 해써. 현:대통령이 김**에 팔춘쩍 느러진 정칠[33]하구 일따. 사:추니믄 쪼끔 더 빨란는데, 팔춘쩍 응그::니 여기에 동조하능거다. 뭘: 마라느냐 하며는, 부카네서 제이 하능게 아니, "방공뻡 페지하라. 미군 철쑤해라." 게:속 종:시일관 그거 주장하능게 뭐:야? 그 응그::허게 추종을 허지아나? 그러게 팔춘 쩡도루 허지아나, 이게:. 그리구 인처네 매가더 장구네 동상을 철거시킨다구. 매가더 원사 때무네 통일이 안 됃:따 이거야. 바:루 원수 정꿘거트믄, 그게 츠으메 그래 부르진능거 아님니까? 통이리 되믄 매가더[…] 끄테 통일 다 돼써찌. 부산까지 내려오길, 낙똥강까지 가썬는데, 으으. (그러치요.) 그, 그 사람드레, 그 사람들허구 뭐:쓸 그 지저글 함니까? 뭡:니까? (※기침소리) 그건 한심해요. 그래가지구 이 몰:르는 무산자드른 아무걷뚜 몰:르능거 이 사람드른 좌츠게를 동경헌단마리야. 사:라메 심니가 엉:뚱헌 생가가게 돼: 일따구요. 게에, 게: 뾜짜 하여간 혹사 당하는 거슬 권해야 되는데, 그걸 몰:라 줘요.

그래가지고 요버네두 봐:요. 지방성거에구 뭐:구 다: 벌써로 막 끔직:: 항거지. 뭐 그 한나라당, 한나라당 인무리 축, 출중헝게 아니야. 바꽈보자는 으요게서 일딴 딴:데루다가 이거 지질 허능거지.

통이리, 가튼 나라가 통이른 빨리 돼:야지마는, 그 부카네서 월람해온 그분들하구 이산가족뜨른[34] 따컨 애:기지마는, 우리 궁민들루 바라봐쓸쩌게 통일되어서 방가울꺼 업:씀니다. 세금만 엄:청나게 매겨질꺼요, 머겨 살리기 위해서는.

[제보자가 화제를 바꾼다.]

= 오느리 파뤌 이십치리리라.

이십치리림니다. 오늘 벌써 사이리.

= 음:녀그로 윤:다리, 윤:다리 껴서 추서기 아직 머러써. 우린, 우린 저

그 이게, 그래서 내가 이야기가, 그전부터 이야기를 했어. 현 대통령이 김**의 팔촌적(八寸的) 늘어진 정치를 하고 있다. 사촌이면 조금 더 빨랐는데, 팔촌 적 은근히 여기에 동조하는 거다. 무얼 말하느냐 하면, 북한에서 제의하는 것이 아니, "반공법 폐지하라. 미군 철수해라." 계속 시종일관 그거 주장하는 게 뭐야? 그 은근하게 (현 정부가) 추종을 하잖아? 그러게 팔촌 정도로 하잖아, 이게. 그리고 인천의 맥아더 장군의 동상을 철거시킨다고. 맥아더 원수 때문에 통일이 안 됐다 이거야. 바로 원수 정권 같으면, 그게 처음에 그래 부르짖는 거 아닙니까? 통일이 되면 맥아더 […] 끝에 통일이 다 됐었지. 부산까지 내려오기를, 낙동강까지 갔었는데, 으으. (그렇지요.) 그, 그 사람들의, 그 사람들과 무엇을 그 지적을 합니까? 뭡니까? (※기침 소리) 그건 한심해요. 그래서 이 모르는 무산자(=교육받지 않은 가난한 사람)들은 아무것도 모르는 거 이 사람들은 좌측에를(=공산주의를) 동경한단 말이야. 사람의 심리가 엉뚱한 생각을 하게 돼 있다고요. 그래, 그래 봤자 하여간 혹사 당하는 것을 권해야 되는데(=공산 정권 하에서 혹사를 당하는 경험을 해보아야 하는데), 그걸 몰라 줘요.

그래서 요번에도 봐요. 지방선거에고 뭐고 다 벌써로 막 끔직한 거지. 뭐 그 한나라당, 한나라당 인물이 축, 출중한 게 아니야. 바꿔 보자는 의욕에서 일단 딴 데로다가 이거 지지를 하는 거지.

통일이, 같은 나라가 통일은 빨리 돼야하시만, 그 북한에서 월남해온 그 분들하고 이산가족들은 딱한 이야기지마는, 우리 국민들로 바라봤을 적에 통일되어서 반가울 거 없습니다. 세금만 엄청나게 매겨질 거요, (북한 사람들을) 먹여살리기 위해서는.

[제보자가 화제를 바꾼다.]

= 오늘이 팔월 이십칠일이라.

이십칠일입니다. 오늘 벌써 사일이.

= 음력으로 윤달이, 윤달이 끼어서 추석이 아직 멀었어. 우린, 우린 저

시월, 시월 이릴부터 오일까지 연휴덩가 뭐 징금다리 휴간가 (＝ 예, 예, 거기) 이러케 돼: 읻때요. 이 귀:한 다레도 생이리 인는 사라미 읻떠군요.

＝ 예, 예, 그야 그러치요. (￢ 윤:치뤄레?) (예.) 그러치요. 그때두 읻찌요. 심년마네.

＝ 어, 우리두 인제 금:초를[35] 해야 될텐데. 십일 때조 하라버지. 우리 선친 모신 고 아네가[36] 십일때조. 고 아:네 모시고 인는데, 십일때 하라버지 금:초를 헌다 허더래두 딴데는 청년드리 허지 뭐 다 아 내요. 명칭만 대동금초라: 허구.

그러케 오래 뒈시면 그 일때에 산소가 상:다이 널:께 분포돼어 이께꾼뇨.

＝ 거기:: 우리 시빌때조 모:석꼬, 또 그:: 위루다가 으으, 칠때조 함분 게시구. 그리구 저::기 각, 각퀴봉, 예를 드러 이동, 또 남산째, 사향성 큰::산마다. 아까두 지를 무시모턴다구 옌:나레 하라버지드리 게도 그 명당짜리가 이쓰까:: 하고 차자다니메서 쓰싱거야. 그러게 지끔 후생드리 애:를 먹찌아나, 인제는. 그때는 사니고 막 기어올라 가볼 땐데, 지끔 사람들 뭐 거러가? 사네 가기 힘드러요. 등:산하는 사람 업쩌그루 등사네 가지마는 기냥 가마:니 읻떤 사람들 사네 가기 힘드러요.

그래서 요즘 뭐 저 납꼴당이니 이렁게 (＝ 예) 어떠씀니까? 그런쪼그로 얘기가 자주 안 나옴니까?

＝ 글쎄, 그래서 나두 글 추진헐랴구 그랟는데. 글쎄. 근데 그게 뜯때루 안 돼요. 그이 자그미 수바니 뒈야 하는데.

￢ 그게 기이리 좀 가야지. 지끔 저거하기는 힘드러.

그런데 이 납꼴당이라능게 안쪼게다가

＝ 인제 이 여기 모양으로 인제 돌:루다 하구, 여기 무니 인는데 공간이지. 공가네다가 이거 진널짱을 쭉: 캐농거야. 그 주위에다가 먹끼 드러가게끔 요러케 해낟:는데. 거기 대해서 인제 세부저그루 뭘 말하냐 하믄, 노인네라는 게, 노인네드리 관씨미 이쓰니까. 먼저메 포처네 납꼴당 묘하는

시월, 시월 일일부터 오일까지 연휴던가 뭐 징금다리 휴가인가 (˝ 예, 예, 거기) 이렇게 되어 있더군요. 이 귀한 달에도 생일이 있는 사람이 있더군요.

˝ 예, 예, 그야 그렇지요. (˝ 윤칠월에?) (예.) 그렇지요. 그때도 있지요. 십년만에.

˝ 어, 우리도 이제 금초를 해야 될 텐데. 십일 대조 할아버지. 우리 선친 모신 고 안에가 십일 대조. 고 안에 모시고 있는데, 십일 대 할아버지 금초를 한다 하더래도 딴 데는 청년들이 하지 뭐 다 안 해요. 명칭만 대동금초라 하구.

그렇게 오래 되었으면 그 일대에 산소가 상당히 넓게 분포되어 있겠군요.

˝ 거기 우리 십일 대조를 모셨고, 또 그 위로다가 으으, 칠 대조 한 분 계시고. 그리고 저기 각, 각귀봉, 예를 들어 이동, 또 남산재, 사향성 큰 산마다. 아까도 지(地)를 무시 못한다고 옛날에 할아버지들이 그래도 그 명당자리가 있을까 하고 찾아다니면서 (묘를) 쓰신 거야. 그러니까 지금 후생들이 애를 먹잖아, 인제는. 그때는 산이고 막 기어올라 가볼 때인데, 지금 사람들 뭐 걸어가? 산에 가기 힘들어요. 등산하는 사람은 (직)업적으로 등산 가지마는 그냥 가만히 있던 사람들 산에 가기 힘들어요

그래서 요즘 뭐 저 납골당이니 이런 것이 (˝ 예) 어떻습니까? 그런 쪽으로 얘기가 자주 안 나옵니까?

˝ 글쎄, 그래서 나도 그걸 추진하려고 그랬는데. 글쎄. 그런데 그게 뜻대로 안 돼요. 그것이 자금이 수반이 돼야 하는데.

˝ 그게 기일이 좀 가야지. 지금 저거하기는 힘들어.

그런데 이 납골당이라는 게 안쪽에다가

˝ 인제 이 여기 모양으로 인제 돌로 하고, 여기 문이 있는데 공간이지. 공간에다가 이거 진열장을 쭉 해놓은 거야. 그 주위에다가 몇 기(基)가 들어가게끔 요렇게 해놓았는데. 거기 대해서 인제 세부적으로 뭘 말하느냐 하면, 노인네라는 게, 노인네들이 관심이 있으니까. 먼젓번에 포천에 납골당

그 업체가 드뢰써요. 근데 그냥바니 그래. "나는 돈:버러 와두 사회에 화
눠헌다." 그리구 아, 근: 천주교라구. 이 양바는 무슨 교:야? 교회멘서 진
짜 사회봉:사헌다구 이래가아 돈: 버러믄서. 그런데 이 양바니 노인네들
광광을 시켜써. 이리 일뚱:, 이:동, 하야 일개 면마다 관광뻐스 하나 가지
구. 포천꽐래 며니 얼맘니까? 죽: 거머쥐고 피아를 해써, 낙꼴당하고. 언:
젱가는. 그 장기저긴 암모그로 일:하능거지. 그 잘 안 뒈는지 언:제 가보
니까 페소허구 업써.

　그런데 그 낙꼴당 그 이얘기 드르니까 경비가 뒈게 마니 들고요.

　⌐ 돈: 인는 사람드른 멷어글 디려서 한대요. 아, 그리구 우리네 영세민
드른 인제 며천, 그냥 며천두 벅차지.

　⌐ 이** 네 지바네 그 우리 집 여페다아 이짜나?

　⌐ 화장해써?

　⌐ 으으, 그래가지구 이** 양바니 고미늘 해애.

　⌐ 이**네 사니니까 그냥 자기네 사네.

　⌐ 아니, 산보담도. 그분두 우때가 여기저기 산재돼쓰니 한데루다 집껼
시킹거지. 근데 그 한 육천 한 오:배기 드러갇때요. 근데 그 그매기 어디
서 나완느냐 하믄, 딴데에 그 이먀를 파라가지구 공짜루 생긴 도:니니까
해써. 그런데 우리는 공짜로 생긴 도:니 업꾸, 이거 성금가지구 헐래니까
히미들지이. 근데 에에, 그게 한 육천 한 오:백 드럳따구 그러는데. 그래
내가 생각카지. 이:백끼가 드러가기루 핻때요. 그러믄 나는 쪼꼬마케 축
소시켜서 백끼 쩡도라. 우때엘 위주로하구. 후소는 자기가 강 씬:가를 알
구 이쓰므는, 우서는 목쩌근 선대조, 선대조는 공가늘 두능거여. 자기가
가구시프믄 가구, 말티믄 말구 그건. 그런데, 근데 이:백 때리니까 백깨
쩡두루 추쓰루 모우두 그매기 축쏘시키니까, 그매기 좀 덜지 앙켄(캔)나
이러케 생가기 뒈능거지. 무엉가 실처네 옹겨야 뒐텐데 큰니리지. 으으.

하는 그 업체가 들어왔어요. 그런데 그 양반이 그래. "나는 돈 벌어 와두 사회에 환원한다." 그리구 아, 그건 천주교라구. 이 양반은 무슨 교야? 교회면서 진짜 사회봉사한다구 이래 가지고 돈 벌면서. 그런데 이 양반이 노인네들 관광을 시켰어. 이리 일동, 이동, 하야 일 개 면마다 관광버스 하나 가지고. 포천 관내 면이 얼마입니까? 죽 거머쥐고 피알(PR)을 했어, 납골당하고. 언제인가는. 그 장기적인 안목으로 일하는 거지. 그 잘 안 되는지 언제 가보니까 폐소(廢所)하고 없어.

  그런데 그 납골당, 그 이야기 들으니까 경비가 되게 많이 들고요.

  ＂ 돈이 있는 사람들은 몇 억을 들여서 한대요. 아, 그리고 우리네 영세 민들은 인제 몇 천, 그냥 몇 천도 벅차지.

  ＂ 이** 네 집안에 그 우리 집 옆에다가 있잖아?

  ＇ 화장했어?

  ＂ 으으, 그래서 이** 양반이 고민을 해.

  ＇ 이**네 사니니까 그냥 자기네 산에.

  ＂ 아니, 산보다도. 그 분도 윗대가 여기저기 산재되었으니 한데로다 집결시킨 거지. 그런데 그 한 육천 한 오백(만 원)이 들어갔대요. 그런데 그 금액이 어디서 나왔느냐 하면, 딴 데 (있는) 그 임야를 팔아서 공짜로 생긴 돈이니까 (납골당을) 했어(＝만들었어). 그런데 우리는 공짜로 생긴 돈이 없고, 이거 성금가지고 하려니까(＝납골당을 만들려니까) 힘이 들지. 그런데에 에, 그게 한 육천 한 오백(만 원이) 들었다고 그러는데. 그래 내가 생각하지. 이백 기가 들어가기로 했대요. 그러면 나는 조고맣게 축소시켜서 백 기 정도라. 윗대를 위주로 하고. 후손은 자기가 강 씨인가를 알고 있으면, 우선은 목적은 선대조, 선대조는 공간을 두는 거야. 자기가 (납골당으로) 가고 싶으면 가고, 말테면 말고 그건. 그런데, 그런데 이백이라고 하니까 백 개 정도로 추슬러 모아도, 금액이 축소되니까, 금액이 덜지 않겠나 이렇게 생각이 되는 거지. 무언가 실천에 옮겨야 될 텐데 큰일이지. 으으.

그럼 지금 추진 중이게꾼뇨?

= 요버네 인제 대전 금초쩌게 바리를 해봐야지요. 내 내자두 결싸반대야. 왜? 구태여 문중에서 마:를 드러가며 헐랴 그러느냐 이거지. 지끔 생존자들부터 모:실랴구 그러능게 아니야, 글세에. 선대조, 누가 그 차자가서 실쩨로 그 선대조를 실쩨로, 그 어른드를 모:시는데. 거기다 여유저그루다가 카늘 맨드능거지 머. 으. 근데 누가 뼈를 가라구 강요는 아 내애. 후:손드리라. 그니깐 그대루 딱 고기만 드러가게 헐쑤는 업짜나? 여유 익께 여:부늘 맨드능거지 머. 근데 그 경험자들 애:기 드르니까 그 낙꼴함두 돌:루 형게 이써요. 근데 돌:루 하며는, 으으으, 뭥가 하믄, 이게 공기가 안 드러가가지구 거기서 또 벌레지가 생긴대는 마리 이써. 그래가지구 새루게:량한 으으, 박쓰시그로 노겨가지구 또 항걷뚜 일때나. 으. 그 낙꼴함:두 구구각찌리예요. 그리구 그맥 차이가 또 어디 인능거지이. 그러기에 문다블하구. 또 비싸게 하는 사람드른 저어기 여:중가[37] 어디 그, 거 도기꽁장 일짜나? 거기다 글씨라믄 글씨 그대루 그게 낙꼴하메 명시가 되게 나오그루 하능거지. 그렁거는 좀 비싸지 또. 지끔 국까에서두 그걸 권장하능게, 나라에서 시:에서, 그러니께 지원그믈 주지아나, 그걸 허며느은. 그 지원금 가지구는 안돼. 지원그믄 그 형시게 지나지 안능거구.

ᅳ 그래 장:려허는 이미에서 지원그믈 주능거시지 뭐.

= 그 지원그믈 바들려므는 신청을 내야돼. 허가신청. 그냥 우리 뭐 허가신:청 해가는 과정이 까:다롭따니까. (ᅳ 그러치.)

그래서 으, 전준니씨네가 나안테 고미늘 해. 옌:나래 화모:캐 땔쩍게 누가 화모:캐 때라 그래써? 재수 나:뿌며는 걸리능거야. 그 다: 걸리능게 아니자나? 그 이른 된다믄, 누가 워:나니 이써 가지구 밀:구허라믄 몰를까.[38] 스스로 와서 이거 무허가 설치핸느냐구 무를 사람 하나두 업써. "걱쩡을 마라." 그니까, "그러까?" 하더니 이 양반 한부는 동네다가 회시글 시

그럼 지금 추진 중이겠군요?

˝ 요번에 인제 대전의 금초 적에 발의(發議)를 해봐야지요. 내 내자(內子)도 결사반대야. 왜? 구태여 문중(門中)에서 (나쁜) 말을 들어가며 (납골당 짓는 일을 발의)하려고 그러느냐 이거지. 지금 생존자들부터 모시려고 그러는 게 아니야, 글쎄. 선대조, 누가 그 찾아가서 실제로 그 선대조를 실제로, 그 어른들을 모시는데. 거기다 여유가 있게 칸을 만드는 거지 머. 으. 그런데 누가 뼈를 갈라고(=갈도록) 강요는 안 해. 후손들이라. 그러니까 그대로 딱 고기만 들어가게 할 수는 없잖아? 여유 있게 여분을 만드는 거지 머. 그런데 그 경험자들 얘기를 들으니까 그 납골함도 돌로 한(=만든) 게 있어요. 그런데 돌로 하면, 으으으, 뭔가 하면, 이게 공기가 안 들어가서 거기서 또 벌레가 생긴다는 말이 있어. 그래서 새로 계량한 으으, 박스 식으로 녹여서 또 한(=만든) 것도 있다나. 으. 그 납골함도 구구 각질이에요. 그리고 금액 차이가 또 어디 있는 거지. 그러기에 문답을 하구. 또 비싸게 하는 사람들은 저어기 여주인가 어디 그, 거기 도기공장 있잖아? 거기다 글씨라면 글씨 그대로 그게 납골함에 명시가 되게 나오게 하는 거지. 그런 거는 좀 비싸지 또. 지금 국가에서도 그걸 권장하는 하는 게, 나라에서 시에서, 그러니까 지원금을 주잖아, 그걸(=납골당)을 하면(=만들면). 그 지원금 가지고는 안 돼. 지원금은 그 형식에 지나지 않는 거고.

˝ 그래 장려하는 의미에서 지원금을 주는 것이지 뭐.

˝ 그, 지원금을 받으려면 신청을 내야 돼. 허가신청. 그냥 우리 뭐 허가신청 해가는 과정이 까다롭다니까. (˝ 그렇지.)

그래서 으, 전주 이 씨네가 나한테 고민을 (말)해. 옛날에 화목(火木)(을 장만)해(서 불을) 땔 적에 누가 화목해 때라 그랬어? 재수 나쁘면 걸리는(=붙잡히는) 거야. 그 다 걸리는 게 아니잖아? 그 일은 된다면, 누가 원한이 있어서 밀고하라면 모를까. 스스로 와서 이거 무허가 설치했느냐고 물을 사람 하나도 없어. "걱정을 마라." 그러니까, "그럴까?" 하더니 이 양켜써 그냥. 글쎄 설명을 내가 핻:찌. "이러케. 선대주를 모셔 올라 그러니 얼마나 숭조 사:상이 투철하냐?" 이걸 칭찬허기 위해서. 그 완전히 끈날짜 나? 끈난 다메두 또 한번 회시글 시키구. 그 회식 두 번 시켜써요.

게 우리 마으레두 지끔 축싼 농가드리 만치아나? 엔:나랜 집찌비 돼:지, 소를 키워가지구 악취가 나두 마:를 아 낸는데, 이거 근:대가 돼: 서 그런지 뭐허는지, 누가 하믄 뭐어, "악취난다." 뭐뭐, "어디서 키우느 냐?" (웃음) 으. 근데, 그래두 하나하나 이이를 제기허믄, 이에 버베 저:추 기 된다 이거야. 근데, **네 소가 일:찌. 저어 아래 **네가 또 막싸 새로 지얼찌 아나? 소 막사는 회:관 아페 일짜나. 그래두 인제 그냥저냥 지:내 가능거야 인제. 그렁걷뚜 응그니 귀띰허는 사라미 일따구. 언:제부터 이 러케 깨끄터게 말게 사라? 농초네서. 가치 키워야 살:지. 무슨 얘:기냐구 마리야. 우리 경:노당에, 요 뭐 광광간다 하므는 그래두 심마뉜, 이심마 뉜 부주를 해:요.

그래 언젠가는 저녀게 "내려오라." 이래. "뭐 왜 그러느냐?" 그랟떠 니. 절믄 사라미 어리내 동네 우녕에 대해서. "그런데 무슨 회이냐?" 그 랟떠니 고기에 와서 회일 개최헌다 이거야. 그 추리장에서.

"그 아라서 해. 나 피곤해서 목까게써." 으, 거기서 으사 드르러 왇떠 래. 이거 어떠커믄 조으냐구 그래서, 글쎄 그:는 어떠거느냐구 그리구 마 랟때나? 그 동이서가 첨부가 돼야 돼. 동이서를 하믄 나중에 또 용:먹짜 나, 동:네에서. 그러니까 내가 회:에 앙 가구 기피헝거지. 근데 어디서 고:바리 드러간는지 지끔 영창생활 하:구 문 장구고 안 바다. (웃음)

먼: 데 사람드리 이주헝거야. 예를 드러서, 어다 안 뵈는데 축사를 지어도 언:젱가는, 바로 직썬대루 가능거 아니지만, 응그:니 지하로 해서

반 한번은 동네다가 회식을 시켰어 그냥. 글쎄 설명을 내가 했지. "이렇게. 선대조를 모셔 오려고 그러니 얼마나 숭조사상(崇祖思想)이 투철하냐?" 이것을 칭찬하기 위해서. 그 완전히 끝났잖아? 끝난 다음에도 또 한 번 회식을 시키고. 그 회식 두 번 시켰어요.

그래 우리 마을에도 지금 축산 농가들이 많잖아? 옛날에는 집집이 돼지, 소를 키워서 악취가 나도 말을 안 했는데, 이거 근대가 돼서 그런지 뭐하는지, 누가 (축산을) 하면 뭐, "악취난다." 뭐뭐, "어디서 (돼지나 소를) 키우느냐?" (웃음) 으. 그런데, 그래도 하나하나 이의(異意)를 제기하면, 이에 법에 저촉이 된다 이거야. 그런데, **네 소가 있지. 저어 아래 **네가 또 막사 새로 지었잖아? 소 막사는 회관 앞에 있잖아. 그래도 인제 그냥 저냥 지내가는 거야 인제. 그런 것도 은근히 귀띔하는 사람이 있다고. 언제부터 이렇게 깨끗하게 맑게 살아? 농촌에서. 같이 키워야 살지. 무슨 얘기냐고 말이야. 우리 경로당에, 요 뭐 관광간다 하면 그래도 (**네가) 십만원, 이십만원 부조를 해요.

그래 언젠가는 저녁에 "내려오라." 이래. "뭐 왜 그러느냐?" 그랬더니. 젊은 사람이 어린애 동네 운영에 대해서. "그런데 무슨 회의냐?" 그랬더니 고기에 와서 회의를 개최한다 이거야. 그 추리장에서.

"그 알아서 해. 나 피곤해서 못 가겠어." 으, 거기서 (돼지나 소 막사의 불법 설치에 대한) 의사(意思) 들으러 왔더래. 이거 어떡하면 좋으냐고 그래서. 글쎄 그것은 어떡하느냐고 그러고 말았다나? 그 동의서가 첨부가 돼야 돼. 동의서를 (첨부)하면 나중에 또 욕 먹잖아, 동네에서. 그러니까 내가 회의에 안 가고 기피한 거지. 그런데 어디서 (돼지나 소 막사의 불법 시설에 대해) 고발이 들어갔는지 지금 영창생활을 하고 문 잠그고 (전화를) 안 받아. (웃음)

먼데 사람들(=돼지나 소 막사를 지어 축산을 하는 사람들)이 이주한 거야. 예를 들어서, 어디다가 안 보이는 데에 축사를 지어도 언젠가는, 바로 고바리 드러간다구 봐야지, 예를 드러.

￢ 그 지역 아니구 딴 사라미 해:두 웅그니.
＝ 그래서 그 사람두 안 됄:찌. 원치그루 헌다믄 헐께 하나두 업써. (웃음) 다아 버베 저:추글 박께 돼:일찌.

그래가지구 요버네 일똥, 이동, 화혀네서 크:게 잘몯뻥게, 시이워를 뽑는데 **가 공처늘 바닫짜나, *당에. 근 파:른 디리 굼는단 말:가치, 내면 싸라미라야 만나두 보구. 그래서 교:지서가 오자나? 아, 타지 싸람 시켜봘짜 그, 만나러, 차저를 갈꺼야? 여기 평생에 올까? 글쎄. 이걸 일똥의 면면 싸라미 이거 감정 가지구 해가지구 일똥 표가 딴데루 꺼저버리구 그러니까 이런, 마:리 되게써? 으으, 으, 두:리 나왇따믄 몰라, 여기서 이 지구에서, 하나는 여기서 거저 하나 선:출해주어야는데 그걸 아 내조가지구. 그래서 저기 이저네 시:에 그저 **두 박** 고차미구, 그에 이 사람두 사퇴를 허구 공천 몯 빠덛짜나.

화혀네 *가 아주 저 으:장꺼지 해썩꾸. 똑:또캐 이 양반. 조하베 감사허구 그랜는데, 이 양반두 공천 몯 바꾸. **야 공천 바다짜나? 그런 상대 면에서나 일치당겨리 돼야지. 두:리 나왇따믄 가리질수가 이써. 엉뚱헌 **, 이 싸라미 되게 허는데, 한 나잘 이 버노거던. 근 뭘로 봉사하라믄 이 버노 부치는데 투표용지는 그게 잘 몯뙈써. 순서가 사버네 가서 이써. 거기 위에 *당에두 김**가. 그에 요:기두 착까글 이르켣찌. 일똥에서 계획 쪼가 딴데로 간 사람이 읻찌.

이:버늘 달구 찌글 투표용지에 쭉: 서구 보니, 근데 **당이 쭉 나오니까는 에라 하나 내써요. 그게 멀: 원 짜가 이쓰니까 여기서 차이가 생긴 거야, 일똥 싸라미이. 복쑤 공처니니까, 그게. 으으, 그러니 지지하던 사람들 정말 어굴허구 분통이 터지니 당사자야 오죽컬꺼야? 예:를 드러서.

￢ 육뻐니 누구래썯찌?

직선대로 가는 거는 아니지만, 은근히 지하로 해서 고발이 들어간다고 봐야지, 예를 들어.

ˉ 그 지역 (사람이) 아니고 다른 (데서 온) 사람이 해도 은근히.

= 그래서 그 사람도 안 됐지. 원칙으로 한다면 할 게 하나도 없어. (웃음) 다 법에 저촉을 받게 돼 있지.

그래서 요번에 일동, 이동, 화현에서 크게 잘못된 게, 시의원을 뽑는데 **가 공천을 받았잖아, *당의. 그건 팔은 들여 굽는다는 말과 같이, 내면 사람이라야 만나도 보고. 그래서 교지서가 오잖아? 아, 타지 사람 시켜봤자 그, 만나러, 찾아를 갈 거야? 여기 평생에 올까? 글쎄. 이걸 일동의 몇몇 사람이 이거 감정 가지고 해서 일동 표가 딴 데로 꺼져버리고 그러니까 이런, 말이 되겠어? 으으, 으, 둘이 나왔다면 몰라, 여기서 이 지구(地區)에서, 하나는 여기서 거저 하나 선출해 주어야 하는데 그걸 안 해 줘가지고 그래서 저기 이전에 시에 그저 **도 박** 고참이고, 그에 이 사람도 사퇴를 하고 공천 못 받았잖아?

화현의 *가 아주 저 의장까지 했었고. 똑똑해 이 양반. 조합의 감사도 하고 그랬는데, 이 양반두 공천 못 받고. **야 공천 받았잖아? 그런 상대 면에서나 일치단결이 돼야지. 둘이 나왔다면 가려질 수가 있어. 엉뚱한 **, 이 사람이 되게 하는데, 한 나절 이 번호거든. 그건 뭘로 봉사하라면 이 번호 붙이는데 투표용지는 그게 잘 못됐어. 순서가 4번에 가서 있어. 거기 위에 *당에도 김**가. 그래 여기도 착각을 일으켰지. 일동에서 계획조가 딴 데로 간 사람이 있지.

2번을 달고 찍을 투표 용지에 쭉 서고 보니, 그런데 **당이 쭉 나오니까 에라 하나 냈어요. 그게 멀 원(遠) 자가 있으니까 여기서 차이가 생긴 거야, 일동 사람이. 복수 공천이니까, 그게. 으으, 그러니 지지하던 사람들 정말 억울하고 분통이 터지니 당사자야 오죽할 거야? 예를 들어서.

ˉ 6번이 누구랬었지?

= 육뻐는 몰:라. 아, 사:버는 이**야, 글쎄.

⌐ 아니, 그거는 면 저거구. 육뻐네 도이원 나온 이 사라메, 저버네 저어기 포:천 여자가 나한테 차자 완떠라구. "가튼 갑씨믄 좀 협쬬해 주시우." 그러더라구. (= 음.) 여자를 하나 데리구 와써. 데려 옹가봐, 어떠케 그 사람 따린지. 다방에 와서 차를 한잔 머그면서 그 얘기를 해줘. 그래가꾸서는 에, 에, 딴거를 해 도와 줄수는 업찌만두 나 자시니야 몯 또와주겐느냐. (웃음) 딴 사람까지 이끌구 협쬬해준다는 마른 모탄다. 그리구 뭐냐 저거 핻떠니, 응, 차까블 떡 내가 인제 저거핻떠니, "아, 여 차깝이." "내 동네 차저온 손니믄 내가 내야지." 이랟떠니. 차까블 빼서가꾸 여기에 노쿠 자기가 차깝 내구 가더라. 그러더니 이튼날 와써. (= 으응.) 얘기 드럳따구 마리야.

= 먼저 도이워네 **당이야. 그 사라미 **약방에 장:조카래. 그 사라미 며:네 한번 완떠라구. 그래서 아 염녀 말라구. 마리야 몯 끄래? 협쬬해주겐따고 그래야지. 그래가지구 으으, **약빵 잘 안다구 염녀말라구 그랟찌.(웃음)

지금 돼:지는 면마리 기르심니까? 마:니 기르심니까?

= 강아지요. (아, 강아지요?) (웃음) 강아지는 왜 키우느냐 하믄, 담:배까 비라두 할까 하구 핸는데 인제는 소드기 업써요. (왜 그러씀니까?) 늘그:니가 키우니까 안 돼. 새낄 내:가지구 키워야 하는데 무신 노무 개드링가 암놈 읻따믄 언젠가 발쩡이 올까 하구 기다리니 해를 미기능 거야. 근데 인제 그래가지구 기다리구 인는데. 그게 이익 되는저미 뭐 인느냐 하며는 나한테 건강에 조아요. 그게 이쓰니까 부대에두 가 짬:두[39] 가저오구. 그 노미 업쓰믄 가마:니 방구서게 나짬 자구 이쓸꺼야. 그런데 그래두 아침 저녁 개지베 가가지구 개죽 주구 그게 나에 건:강에 도움을 주능거요, 결론저그로는. (그러네요.)

아니, 부대에 짜믈 가저와서 미길 정도면 수짜가 망케꾼뇨?

￣ 6번은 몰라. 아, 4번은 이**야, 글쎄.

￣ 아니, 그거는 면(의) 저거(=의원이)고. 6번에 도의원 나온 이 사람의, 저번에 저기 포천 여자가 나한테 찾아 왔더라고. "같은 값이면 좀 협조해 주시오." 그러더라고. (￣ 음.) 여자를 하나 데리고 왔어. 데려 왔는가 봐, 어떻게 그 사람 딸인지. 다방에 와서 차를 한 잔 먹으면서 그 얘기를 해 줘. 그래서 에, 에, 딴것을 해 도와 줄 수는 없지만 나 자신이야 못 도와 주겠느냐. (웃음) 딴 사람까지 이끌고 협조해준다는 말은 못한다. 그리고 뭐냐 저거 했더니, 응, 찻값을 떡 내가 인제 저거(=지불)했더니, "아, 여기 찻값이." "내 동네 찾아온 손님은 내가 내야지." 이랬더니 찻값을 뺏어서 여기에 놓고 자기가 찻값을 내고 가더라. 그러더니 이튿날 왔어. (￣ 으응.) 얘기 들었다고 말이야.

￣ 먼저 도의원에 **당이야, 그 사람이. **약방의 장조카래. 그 사람이 면으로 한 번 왔더라고. 그래서 아 염려말라고. 말이야 못 그래? 협조해 주겠다고 그래야지. 그래 가지고 으으, **약방 잘 안다고 염려마라고 그 랬지. (웃음)

지금 돼지는 몇 마리 기르십니까? 많이 기르십니까?

￣ 강아지요. (아, 강아지요?) (웃음) 강아지는 왜 키우느냐 하면, 담배 값이라도 할까 하고 했는데 인제는 소득이 없어요. (왜 그렇습니까?) 늙은이가 키우니까 안 돼. 새끼를 내어서 키워야 하는데 무슨 놈의 개늘인가 암 놈 있다면 언제인가 발정이 올까 하고 기다리니 해를 먹이는 거야. 그런 데 인제 그래서 기다리고 있는데. 그게 이익이 되는 점이 뭐가 있느냐 하 면 나한테 건강에 좋아요. 그게 있으니까 부대에도 가서 짬도 가져오고. 그 놈이 없으면 가만히 방구석에서 낮잠 자고 있을 거야. 그런데 그래도 아침저녁 개집에 가서 개죽을 주고 그게 나의 건강에 도움을 주는 거요, 결론적으로는. (그러네요.)

아니, 부대의 짬을 가져와서 먹일 정도면 숫자가 많겠군요?

＝ 아니, 쪼끄만 무데기라서 해요. 오, 그래 그나마두 수짜가 업쓰니께 또 이운 싸람 노놔주지. 그나마도. 에, 부대에선 재를 넹기믄[40] 안 되니까. 그때 지나믄 악쮜가 나서 (그러씀니다.) 그날그날 백푸로 딱 제거시키야 돼:요.

내가 요 아페 부대꺼 가저오지 아나? 짜:메 대해서 아주 이 양바니 알지만 아주 고차미에요. 지끔 일개 중대가 인는 자린데. 과:거에 우리 일가 집터여썬는데 자유당시에 증:발 당해써요. 그때는 나라도 보:상 모태써요. 보:상비를 탈려면 그 소속삐가 안 된다구 그래써. 그 자리에 대대로 안자썩꺼덩. 쭈욱 그때부터 내 짜:믈 이용항거야, 그러다 보니까. 대대며는 연:대보다 훌려늘 더 봐요. 그래서 연대루 왇찌, 그걸 포길허구. 그 짜:믈 이용할라니까 여기서 또 차자와써. 짜미 피료허냐 이거야. 그래 어디서 완느냐 그러니깐 *특공대에서 옹거야 또. 특수부대니까 개두 주부시글 잘:주니까 짜:믄 그래두 에이끄브루 나와. 그나마 상급부대면 더 특대울 받찌 아나요?

그래가지구 인제 *에를 짜:믈 실르러 다녇쪼. 근데 그때는 수를 망머거써요. 개:망나니구. 지끄믄 인제 수를 상가능게 뭐냐 하믄 그 체머니 읻찌. 과거엔 잘몯 뙈쓸망정. 노인 회:장이 수리나 먹:꾸. 그런 직채기 뭔:지 그래서 술 취하지 앙케끔 내가 노:려글 허지요. 근데 짬:. 그때 경운기를 가지고 이러:케 그 인제 이 길 타구 이:동으루 가야 되는데, 그때 느저써. 짬: 실러 가다보니까. 어떠케 저 딴닐 보다 보니까. 카:부를 이리 트러가지구 오는데 큰: 차가 라이트를 켜:구 오니까 이거 잘 붕가늘 모타겓떠라구. 그래 배:수로다가 겨우 씨러바다써, 그 차 디려바등게 아니라. 아피 잘 안보이니까. 그래가지구 여기 사람, 나 주근줄 아라써요. 경운기 뒤지펴가지구 내가 그 쏘게 드러가써써니까. 그래두 요 주위 싸람드리 아무개 주걷따구 날:리치구 안식꾸가 까무러처서 우울해써찌.

마니 다치지는 아느셔씀니까?

" 아니, 조그만 무더기라서 해요. 오, 그래 그나마도 숫자가 없으니까 또 이웃 사람 나누어주지. 그나마도. 에, 부대에서는 재를 넘기면 안 되니까. 그때가 지나면 악취가 나서 (그렇습니다.) 그날그날 백 프로 딱 제거시켜야 돼요.

내가 요 앞에 부대의 것을 가져오지 않아? 짬에 대해서는 아주 이 양반이 알지만 아주 고참이에요. 지금 일 개 중대가 있는 자린데. 과거에 우리 일가 집터였었는데 자유당 때에 증발 당했어요. 그때는 나라도 보상 못했어요. 보상비를 타려면 그 수속비가 안 된다고 그랬어. 그 자리에 대대로 앉았었거든. 쭉 그때부터 내가 짬을 이용한 거야, 그러다 보니까. 대대면 연대보다 훈련을 더 봐요. 그래서 연대로 왔지, 그걸(=대대에서 나오는 짬) 포기를 하고. 그 짬을 이용하려니까 여기서 또 찾아왔어. 짬이 필요하냐 이거야. 그래 어디서 왔느냐 그러니까 *특공대에서 온 거야 또. 특수부대니까 그래도 주부식(主副食)을 잘 주니까 짬은 그래도 A급으로 나와. 그나마 상급부대면 더 특대우를 받지 않아요?

그래서 인제 *에를 짬을 실러 다녔지요. 그런데 그때는 술을 막 먹었어요. 개망나니고. 지금은 인제 술을 삼가는 게 뭐냐 하면 그 체면이 있지. 과거엔 잘못 되었을망정. 노인 회장이 술이나 먹고. 그런 직책이 뭔지 그래서 술 취하지 않게끔 내가 노력을 하지요. 그런데 짬, 그때 경운기를 가지고 이렇게 그 인제 이 길 타고 이동으로 가야 되는데, 그때 늦었어. 짬 실러 가다보니까. 어떻게 저 딴 일을 보다 보니까. 커브를 이리 틀어서 오는데 큰 차가 라이트를 켜고 오니까 이거 잘 분간을 못하겠더라고. 그래서 배수로다가 겨우 쓸어박았어. 그 차를 들이받은 게 아니라. 앞이 잘 안 보이니까. 그래 가지고 여기 사람, 내가 죽은 줄 알았어요. 경운기가 뒤집혀 가지고 내가 그 속에 들어갔었으니까. 그래도 요 주위 사람들이 아무개 죽었다고 난리치고 안식구가 까무러쳐서 우울했었지.

많이 다치지는 않으셨습니까?

＝ 다치지는 아내써요. 압바퀴로 전:보글 헝거야. 아, 그래가지구 모며늘 핻찌요.

￣ 운명이라구 봐야해. **이 봐. 정관사 가다 주긍거.

＝ 또 얼:마 일따가 짜:믈 씨꺼가지구 오는데, 세워리 흐른 다메. 여기 * 씨네 구멍가게 할쩌게야. (￣ 응.) 이 경웅기가 느려요. 대로상에 운저늘 하능게 아니거든. 난 예사로 운저늘 허는데, 대:로상에서. 삼:단, 일따는 그다으믄 빨릅니다, 그게. 저:기, 요기서 한 오시, 오십메타 전방에 인제 * 네 지께 쩡도 되써. 저기서 달려오던 경웅기가 여:기 오기 직짜에 그게 봉고차 저어기, 타이타닝가 뭐:야 짐차가 여게 홱 드로더니 (￣ 아.) 그노 무 차 후미를 디리바등거야, 경웅기가. 근데 새 차고 에, 남바 그게 짜부 러저써. 나는 보니까, 아페 차 라이트가 깨:지구 뭐 이랟떠라구. 그에 '아, 이거 내가 나무 차를 디려바다서[11] 안 됃꾸나.' 소그로 느끼구 인능 거지.

그런데 그 차 땅 내리더니 남자는 가마니 인는데 여자가, 절믄 여이 니 오더니, 촌:놈 하라버지가 나무 새 차 디려바닫따 이거야. 변상하라 이 거야. 그래 헐 마리 이써야지. 그래두 굼벙이두 발브믄 꿈틀댄다구. "여 보, 당신들 차만 망가저써? 내 경웅기두 라이트 깨:저써. 이거 변:상해. 어, 이거 만오처눤만 변:상을 해." 그랟떠니 별:로무 하라버지 다 보겓때. 나무 차 디려박꾸 큰소리 꽝꽝 친다구. 큰소리 하믄 내껃뚜 망가전는데 무슨 변:상을 해달라구 그래.

그래두 소그루 거비 나요. 교통법꾸두 몰르는데. 파출소루 저:날 핸 는지, 그 시저렌 그 백차가 업써. 그저 오도바이 타구 경찰과니 따악 오 더니 쓰윽 상황을 보더니 답뼈늘 해.

"운저는 가마:니 인는데 이 차가 이 경웅기 추월핸느냐?" 그러니까 추 월핻따 이거야. "그래요? 그런데 저 아저씨가 뭐:라 그러더냐?" 그러니까. "아, 저 아저씨가 엉뚱:허게 라이트가 깨:젇따구 만:오처눤 변:상을 해달라

＝ 다치지는 않았어요. 앞바퀴로 전복을 한 거야. 아, 그래 가지고 모면을 했지요.

￣ 운명이라고 봐야 해. **이 봐. 정관사로 가다가 죽은 거.

＝ 또 얼마 있다가 짬을 씻어서 오는데, 세월이 흐른 다음에. 여기 * 씨네 구멍가게 할 적에야. (￣ 응.) 이 경운기가 느려요. 대로상에(서는) 운전을 하는 게 아니거든. 나는 예사로 운전을 하는데, 대로상에서. 삼단(三段), 일단(一段)은 그다음은 빠릅니다, 그게. 저기, 요기서 한 오시, 오십 미터 전방에 인제 *의 집께 정도가 됐어. 저기서 달려오던 경운기가 여기 오기 직전에 그게 봉고차 저어기, 타이탄인가 뭐야 짐차가 여기에 홱 들어오더니 (￣ 아.) 그놈의 차 후미를 들이받은 거야, 경운기가. 그런데 (그 짐차가) 새 차고 에, 차 번호판 그게 짜부라졌어. 나는 보니까, 앞의 차 라이트가 깨지고 뭐 이랬더라고. 그래 '아, 이거 내가 남의 차를 들이받아서 안 됐구나.' 속으로 느끼고 있는 거지.

그런데 그 차(에서 부부가) 딱 내리더니 남자는 가만히 있는데 여자가, 젊은 여인이 오더니, 촌놈 할아버지가 남의 새 차 들이받았다 이거야. 변상하라 이거야. 그래 할 말이 있어야지. 그래도 굼벵이도 밟으면 꿈틀댄다고. "여보, 당신들 차만 망가졌어? 내 경운기도 라이트 깨졌어. 이거 변상해. 어, 이거 만 오천 원만 변상을 해." 그랬더니 별놈의 할아버지 다 보겠대. 남의 차를 들이받고 큰소리 꽝꽝 친다고. 큰소리 하면 내 것도 망가졌는데 무슨 변상을 해달라고 그래.

그래도 속으로 겁이 나요. 교통법규도 모르는데. 파출소로 전화를 했는지, 그 시절에는 그 백차가 없어. 그저 오토바이 타고 경찰관이 딱 오더니 쓱 상황을 보더니 답변을 해.

"운전은 가만히 있는데 이 차가 이 경운기를 추월했느냐?" 그러니까 추월했다 이거야. "그래요? 그런데 저 아저씨가 뭐라 그러더냐?" 그러니까 "아, 저 아저씨가 엉뚱하게 라이트가 깨졌다고 만 오천 원 변상을 해

구 그래서. 나무 차는 디려바다 노쿠. 엉뚱한 하라버지야." "그래요? 만:오
처뭔 디려요." 그러더라구. 그 소그루 "저노무 경찰과니 미천나?" 그러니
이 양바니 뭐:라 그러냐 하믄. "당신네가 샤:고를 안내고 그냥 가쓰믄 다
행이지마는, 샤:골내고 가면서, 여기서는 이기 지님노가 아니지 안느냐,
지님노가." 여기 차가 꺼꺼드로는 기리 아니래. 우리가 그렁걸 암니까?
이 차는 경웅기가 드러갈쭐 아랃찌. 그래두 삼다네 노오니까 이게 꺼꺼
화악 드러오니까는 후미를 디리바들쑤배끼. 아, 그래가지구 그 여자가 그
렁그렁 대면서 만:오처뭔 주더라구. 그러니깐 경찰과는 그대로 가버려.
그러더니 뭐:라 그라냐 하믄 아아, 경찰관 지여글 탄다 이거야. 어, 무슨
지여글 타느냐구. 왜는 몰:르지, 그 사람. 게, "당신 어디서 와쏘?" 그랟떠
니 *에서 왇때. 그 일똥 파출소서 와쓰니까. 오오, 그래가지구 모:며늘 하
구, 보:상을 바다가지구.

그래, 라이트 갑 얼:마 됨니까!⁴²⁾ 그 이튿날 파출쏘엘 가써. 담:배 인
제 한 보루⁴³⁾ 사가지구. 그래 그 출짱 왇떤 그 경찰과니 읻떠라구. 어제
고마왇따구 담:배나 드리려구. 아아, 별쏘리 다득께따구. 그냥 가주가라
구 망무가내⁴⁴⁾ 안 바다. 이건 와이루가⁴⁵⁾ 아니구 내가 치하루다가 한 보루
사가지구 완는데, 사가지구 기냥⁴⁶⁾ 가주가겐느냐구. 그리구 주어버렫찌.
아, 그래서 모면해써요. (웃음)

그러구 오도바이두 한번 또 혼:낭게, 대:개 토요일날 이료일날 잔채
를⁴⁷⁾ 해:요. 게 이료일날 잔채를 해써. 일똥 갇따가. 그때만 해두 지끔보단
절머쓰니까 오도바이를 타구 나무 잔채를 가구. 오도바이를 타쓰니까 수
를 인제 덜: 머거, 그나른. 평상시는 마낭 멍는데. 그리구 오후에 인자 오
다보므는, 토요일날 오며는 차드리 꼬리를 물구 나가요, 쭈욱. 나도 오후
에 가치고개 저 고걜 너머서 싹 오는데, 꼬릴 망 물구 뒤에 차들, 인제 하
나 라이트, 나는 경웅기가 그걸 다락꺼등. 뒤에 차가 오더라구. 한번 가보
자구 나는 내 코스로만 여푸로만 가는데, 어떤 노무 차가 하나가 화악 추

달라고 그래서. 남의 차는 들이받아 놓고. 엉뚱한 할아버지야." "그래요? 만 오천 원 드려요." 그러더라고. 그 속으로 '저놈의 경찰관이 미쳤나?' 그러니 이 양반(=경찰관)이 뭐라 그러느냐 하면, "당신네가 사고를 안 내고 그냥 갔으면 다행이지마는, 사고를 내고 가면서, 여기서는 이게 진입로가 아니지 않느냐, 진입로가." 여기 차가 꺾어 들어오는 길이 아니래. 우리가 그런 걸 압니까? 이 차는 경운기가 들어갈 줄 알았지. 그래도 삼단에 놓아서 이게 꺾어 확 들어오니까 후미를 들이받을 수밖에. 아, 그래 가지고 그 여자가 그렁그렁 대면서 만 오천 원을 주더라고. 그러니까 경찰관은 그대로 가버려. 그러더니 뭐라 그러느냐 하면 아아, 경찰관이 지역을 탄다 이거야. 어, 무슨 지역을 타느냐고. 왜는 모르지, 그 사람. 그래, "당신 어디서 왔오?" 그랬더니 *에서 왔대. 그 일동 파출소에서 왔으니까. 오오, 그래 가지고 모면을 하고, 보상을 받아 가지고.

　그래, 라이트 값 얼마 됩니까! 그 이튿날 파출소에를 갔어. 담배 인제 한 보루 사가지고. 그래 그 출장 왔던 그 경찰관이 있더라고. 어제 고마웠다고 담배나 드리려고. 아아, 별소리 다 듣겠다고. 그냥 가지고 가라고 막무가내 안 받아. 이건 뇌물이 아니고 내가 치하(致賀)로 한 보루 사가지구 왔는데, 사가지구 그냥 가지고 가겠느냐고. 그리고 주어버렸지. 아, 그래서 모면했어요. (웃음)

　그러구 오토바이도 한 번 또 혼난 게, 대개 토요일날이나 일요일날에 잔치를 해요. 그래 일요일날 잔치를 했어. 일동 갔다가. 그때만 해도 지금보다는 젊었으니까 오토바이를 타고 남의 잔치를 가고. 오토바이를 탔으니까 술을 인제 덜 먹어, 그 날은. 평상시는 마냥 먹는데. 그리고 오후에 인제 오다 보면, 토요일날 오면 차들이 꼬리를 물고 나가요, 쭈욱. 나도 오후에 가치고개 저 고개를 넘어서 싹 오는데, 꼬리를 막 물고 뒤에 차들, 인제 하나 라이트, 나는 경운기에(←가) 그걸(=라이트) 달았거든. 뒤에 차가 오더라고. 한번 가보자고 나는 내 코스로만 옆으로만 가는데, 어떤 놈의

월해 가더니 홱 트는데 오도바이 아푸루다가 확 친다. 이노무 차가 디리

대능 거야. 요, 그 다리 건:너가기 직쩌니지 그때.

그래 내가 오도바이 그노무차 미테 디리바드믄서 내가 트러젙짜나.[48]

그래가지구 이 라이트 깨:지구, 여기가 좀 뜨끔하더라구. 이러나보니까는

(※정강이뼈를 가리키면서) 여기가 홀렁 까지구 갑짜기는 피가 안 나요. 근

데 인제 벌:거케만 허지. 그랟떠니 이 양바니 차를 세워노터니, 오도바이

여기 놔:두시구 내 차 타시라 이거야. "빨리 병원에 가셔야 됩니다." 이거

야. 아이, 괜찬타구. (웃음) 아이, 그래두 가보셔야 된다구.

하두 그래 인자 그 차를 탇찌. 타구서 중앙병워느루 인제 일똥. 그래

이료일 나린데 원장이 잍떠라구. 그래 인제 가기 도중에 이 양바니 뭐:라

그러냐믄 "실례지마는 아저씨가 술 잡쑥꼬 술끼메 이 차를 디리 바다따

그러세요." (웃음) 그래 난 그래라구 그랟찌 뭐. 그래서 가보니까 병원 아

니나 달라. 원장이 "또 술 잡싹꾸먼." 그래. 술 머걷따구 그랟찌 뭐. 그래

인제 뭐, 응급 머치레 뭐 발라주구 주사 노:쿠. 그리구 나와쎄. "아니 여

보! 내가 언제 당신 차를 디리바다써?" 디리바닫따구 그러라 그래. "아이,

그래야 이제 염까루 나와요." (웃음) 으으. 내가 그 사고를 이르킹거처럼

해야지, 내가 과실 낻:따믄 병워네서 엉뚱헌 도:늘 달래요.

요 사라믄 도니 이써 보이니까 마니 부르지요.

＝ 음, 그래가지구 오구서는 이 양바니 싹 보니까 "요거 깨:징거 한 오:마

뉘니믄 수리허게써요. 그러니까 오:마눌 디리끼니까 수리를 허세요."

그러더라구. (웃음) "나두 심년 저네 오도바이를 타썬는, 타구 그랜는데,

여기 무리 조타 그래서 물 좀 뜨로 왇따가 그러케 돼씀니다." 이거야. 그

러냐구. 그래 우리 지브로다 알래해쎄. 그래 우리 지브로 가자구. 그래

커필 대저블 하구 우리 무를 뜨구. 그때 며누리가 그날 와 이써서. 이료

일나리니까. 간 다으메 "무슨 소니미에요?" 그래서 그런 얘:기 핻떠니. 에

차가 하나가 확 추월해 가더니 홱 트는데 오토바이 앞으로다가 확 친다.
이놈의 차가 들이대는 거야. 요, 그 다리 건너가기 직전이지 그때.

그래 내가 오토바이 그놈의 차 밑에 들이받으면서 내가 틀어졌잖아.
그래 가지고 이 라이트가 깨지고, 여기가 좀 뜨끔하더라고. 일어나 보니
까는 (※정강이뼈를 가리키면서) 여기가 훌렁 까지고 갑자기는 피가 안 나
요. 그런데 인제 벌겋기만 하지. 그랬더니 이 양반이 차를 세워 놓더니,
오토바이 여기 놓아두시고 내 차 타시라 이거야. "빨리 병원에 가셔야 됩
니다." 이거야. 아이, 괜찮다고. (웃음) 아이, 그래도 가보셔야 된다고.

하도 그래서 인제 그 차를 탔지. 타고서 중앙병원으로 인제 일동. 그
래 일요일날인데 원장이 있더라고. 그래 인제 가는(←기) 도중에 이 양반이
뭐라 그러느냐 하면 "실례지마는 아저씨가 술 잡수고 술김에 이 차를 들
이받았다고 그러세요." (웃음) 그래 나는 그러마(←그래라)고 그랬지 뭐.
그래서 가보니까 병원(에서) 아니나 달라. 원장이 "또 술 잡쉈구먼" 그래.
술 먹었다고 그랬지 뭐. 그래 인제 뭐, 응급 처치로(←며칠에) 뭐 발라주
고 주사 놓고. 그러고 나왔어. "아니 여보! 내가 언제 당신 차를 들이받았
어?" 들이받았다고 그러라 그래. "아이, 그래야 이제 (비용이) 염가로 나와
요." (웃음) 으으. 내가 그 사고를 일으킨 거처럼 해야지, 내가 과실(을) 냈
다면(=범했다면) 병원에서 엉뚱한 돈을 달랜다고 해요(←달래요).

요 사람은 논이 있어 보이니까 (비용을) **많이 부르지요**.

= 음, 그래서 와서는 이 양반이 싹 보더니(←니까) "요거 깨어진 것 한
오만 원이면 수리하겠어요. 그러니까 오만 원을 드릴 거니까 수리를 하세
요." 그러더라고. (웃음) "나도 십 년 전에 오토바이를 탔었는, 타구 그랬
는데, 여기 물이 좋다고 그래서 물 좀 뜨러 왔다가 그렇게 됐습니다." 이
거야. 그러냐고. 그래 우리 집으로다 안내를 했어. 그래 우리 집으로 가
자고. 그래 커피를 대접을 하고 우리 물을 뜨고. 그때 며느리가 그날 와
있었어. 일요일날이니까. (그 사람이) 간 다음에 "무슨 손님이에요?" 그래

이, 아버질 다친 사라믈 커피 대접파구 물 주구 그런다구. 그래두 그게 아니잔나? (웃음) 으으. 살:다보믄 그런 이리 이써요. 게회카지 아는 그거 우연저그루다가, 으으.

  아이, 위험한 고비를 여러번 넘겨셔꾼뇨.

  = 예.

  ¯ 나는 이런 이리 이써써. 이**가 오도바이를 사가지구 "내가 태워다 지베까지 데려다 주께." 그래. "아아, 시러. 나 오도바이 안 타. 나 그전부터 오도바이 마니 탄 사라미야." "으, 괜차나. 오도바이 익숙캐. 괜차나." 나는 오도바이 타믄 부라내서 모 타." 그랟떠니 "아, 글쎄 타라니까. 내가 처음 이걸 사각꾸서 으, 처엄 타능거이까는 내가 지베까지 데려다주겐따."구. 아, 그런데 **가 이 가세루⁴⁹⁾ 와쓰믄 조켄는데, 차선 위루 그대루 와. 하유, 역시 (웃음) 어이 업써서. "위험하다니께니." 그러니까 "하이, 그 무얼 모르는 소리구만. 아이, 이건 내 차서니야, 차선:." (웃음) 이게 내 차선이구 하는데, 뭐 어떤 노미 무얼 어떠게 해. 오도바이두 차구 차두 찬데 마리야. 그러니까 여푸로 이러케 서서 가며는 아, 이 새끼드리 가다가 툭 치믄 괘니 나곤드러 사:고 난 다으메야. "이건 내 선 위루 가니까는 무얼 어쩌게써? 기간 아무 쏘리 마라. 내가 법뀨를 아:니까." 아, 그런데두 차가 뒤에 따라오믄 부란하구. (웃음) 아이, 내가 그래서 안 탄다 그래두 대애구 타라구. 게서 처음 타써.

  ¯ 근데 오도바이만 나믄 타라구 염녀말라는데, 나두 마니 타라믄 타라구. 나두 자신 이써서 타라 그러며는 그 사람두 똑가틀꺼다 이거조. 으, 나믄 태우는데 나미 또 타라믄 아주 부란해. (웃음) 근데 사:라미 그 예:가미 이상허데. 그전엔 교통이 불펴핻찌 아나요? 일뚱서 내 양:무네⁵⁰⁾ 볼 리리⁵¹⁾ 이써써. 근데 **가 다방에 노:상 들락날락캐써. 게 다방에서 지금 어디 갈려냐구 그래. 그래서 양:무네 좀 갈라⁵²⁾ 그런다구 그랟떠니, "아이, 그럼 내가 태워다 디리게."

서 그런 얘기를 했더니, 에이, 아버지를 다치게 한(←다친) 사람을 커피 대접하고 물을 주고 그런다고. 그래도 그게 아니잖아? (웃음) 으으. 살다가 보면 그런 일이 있어요. 계획하지 않은 그거 우연적으로다가, 으으.

  아이, 위험한 고비를 여러 번 넘기셨군요.

  ＝ 예.

  ￢ 나는 이런 일이 있었어. 이**가 오토바이를 사 가지고 "내가 (너를) 태워다 집에까지 데려다 줄게." 그래. "아아, 싫어. 나 오토바이 안 타. 나 그전부터 오토바이 많이 탄 사람이야." "으, 괜찮아. 오토바이 익숙해. 괜찮아." "나는 오토바이 타면 불안해서 못 타." 그랬더니 "아, 글쎄 타라니까. 내가 처음 이걸 사가지고 으, 처음 타는 거니까 내가 집에까지 데려다주겠다."고. 아, 그런데 **가 이 가(邊)로 왔으면 좋겠는데, 차선 위로 그대로 와. 하유, 역시 (웃음) 어이가 없어서. "위험하다니까." 그러니까 "하이, 그 무얼 모르는 소리구먼. 아이, 이건 내 차선이야, 차선." (웃음) 이게 내 차선이라고 하는데, 뭐 어떤 놈이 무얼 어떻게 해. 오토바이도 차고 차도 차인데 말이야. 그러니까 옆으로 이렇게 서서 가면 아, 이 새끼들이 가다가 툭 치면 괜히 나뒹굴어 사고가 난 다음에야. "이건 내 선 위로 가니까 무얼 어쩌겠어? 그러니까 아무 소리 마라. 내가 법규를 아니까." 아, 그런데도 차가 뒤에 따라오면 불안하고. (웃음) 아이, 내가 그래서 안 탄다 그래도 막무가내로 타라고. 그래서 처음 탔어.

  ＝ 그런데 오토바이만 나면 타라고 염려마라는데, 나도 많이 타라면 타라고. 나두 자신이 있어서 타라 그러면 그 사람도 똑같을 거(=불안하게 생각할 것)다 이거지요. 으, 남은 태우는데 남이 또 타라면 아주 불안해. (웃음) 그런데 사람이 그 예감이 이상하데. 그전에는 교통이 불편했지 않아요? 일동에서 내 양문에 볼 일이 있었어. 그런데 **가 다방에 노상 들락날락했어. 그래 다방에서 지금 어디 가려느냐고 그래. 그래서 양문에 좀 가려고 그런다고 그랬더니, "아이, 그럼 내가 태워다 드릴게."

　　**한테 오도바이 이꺼등, 그때. 그럼 그러라구 그러구 타써요. 그래 가지구 그 삼팔교를 지나서 양무느루 가는데, 한 오:심메타 저는 뒤에서 봐:두 보이지 아나요? 중고등학생이 자전차를 타구 가는데, 뭔:가 부란하구 "저걸 디리받찌:." 허믄서 아주 부란해 죽껜떠라구.

　－ 그 예가미.

　＝ 윽, 예가미. 근:데 진짜 가더니 콱 그걸 디리반네. 아아, 그러니까 그 자동차두 아이두 씨러지고 오도바이도 씨러지고. 나두, 나두 그러니까 이 쓰봉이[53) 공구리[54) 바다게 그냥 확 깨끼구. 그러니 까지구 그래써. "너 괜차느냐?" 나두 이랟찌. 괜찬태. 이, 아파쓸꺼야. 나두 괜찬태는시그루 "괜차나요. 괜차나요." 이러니까 다행이라구 인제 그대로 지나 완는데. 아 그 사:라미, '이:상하다 저걸 받찌, 아메.' 이러는데 진짜 받떠라구, 이상하게.

　－ 그 예:가미 조치아나.

　＝ 그담부터는 **가 타라면 안 타. 나두 오도바이는 안 타. 음, 검나조. 그래가지구 인제 오도바이두 한번 그러케 다처봐썩꾸. 그래가지구 나두 마:니 다처써요, 그러케.

　**한테 오토바이가 있(었)거든, 그때. 그럼 그러라고 그러고 탔어요. 그래 가지고 그 삼팔교를 지나서 양문으로 가는데, 한 오십 메타 전(前)은 뒤에서 봐도 보이지 않아요? 중고등학생이 자전거를 타고 가는데, 뭔가 불안하고 '저걸 들이받지.' 하면서 아주 불안해 죽겠더라고.

　⁻ 그 예감이.

　⁼ 윽, 예감이. 그런데 진짜 가더니 콱 그걸(=자전거) 들이받네. 아아, 그러니까 그 자전거(←자동차)도 아이도 쓰러지고 오토바이도 쓰러지고. 나도, 나도 그러니까 이 바지가 콘크리트 바닥에 그냥 확 깎이고. 그러니 까지고 그랬어. "너 괜찮으냐?" 나도 이랬지. 괜찮대. 이, 아팠을 거야. 나도 괜찮다는 식으로 "괜찮아요. 괜찮아요." 이러니까 다행이라고 인제 그대로 지나 왔는데. 아 그 사람이라는 것이(←사람이), '이상하다. 저것을 받지, 아마.' 이러는데 진짜 받더라고, 이상하게.

　⁻ 그 예감이 좋지 않아.

　⁼ 그다음부터는 **가 (오토바이를) 타라면 안 타. 나도 오토바이는 안 타. 음, 겁나지요. 그래 가지고 인제 오토바이도 한 번 그렇게 다쳐 봤고. 그래 가지고 나도 많이 다쳤어요, 그렇게.

1) '아니며는'은 어간 '아니-'와 어미 '-며는'으로 분석된다. 그런데 '마그며는'은 어간 '막-'과 어미 '-으며는'으로 분석되므로, 어미 '-며는'은 형태소 '-으며는'이 어간말의 모음소 뒤에서 어미초의 '으'가 탈락된 것이다. 그런데 표준어에서 어미로 인정되는 것은 '-으면'이다. '-으면'은 '-으며는'에서 어미말의 '은'이 탈락된 다음에 형성된 것이다. 경기지역어에서는 '-으면'보다는 '-으며는'이 더 많이 사용된다.

2) '적쑤공권'은 '적수공권'(赤手空拳). '맨손과 맨주먹'이라는 뜻으로, 아무것도 가진 것이 없음을 이르는 말.

3) '하꼬가다'는 '상자형'(箱子形)에 대한 일본어 발음임.

4) '우정'은 '일부러'라는 뜻을 가진 이 지역어임. 국립국어원의 『표준국어대사전』에는 강원도 방언이라고 함.

5) '명목'은 '명분'(名分)의 의미로 사용된 것임.

6) '가보므는'은 어간 '가-'(去)와 '보-'(視), 그리고 어미 '-므는'으로 분석된다. 그런데 '마그므는'은 어간 '막-'(防)과 어미 '-으므는'으로 분석되므로, 어미 '-므는'은 형태소 '-으므는'이 어간말의 모음소 뒤에서 어미초의 '으'가 탈락하는 과정을 거쳐서 실현된 것이 된다. 형태소 '-으므는'는 그에 해당하는 표준어형 '-으면'의 지역어형이다. 이 지역어에는 표준어 어미 '-으면'에 대해 '-으며는'과 '-으므는'이 사용된다. 그들 어미는 복수 형태소가 된다.

7) '쩡도'의 표준어형은 '정도'(程度)인데, 이 제보자의 말에서는 어두 'ㅈ'가 경음소화하였다.

8) '복명'(復命): 명령을 받고 일을 처리한 사람이 그 결과를 보고함.

9) '요로'(要路): 영향력이 있는 중요한 자리나 지위. 또는 그 자리나 지위에 있는 사람.

10) '상가꾸'는 '삼각형'(三角形)의 일본식 발음임.

11) '가께'는 'X'(가위표)의 일본식 발음임.

12) '깨끼구'는 어간 '깨끼-'와 어미 '-구'로 분석된다. '깨끼-'의 표준어형은 '까끼-'이고 표기법에 의한 표기로는 '깎이-'이다. 그러므로 지역어형 '깨끼-'는 '까끼-'

가 '이' 모음소 역행동화에 의해서 형성된 것이다. 그리고 어미 '-구'의 표준
어형은 '-고'인데, '-구'는 근대한국어시기에 비어두 위치에서 일어난 '오〉우'의
변화에 의한 것이다.

13) '띠어'는 어간 '띠-'와 어미 '-어'로 분석된다. 어간 '띠-'의 표준어형은 '떼-'(分
離)이다. 이 점에서 이 지역어형 '띠-'는 '떼-'에서 '에〉이'의 변화를 겪은 것이
다. 이러한 변화도 이 지역어가 겪은 정상적인 것은 아니다. 그러므로 이 어
형은 강원지역어의 간섭에 의한 것이라고 하겠다.

14) '배껴야'는 어간 '배끼-'와 어미 '-어야'로 분석된다. '배끼-'의 표준어형은 '바
뀌-'이다. 두 어형을 대조하면, '배끼-'는 '바뀌-'가 '이' 모음소 역해동화를 거
쳐서 '배뀌-'로 되고 다시 둘째 음절의 이중모음소 '위'가 w-활음소 탈락 과정
을 거쳐서 '배끼-'로 된 다음에 형성된 것이다.

15) '사임헐라구'는 어간 '사임허-'(辭任허-)와 어미 '-ㄹ라구'로 분석된다. '사임허-'
는 '사임ㅎ-'에서 'ㅎ'의 '으'가 '어'로 됨으로써 형성된 것이다. 그리고 어미
'-ㄹ라구'는, '막을라구'(防)가 어간 '막-'과 어미 '-을라구'로 분석되므로 형태소
'-을라구'가 어간말의 모음소 뒤에서 어미초의 '으'가 탈락된 것이다. 어미 '-을
라구'의 표준어형은 '-으려고'이다.

16) '우'(上)의 표준어형은 '위'이다. 그러나 원래 '상(上)'을 뜻하는 고유어는 '욯'
였다. 그러던 것이 어간말의 'ㅎ'가 탈락하고 주격 '-이가'가 통합한 '우-이가'
를 '위-가'로 잘못 분석함으로써 '우'가 '위'로 된 것이다.

17) '진가밍가하다': '긴가민가.' '기연가미연가(其然未然)하다'의 준말. 즉 그런
지 그렇지 않은지 분명하지 않은 모양. 여기서는 어두의 '기'가 'ㄱ' 구개음소
화한 것이 주목된다.

18) 이 경우의 '시장'은 '전시'(展示)를 뜻함.

19) '미기느냐'는 어간 '미기-'와 어미 '-느냐'로 분석된다. 어간 '미기-'의 전 시기
의 어형이나 표준어형은 '먹이-(←머기-)'이다. 그러므로 제보자 말의 '미기-'
는 '머기-'가 '이'모음소 역행동화에 의해 '메기-'가 되고 다시 '에〉이'에 의해
형성된 것이다.

20) '얼쩌지근하다': 술기운이 알맞게 도는 듯하다.

21) '깜깜하다': 융통성이 없거나 세상물정을 잘 모르다.

22) '가르키미라구'에서 '가르킴'은 어간 '가르키-'와 어미 '-ㅁ'으로 분석된다. 어
간 '가르키-'는 표준어형 '가르치-'(敎)를 뜻하는 것이며, '마금'이 어간 '막-'(防)
과 어미 '-음'으로 분석되는 데에서 알 수 있듯이, 어미 '-ㅁ'는 형태소 '-음'이

모음소로 끝나는 어간 뒤에서 어미초의 '으' 탈락을 거쳐서 실현된 것이다.

23) '전의'(典儀): 여기서는 향교의 의식에서 모든 절차를 진행하는 집사(執事)의 일을 맡아보는 사람을 뜻함.

24) '한대'에서 어미 '-ㄴ대'는 '해라체' '전언(傳言) 서술 종결어미'로서 '-은다고 해어'가 문법형태소화하여 형성된 것이다. 즉 ㉠어미 '-은다고'에서 문 인용 어미 '-고'가 탈락한 '-은다'와 ㉡어미 '-어'가 그것과 통합하는 복합형태소 '해-'(爲)의 어간말 모음소에 완전순행동화한 '해'의 통합체인 '-은다 해'가 /ㅎ/ 탈락과 '아 애'의 '애'화 과정을 거쳐서 형성된 것이다. '망는대(←/막ㅣ는대/)'에서 보듯이, 순수자음소로 끝나는 동작동사 어간 뒤에서는 '-는대'가 결합하므로, 이들 어미의 형태소는 복합형태소 /-{ㄴ-ꟁ은대/로 표시된다.

25) '정심'은 표준어형 '점심'의 지역어형.

26) '애로사'(隘路事)는 '힘든 일'을 뜻함.

27) '글루다'는 부사 '글루'와 어미 '-다'로 분석된다. '글루'는 원래 '그리로'이던 것이 둘째 음절의 모음소가 탈락하고 끝 음절의 모음소가 '오〉우'의 변화를 거쳐서 형성된 것이며, '-다'는 원래 '-다가'에서 둘째 음절이 탈락되어 형성된 것이다.

28) '갈랴는데'는 동사 어간 '가-'(去)와 어미 '-ㄹ랴는데'로 분석된다. '먹을랴는데'가 동사 어간 '먹-'(食)과 어미 '-을랴는데'로 분석되는 데에서 보듯이, 이 어미의 형태소는 '-을랴는데'가 된다. 어미 '-을랴는데'의 '을랴'는 표준어형 '으려'에 해당한다. 표준어형 '-으려는데'는 원래 '-으려고 하는데'에서 어미의 '고'와 어간의 '하'가 탈락하여 형성된 것이다. 그와 동일하게 어미 '-을랴는데'도 원래 '-을랴고 하는데'에서 어미의 '고'와 어간의 '하'가 탈락하여 형성된 것이다.

29) '까마리'는 표준어형 '감', 즉 '재목'(材木)에 해당하는 지역어형이다. 이 단어는 '감'에 접미사 '-아리'가 붙어서 형성된 '감아리'인데 다시 어두 경음소화를 거친 것이다.

30) '까븐'은 명사 '깝'과 어미 '-은'으로 분석된다. '깝'의 'ㄲ'는 앞의 '비료'와의 결합에서 명사 사이에 삽입된 'ʔ'(소위 사잇 'ㅅ') 때문에 'ㄱ'가 경음소화한 것이다. 그러므로 그것의 형태소는 /갑/이다. 이 단어의 앞 시기 어형은 '값'이다. 이 점에서 현재 이 지역어형 '갑'의 'ㅂ'는 자음소군 'ㅄ'의 단순화에 의한 것이다.

31) 이 부분은 '남한의 농민들에게 비료 값을 올려 받고 그 이익금으로 양곡이나 비료를 사서 북한에 주는 것'이라는 사실을 말한다.

32) 이 문에서 제보자가 말하려고 하는 것은 다음과 같다. 즉 남한의 농민들이
지금 비료 한 포대를 종래 가격의 배를 주고 사므로, 양곡이나 비료를 북한
에 무상 지원을 하는 것은 우리 정부가 아니라 실제로는 남한의 농민들이라
는 것이다.

33) '팔촌적(八寸的) 늘어진 정치'는 '눈에 띄지 않게 시행하는 앞 정권과 닮은
정치'를 의미한다.

34) '이산가족들은'은 '이산가족들에게'를 잘못 말한 것이다.

35) '금초': 무덤의 풀을 베어서 깨끗이 하는 것을 말하는 듯함. 벌초(伐草)와 같
은 뜻인 듯함

36) '아네가'는 명사 '안'[內]와 어미 '-에가'로 분석된다. 어미 '-에가'는 주격의 '-이'
와 동일한 기능을 가지는데, 이 경우에는 '안에'를 하나의 명사로 취급하고
있다.

37) '여주': 경기도 지명.

38) '몰를까'는 어간 '몰르-'와 어미 '-을까'로 분석된다. 어간 '몰르-'의 표준어형은
'모르-'(不知)이다. 이 어간의 형태소는, '모르고, 모르지, 모르니까, 몰라도'에
서 보듯이 자음소와 '으'로 시작하는 어미와 통합하는 어휘화한 이형태 '모르-'
와 '어'로 시작하는 어미와 통합하는 어휘화한 이형태 '몰르-'를 가지는 복합
형태소 /모{Ø-르}르-/로 표시된다. 그러던 것이 어휘화한 이형태 '몰르-'로 단
일화한 것이다. 중부방언의 대부분이 소위 종래 '르-변칙동사'라고 부르는 동
사의 어간이 /X{Ø-르}르-/의 복합형태소에서 /X르르-/로 단일화했다.

39) '짬': 군 부대에서 나오는 음식 찌꺼기.

40) '재를 넹기믄': '재'는 '길이 나 있어서 넘어 다닐 수 있는, 높은 산의 고개[嶺]'
를 뜻한다. 그리고 동사 '넹기-'는 표준어형 '넘기-'(使越)의 지역어형이다. 이
두 단어로 이루어진 연어(連語) '재를 넘기-'는 주로 음식에 사용되는데, '음식
맛이 변질되는 상한선'을 '재'로 보고 그 선을 넘어서 변질이 되는 경우를 뜻
한다. 여기서는 '짬이 부패하-'의 뜻이다.

41) '디려바다서'는 어간 '디려받-'과 어미 '-아서'로 분석된다. 어간 '디려받-'의 표
준어형은 '들이받-'이며 이것은 어간 '들이-'(使入)와 '받-'(衝)이 결합하여 형성
된 합성동사이다. 동사의 합성 방법에는 두 가지가 있다. 하나는, '들이받-'에
서 알 수 있듯이, ⓐ/[[어간][어간]-/과 같이 합성하는 것이고 다른 하나는, '잡
아매-'에서 알 수 있듯이, ⓑ/[[[어간]에[어간]]-/과 같이 합성하는 것이다. '디
려받-'은 ⓑ의 방법에 의해 합성된 것이다. 즉 /[[[들이]에[받]-/에 의해서 /드

려받-/이 형성되고 여기에 '이' 모음소 역행동화가 적용되어 /듸려받-/이 되고 다시 이중모음소 '의'의 단모음소화에 의해서 /디려받-/으로 된 것이다. 중부방언의 경우에 '이' 모음소 역행동화 규칙은 개재자음소가 'ㄹ'인 때에는 적용되지 않는 것으로 알려져 있지만 강원방언과 인접한 이 지역어에 그러한 규칙이 적용된 예가 있다는 것이 주목된다.

42) 이것은 수사의문문으로 '라이트 값이 얼마 되지 않는다.'는 것을 의미한다.

43) '보루'(ボ-ル): 담배 열 갑에 해당하는 단위. 일본어에서 차용된 단어.

44) '막무가내'(莫無可奈): 도무지 융통성이 없고 고집이 세어 어찌할 수 없음.

45) '와이로'(わいろ): '뇌물'에 대한 일본어.

46) '기냥'의 표준어형은 '그냥'이다. '그냥'은 1896년에 간행된 『신정심상소학(新訂尋常小學)』에 그 예가 발견된다. "그러나 <u>그냥</u>은 쥬지 아니 ᄒ깃스니 위선(爲先) 이 용(籠) 속에 드러가〈010b〉." 두 어형을 대조하면, '기냥'은 '그냥이 '이' 모음소 역행동화에 의해서, '그냥〉긔냥〉기냥'의 과정을 거쳐서 형성된 것으로 보이지만 개재자음소가 그 규칙의 적용을 배재하는 /ㄴ/라는 것이 문제가 된다. 그러므로 단순히 유추에 의한 것인지 '이' 모음소 역행동화에 의한 것인지를 해명하기 위해서는 이 지역어의 많은 자료에 대한 검토가 필요하다.

47) '잔채'의 표준어형은 '잔치'(宴)이고 그에 대한 15세기 어형은 '잔치'인데 17세기에 중간(重刊)된 『박통사언해(朴通事諺解) 中: 15b』에는 '잔채'로 되어 있다. 'ᄋ'의 첫 단계 변화인 비어두에서의 'ᄋ〉으'를 기준으로 하면 '잔치'는 '잔츼'의 과정을 거쳐서 '잔치'가 되어야 한다. 그런데 이 지역어는 비어두의 'ᄋ'가 어두에서 일어난 둘째 단계 변화인 'ᄋ〉아'의 변화를 거친 것이다. 즉 '잔치〉잔채/cancʰaj/〉잔채/cancʰɛ/'의 과정을 거친 것이다. 이러한 변화를 거친 '잔채'형은 현대의 서북방언과 동남방언의 하위방언인 경북방언에서 발견된다.

48) 이 문은 '그래 내 오토바이가 그놈의 차 밑을 들이받으면서 내(또는 내 경운기)가 틀어졌잖아.'로 수정되어야 한다.

49) '가세루'는 명사 '갓'과 어미 '-에루'로 분석된다. '갓'(邊)의 표준어형은 '가'이다. 이 명사의 15세 국어 어형은 'ᄀᆞᆮ'인데, 'ᅀ〉ø'와 'ᄋ〉아'의 변화를 거쳐서 표준어형과 동일한 '가'로 되었다. 그런데 'ᅀ'는 동남방언과 서남방언의 일부에서는 'ㅅ'로 변했다. 이 지역어의 '갓'은 'ᅀ〉ㅅ'와 'ᄋ〉아'의 변화를 거쳐서 형성된 것이다. 중부방언에 속하는 이 지역어에 '갓'이 사용된다는 점이 주목된다.

50) ‘양문’은 경기도 포천시 영중면(永中面)에 있는 지명.

51) ‘볼 리리’는 동사 어간 ‘보-’(視)의 관형사형 ‘볼’과 명사 ‘일’(事)와 어미 ‘-이’로 분석된다. 한국어에는 자음소로 끝나는 단어와 ‘이’나 ‘j’로 시작하는 단어가 음운론적 구(句)를 형성하면 두 단어 사이에 /ㄴ/가 삽입된다. ‘밭’(田)과 ‘일’(事)이 결합하면 ‘/〔밭〕〔일〕/〉밭ㄴ일〉밭닐〉받닐〉반닐/’의 과정을 거쳐서 [반닐]로 실현되는 것이 그에 해당한다. 이와 동일하게 ‘볼 릴’은 ‘/〔〔보〕을〕〔일〕/〉볼일〉볼닐〉볼릴’의 과정을 거쳐서 실현된 것이다.

52) ‘갈라’는 동사 어간 ‘가-’(去)와 어미 ‘-ㄹ라’로 분석된다. ‘-ㄹ라’의 형태소는, ‘먹을라’에서 보듯이, ‘-을라’이다. 이 어미의 표준어형은 ‘-으려’이며 어미 ‘-을라’는 주로 동남방언에서 사용된다.

53) ‘쓰봉’은 일본어 ‘즈봉(ズボン)’에서 차용한 외래어인데 지금은 ‘양복바지’가 이 단어를 대신한다. 일본어 ‘즈봉(ズボン)’은 프랑스어 ‘jupon’에서 차용한 외래어이다.

54) ‘공구리’는 일본어 ‘공쿠리토(コンクリ-ト)’를 차용한 단어이다. 이 일본어 단어는 영어 ‘concrete’를 차용한 것이다.

<마>

<사>

<아>

얻꼬 164

업쌔-(=없애-)

업쌔 178

업쌜 178

없-(無)

억꼬 170

억꾸 174

억끼는 176

엄느냐 188

엄는 72, 190

엄는 거구 56

엄는데 40, 150, 184

엄능 188

엄능걸루 58

업꺼등 180

업꼬 54, 160

업꾸 26, 52, 68, 70, 72, 132, 152,
    170, 188, 200

업다구 176

업따 146, 152, 156

업따고 160

업따구 160

업떤 116

업서 56, 176

업서서 150

업서써요 50

업스니까 46

업써 54, 120, 144, 160, 162, 168,
    176, 180, 186, 190, 200, 202,
    206, 212

업써꾸 40, 58

업써서 58, 218

업써써요 58, 106, 158

업써쓰니까 118

업써야 64

업써요 48, 50, 52, 54, 64, 68, 78,
    90, 108, 146, 186, 208

업썩꾸 50

업썬따 158

업쏘 146

업쓰니 180

업쓰니까 70

업쓰니까는 166

업쓰니깐 118

업쓰니께 210

업쓰면 160

업쓰믄 208

업씀니다 162

업짜나 168, 202

업찌 118, 190

업찌만 192

업찌만도 50

업찌만두 208

업찌요 64

여물

여무리라 72

여물 74

여물쨍이라구 74

옆(側)

에페다아 200